商事案件中的
裁判思维与法律方法

基于案例与审判实践的近距离观察

李非易　著

上海三联书店

序：找寻商法实践的方法论与价值观

　　法学作为一门社会科学，其理论研究是不能脱离实践的，如果法学理论研究缺少对法律实施情况的分析与反思，则很难说其存在多少实际价值。因此，法学的研究者应该对司法裁判予以关注，将目光聚焦于法律运行中体现出的真问题。本书作者作为一名关注学术研究的法官，正是能够很好地把理论研究与实践观察融合起来的写作者，这样的身份天然地适合对法学理论问题进行实证分析与研究。本书是作者以一名商事法官的视角，依托其身边的具体案件所展开思索的汇集。这些案件，或彰显某种裁判思维的运用逻辑，或折射某些法律价值的冲突协调，或体现不同群体或制度利益之间的衡量，或反映对法律的解释与漏洞填补。这些问题的梳理与探讨，无论是对理论界还是实务界都是很有意义的。

　　纵观全书，无不透露着对实在法与商业实践之间存在着的裂隙的关注，且提出了一套体系化的解决路径，涉及法律漏洞的填补、法律的解释、利益衡量和价值考量等。可以看出，本书作者在审理大量商事案件的同时，兼顾了对法学方法论的研习，在案件的审理中进行了实际运用，并通过文字进行了复盘与延展性思考，这是本书的一个亮点。

　　无论是法律实务工作者还是理论研究者，对法学方法论的研究和运用都非常重要。作者在本书中反复引用的关于法学方法论的著作，如拉伦茨的《法学方法论》、杨仁寿的《法学方法论》、梁慧星的《民法解释学》等，都值得认真研读。司法实务界历来重视法学方法论的运用，邹碧华的《要件审判九步法》就是其中的优秀代表。司法裁判的过程，本质上也是法律解释的过程，即以待决案件事实去寻找适用法的过程。在法律解释与法律适用的过程中，成文法这种抽象立法要具体化到个案中来体现案情或者基本法律关系。我们要通过法律解释才能够把待决案件和所引用的裁判规范或者法律依据相关联起来,这就导致了我们在适用法律过程中,案件多样化会引发同案不同判或者裁判标准不统一的问题。此外,不得不承认的是,任何采取形式理性的法律都不可能做到没有漏洞,这是社会发展的无限多样性和人类认识的局限性所决定的,商法的漏洞更是难以避免。现代市场经济和技术革命迅猛发展,无论是商品市场还是资本市场,都在日新月异地改革创新,商事活动日趋现代化和复杂化,商法需要以不断革新的面孔来适应现代商事关系的发展。这就容易导致立法者难以充分认识经济事实的客观变化和未来动向,使得商事法律规范与经济事实之间出现裂隙,从而形成规范缺失的现象。这就为法官提出了另一个挑战,即如何妥善地填补法律漏洞。当然,这既是挑战也是机遇——可以作出一份优秀的裁判,进而推动法律的发展。

无论是法律的解释,还是法律漏洞的填补,如果能够在具体的司法裁判过程中处理得当,就可以形成具有典型意义的裁判规则。作者在本书的不少章节中提到诸多案例,无一例外地体现出具有一定广泛适用价值的裁判规则,这一点难能可贵。一份好的判决,应当确立一个裁判规则或者裁判要点,包括裁判的基本理念和裁判方法,这一点非常重要。其中,裁判理由尤为具有特殊价值。所谓裁判理由,是裁判正当化的理由,原本应局限于个案,但是基于类似事务应作类似判断的基本法理以及法院关于类案检索的基本要求,一份好的裁判文书中的裁判理由是具有极强的实践品格和参照意义的,它应当具有一定的抽象性,可以适当高于个案本身。事实上,如果司法裁判者能够不拘泥于案件本身,而是置于社会关系中整体性考量裁判结果对社会的影响,无疑更能体现法律的价值和司法裁判者的担当。以充分的裁判理由为论证,相应的裁判规则得以提炼,这些裁判规则与裁判理由,在解决具体案件的过程中,也对法律的生成、发展和发达起到不可磨灭的推动作用。任何法律制度和法学理论的发展,是需要司法作为一种机制来推动的。个案形成裁判规则,再通过经验性的积累不断形成共识,使之成为成熟的裁判规则,并不断地成文法化。这种司法与法律的良性互动已经为法制史所证明。

本书的另一个亮点在于对商事审判思维的提炼与归纳。思维是方法的指导,商事裁判需要商法理念下的思维观念。记得 2021 年国务院在讨论制定《市场主体登记管理条例》的过程中,曾在征求意见稿中有"商事主体"的表述,并提出"商事主体登记是由登记机关依法通过登记确认商事主体资格和一般经营资格,签发营业执照,并予以公示的行为"。这里提出的商事主体概念颇为可取,它高度契合了商事主体参与商业经营行为的营利性特征。同样的道理,司法裁判领域是否应当有适配于商事案件裁判的相应思维和理念,答案不言自明。在商事纠纷的处理中,除了要作法律判断,更需要作商业判断,这种审判理念非常重要。事实上,理论界与实务界对民事审判和商事审判的区分早有认知,对商事审判思维与一般的民事审判思维的区分,并非没有讨论,但商事审判思维到底是什么,到底是怎么具体体现的,目前仍未形成共识。作者并未人云亦云,而是从自己的审判工作实际出发,给出了自己的独到见解。作者通过对五组概念进行比对分析,将商事审判思维总结为:以尊重意思自治、商业外观为先,辅以恰当的司法介入作为补充与矫正,平衡兼顾效率与安全,以开阔的视野寻找法源,运用宏观的商业全局思维,动态平衡地对商事案件进行裁判,以实现公正的裁判结果。应该说这个归纳结论是具有建设性意义的,也值得理论界与实务界进一步展开思考。针对商事审判思维和商事审判之间到底是什么关系,何者为因,何者为果,作者在书中有自己的观点,个人认为值得赞同;针对商事审判思维如何在具体案件中进行落实,作者以数个具体案例为样本进行了说明,亦值得一观。

由于法官的特殊身份,作者在展开相对宏观的"思维"定义和相对中观的"方法"讨论的同时,还从更加微观的角度,进一步分析了"思维"与"方法"在具体诉讼中的映射与落实细节,即关于证明问题和新型审判形式的研究与探讨。其中,要素式审判方法是建立在邹碧华总结的要件式审判方法基础上的审判方法,作者论证了要素式审判和商事裁判的适配性,并提出了具体操作方法。这使得本书更加具备实践价值和操作意义,从而让本书分别从宏观、中观和微观的角度,多层次地对商事裁判的运行逻辑进行了完整描摹和深度解析。从这个意义来说,本书不仅具有学术研究意义上的价值,对法律实务工作者也颇具实践操作意义上的价值。

这或许也是作者在从事繁重审判工作的同时,热忱于学术研究,并将两者结合,进而完成本书的重要意义之一。

钱玉林

2024 年 9 月 9 日

于华东政法大学玉泊湖畔

目　录

序:找寻商法实践的方法论与价值观 ……………………… 001

第一章　绪论 ………………………………………………… 001

第二章　商事审判思维的践行 ……………………………… 015
　　第一节　何谓商事审判思维 ………………………………… 015
　　第二节　商事合同的守约保护——以涉疫合同的违约收益交出
　　　　　　为视角 …………………………………………… 024
　　第三节　合同条款在商组织法与商行为法下的双重评价——
　　　　　　以"公账私收"条款的公司法效果为例 ………… 035
　　第四节　商事外观的遵守与突破——以股东资格的消极确认
　　　　　　为例 …………………………………………… 049

第三章　解释方法的运用 …………………………………… 061
　　第一节　为何解释,何以解释 ……………………………… 061
　　第二节　间接投资人行使知情权的解释路径 ……………… 064
　　第三节　意思表示解释方法的协调运用——以独家代理条款的
　　　　　　解释为例 ………………………………………… 078

第四章　商事案件中的漏洞填补 …………………………… 086
　　第一节　法律漏洞的存在与填补方法 ……………………… 086

第二节 作为续造的类推适用——以股东查阅会计凭证为例
·· 089

第五章 原则与规则的协调运用 ························· 108
第一节 法律原则的运用方法 ························· 108
第二节 公序良俗原则在商事交易中的运用——以"诉讼投资
第一案"为视角 ····························· 113

第六章 商事案件中的权衡 ····························· 139
第一节 权衡何以运用 ······························ 139
第二节 国有资产场内交易的程序瑕疵及司法评价——基于反
垄断视角的价值判断 ······················· 145
第三节 夫妻共债认定的裁判路径与价值取向 ··········· 170
第四节 公司集团资金池的解构与规制——基于资本要素流通
的取向 ··································· 182

第七章 商事案件中的证明问题 ······················· 206
第一节 关于证明规则的迷思与拨正 ················· 206
第二节 一人公司形态变更对人格否认证明规则的影响 ··· 217
第三节 增值税专用发票证据效力之再审视 ··········· 227
第四节 诉讼财产保全错误主观过错的证明 ··········· 236

第八章 要素式审判方法在商事案件中的应用 ··········· 248
第一节 要素式审判的意义与问题 ··················· 248
第二节 要素式审判的优化进路 ····················· 258

后记 ·· 272

第一章

绪　论

　　法律在被创制出来后面临的最大问题就是如何被运用。这一问题如果能够得到妥善解决，法律的价值就能得以实现，但如果处置失当，就将使得法律偏离其本来的运行目标，进而产生相应负面效果。因此，在实践中观察法律的运行状态以确认其是否得到准确执行，进而分析可能的问题与原因，并据之在立法、执法、司法等不同领域进行动态调整，是理论界与实务界都十分重视的一项工作。其中，诉讼实践可谓极具价值的观测场。在诉讼中，我们不仅可以看到法院作为裁判者是如何解释并运用法律，还能看到双方当事人和其他诉讼参与者对法律的解读及诉讼策略的选择，并能通过对裁判文书的分析，回溯检讨各方的得失，从而发现可能的立法意义上的法律漏洞，抑或适法技术的进一步完善空间。

　　法律特别是成文法的运行过程与其本身目标时常出现偏差，是其本身的成文属性所带来的在所难免的滞后性所导致的。由于法律所调整的对象本身是持续动态发展的，而法律文本原意所涵盖的射程则相对静态稳定，故而在两者间不可避免地会产生裂隙，如何填补这种裂隙就成为法学方法论所需要探讨的问题。一代代学者、实务工作者为此付出了巨大努力，相关理论成果不可谓不丰硕。但如果细分到不同的部门法领域，我们会发现这种裂隙的填补工作难度、强度、必要程度似乎并不完全一致。从裂隙产生的机理来看，法律所欲调整对象发展速度越快、变化越不规律、活跃度越强，法律漏洞往往越多，法律运行的问题也越多，对法律的适应性要求也越高，法律解释、续造的空间也就越大，裂隙填补机制的需求同步递增，商法即典型。

　　随着我国改革开放的持续深化和社会主义市场经济建设的不断推

进,我国商业市场的高速发展与不断变化是不争的事实。相较于公法和传统民法领域,商法面临的挑战可能更为艰巨。商法作为调整市场要素、确立市场运行机制、优化市场资源配置、促进社会财富增长之法,如何协调好安定性与灵活性,从而平稳运行,实现其宗旨,颇值关注。与之对应,审判实务界逐步意识到商事审判思维与传统审判思维的区别,尝试将商事审判思维运用于实践中,使得案件的处理与其他诉讼案件的处理思路迥然不同。从这个角度来说,商事诉讼实践的观察价值就尤为明显。

依据近距离的实践观察,面对日新月异的商业市场和不断涌现的新业态、新模式所引发的呈现出千变万化样态的商事纠纷与诉讼案型,我国商事法律规范的制度供给明显不足,进而引发了一系列的分歧与争议,而商事审判思维的内涵与外延是什么,如何在个案中落实,诸多典型案例的处理值得借鉴或反思。这些值得探讨的话题既涵盖了法律适用、解释、续造等方法论范畴内的法技术探讨,也包括审判方式、裁判权行使的诉讼法意义上的进路,还涉及法价值和法理念的深层次分析。因此,对这些问题予以必要展开,结合案例,以裁判者的视角进行解读与分析,无论对理论或是实务,都是有所裨益的。

一、商事审判思维的践行

商事审判思维是裁判者在对商事纠纷进行审理与裁判时所应当秉持的价值理念与分析框架。高明的商事纠纷裁判者,需要通过对大量的商事审判实践进行归纳总结,进而根据商事案件的特征,遵循商法的理念,进行必要的抽象化和提炼,最终总结出商事审判思维,并将之运用于商事审判中。商事审判思维并非一种当然客观存在的思维模式,而是通过人为归纳总结所产生的,是一种发展的、动态的、变化的思维,而非一成不变的、静态的思维。梳理商事审判思维的产生机理与脉络可见,商业交易引发商事纠纷,商事纠纷引出商事审判,进而催生商事审判思维。

由于目前我国立法上使用了民商合一的体例模式,当前我国法院审判类型的划分采用的是"大民事"的审判格局,可将民事审判划分为商事审判与非商事的民事审判。商事审判最本质的特征是审理商事主体之间由于商行为而产生的商事法律关系,区分商事与非商事的民事之关键,在于理解"营利"的概念,是否具有营利性是商事主体区别于非商事主体、商行为区别于非商行为的基本标志。对于商事主体间因商行为而引发纠纷的审判过程,可定义为商事审判之范畴。大体而言,商事审判思维主要包括以下几个方面:

一则要厘清自治与管制的分野,处理好意思自治与司法介入的边界。由于商业市场存在大量的细分领域,裁判者未必能够在每一类商业纠纷所涉及的领域中保持较高的专业度,应尽可能尊重商人的商业判断和意思自治。相对于裁判者而言,一个理性商人自身是自身权利义务的更好判断者。应避免司法案件诉诸法院后,裁判者以事后的发展结果倒推当初的交易安排,对当事人的意思自治进行过度干预,以司法判断替代商业判断。当然,商事主体的意思表示并非没有边界,当出现损害社会公共利益或他人合法权益、违反公序良俗等情形时,司法应当果断介入。应以尊重意思自治为先,辅以恰当的司法介入作为兜底与补充,以尊重商业外观为原则,以突破商业外观为例外,防范意思表示产生的过度溢出效应对公共秩序等其他价值的侵害。

二则要平衡效率与安全,兼顾商法的两个价值追求。维护交易安全是从事商事活动应当遵循的基本原则,商业交易,安全是根本保障,而保障交易效率同样是商法的重要原则之一。如何妥善处置好效率和安全之间存在的紧张关系,在商事裁判中十分关键。片面强调交易安全或效率都是不可取的。商业市场需要的固然是效率,但同时也应是一种安全的效率,即有益的效率。因此,效率和安全并非全然矛盾的一组概念,而是可在"效益"的概念下予以统合。应当以效益价值为本位,在促进商事交易便捷化的同时,亦强调风险的预防和风险责任分配。裁判者要通过准确把握和处理市场交易效率与交易安全之间的矛盾,既促使交易行为便捷,提高交易效率,又保障交易关系稳定,确保交易安全,促进市场诚信。

三则要从个案利益考量到制度利益考量,运用宏观的商业全局思维看待商事案件。由于商事交易的反复性、类型性、持续性,商事案件中的类案现象较为常见,因此商事案件的个案处理可能会对一类案件产生影响。所以在处理商事案件时,裁判者除了需要关注个案的公平,还应当关注个案可能引发的规则效应，同时还要考量个案所确立的裁判规则是否会对某种法律制度或市场制度产生负面的溢出效应。这要求裁判者具有全局思维与体系思维。

四则要从泾渭分明到兼容并蓄，以开阔的视野寻找法源。商法作为民法的特别法，其规范应当优先于民法的一般规范进行适用，防止"向一般规则逃逸"的问题。同时也不应过度强调民法与商法的分野，仅以案件为商事案件为由而忽视对一般民法规范的援用。此外，由于现代商事活动专业性日益增强，以及商事交易的创新性和专业性，商事法律规范在一定程度上会滞后于商事实践，有时会出现找不到直接可供适用的商事法律规范的情况，此时应该考虑优先适用商事习惯。同样可作为裁判法源的还有商事组织的章程。商主体从事商行为在接受民、商法规范调整的同时，还需遵守公司章程、交易所等社会中介组织的业务规则、商会规约以及交易惯例等商事自治规则。裁判者应当具有开阔的视野，包容并蓄地发现并综合运用各类规范完成商事裁判。

五则要从非此即彼到衡平裁量，动态平衡地追求公正合理的结论。很多商事案件的结论并非简单的"全有或全无"的判断，而可能涉及裁判结果的"或多或少"。因此，裁判者在商事审判中除了要正确运用要件式的思维模式之外，还应当引入要素式的审判思维，将要件进行进一步的解构与细分，并将价值性要素、现实要素等具体法律规范所未涵盖的要素予以综合考量，在部分案件中运用动态方法进行利益衡量，从而达至商事案件的公平。

综上，商事审判思维大体可归纳为：以尊重意思自治、商业外观为先，辅以恰当的司法介入作为补充与矫正，平衡兼顾效率与安全，以开阔的视野寻找法源，运用宏观的商业全局思维，动态平衡地对商事案件进行裁判，以实现公正的裁判结果。这是裁判者在对商事纠纷进行审理与裁判时，应当始终践行的价值理念与分析框架。

二、解释方法的运用

法律的实施通常以涵摄为方法，以演绎推理的方式，完成从大前提到小前提的论证。法律的构成要件是大前提,而事实中的关键信息则构成小前提。无论是作为大前提的法律规范还是作为小前提的事实,在这个过程中都会面临如何被解释的问题。质言之,法律的适用过程,就是解释和涵摄的过程。

解释,对于商事纠纷的处理极为重要。这与我国当下商事法律规范的立法缺陷不无关联。从体系上看,我国商事法律规范缺乏严密的逻辑完整性,法律条文经常出现不完整,规范繁杂,缺少体系化。从定义技术上看,有关商事主体和商行为的法律制度存在相互定义、模糊不清的现象,这也容易导致商法适用上的杂乱和不合逻辑。这就意味着裁判者在运用相关制度时,必然以恰当的解释为基本前提。不仅如此,由于商事交易行为、商事组织规范具有较高的专业性,商法规范所包含的内容中具有较多的复杂的技术性规范,而这些规范亦是需要通过法律解释才能适用于具体案件之中的。因此,较之于其他类型的案件与裁判工作,在商事案件的裁判中,解释的方法与运用,就显得更加重要。

关于解释方法分类的学说著作可谓汗牛充栋,不同的学者亦有不同的分类,标准颇不统一。笔者从商事审判实践的角度出发,将较为常用的解释方法归纳为文义解释、体系解释、历史解释、目的解释等,其他很多不同视角或更加精细的解释方法类型,其实均可归入到前述四种方法。例如扩张解释、限缩解释,是根据解释效果而非解释方法所作的区分,可能归入前述四种的任一种解释方法。当然解释、比较解释,从解释方法来说,实为体系解释中的分支。合宪性解释,其实质是要司法机关在进行法律解释时将宪法原则和精神纳入考量范围,更似一种理念而非解释方法,应通过与其他解释方法结合实现。解释方法不仅可适用于法律解释中,亦同样适用于对当事人意思表示的解释中。

解释方法的运用应当遵循一定的程式而又不能拘泥于某一种形式。遵循,是避免恣意解释而破坏法律的可预期性;不拘泥,则是避免机械解释而导致实质的不公。这两者之间存在紧张关系,但又互相合作,共同协调作用,从而达到一种动态平衡的效果。通常情况下,文义解释、体系解释等语言学解释方法具有优先适用性,历史解释、目的解释等实质性解释方法作为补充方法,但这样的适用顺位也非决然不可调整。诚如博登海默的诘问:在按字面含义解释法规可能会导致一个不公平的判决的时候（而且如果立法者在先前就熟悉该案件的实施,那么连他本人也绝不会同意这种判决）,还必须要求法官去服从法规语词,这样做是否必要或是否可欲呢？很多时候,各种解释方法不是互相对立矛盾的,更多的是一种协作关系,互相印证、共同配合,以发现公正的解决路径。

三、商事法律漏洞的填补

法律有时候会出现"空隙"或"漏洞",即现行法律本应规范但却未予规范的情形。如拉伦茨所言,这属于一种"违反计划的不圆满性"。作为裁判者,不可拒绝裁判,故而对案件中出现的法律漏洞必须进行填补,但也应遵守一定的界限,以避免权力的僭越。就如考夫曼认为的,如今已无人再将法官视为一个制定法的自动机器,只需阅读法律规定就演绎推导出判决,而应赋予法官填补漏洞的创造性任务。

法律漏洞通常以法律续造的方式进行填补,这与法律解释有所不同。两者的区别在于:法律解释的范围限于文本可能的字义范围,如果超出文义本身可供解释的射程,则进入法律续造的领域。法律续造又可以进一步被区分为"法律内的法的续造"和"超越法律的法的续造",前者虽然跨越了可能的字义界限,但仍在立法者原本的计划、目的范围之内,在性质上它属于一种漏洞填补;而倘若法的续造逾越此等界限,但仍在整体法秩序的基本原则范围内,则属于超越法律的续造。

法律续造对法的安定性具有一定消极影响,这是显而易见的,但若存在法律漏洞,则续造势在必行。实践中需要处理好的是续造所带来的不安定性影响和法的安定性追求的合理平衡问题,这就要求对法律续造方法进行严格限制。裁判中的法律续造行为应当遵循必要的程式进行展开。

首先是要论证并确定法律漏洞的存在,否则续造的正当性是欠缺的。裁判者必须证立两个构成性特征,即"个案欠缺可适用的法律规则"和"应当设有可以适用于该个案的法律规则"。其次是对诸如商事习惯等补充法源进行检索。商法作为民法的特别法,当缺少具体法律规范时,应区分两种情形:一是商法未作规定,也无须作出特别规定,因为民法存在一般规定,那么其实此时并未构成严格意义上的法律漏洞,直接援用民法一般规定即可;二是商法本应作出规定,但未作规定,那么此时可以援用商事习惯作为裁判的法源,以作为填补商法漏洞的法源补充,而无论是否存在相关的民法一般规范,都应劣后于商事习惯进行适用。再次,如没有检索到补充法源,则可采用类推适用的方法填补漏洞。类推适用是指法律针对某构成要件或多数彼此相类似的构成要件而赋予的规则,转用于法律所未规定而与前述构成要件相类的构成要件,其机理源于同类事务要作相同处理的正义理念。最后,若通过上述方法仍无法对待决案件作出判断,裁判者还可以援引法律原则。当然,这涉及法律原则与法律规则在运用上的协调问题,如何妥善把握二者的边界,避免"向一般条款逃逸",确保法的安定性与应变性达至一种平衡状态,进而实现法律目的,是对商事纠纷裁判者的关键叩问。

四、法律原则与法律规则的协调

从法律的目的与价值角度考量,法律原则是具体法律规则的上位概念,对具体法律规则具有统摄作用。关于"法"的理解,德国学者默勒斯将"法理念""法原则""法制度"予以区分,这样的区分对实践是有借鉴意义的。"法理念"由于其抽象性过强以至于应用性不强,"法规范"又往往过于具体,且囿于立法技术,难免出现法律规范冲突或法律漏洞。在此情形下,"法原则"既是"法理念"的具体化,又是"法规范"的抽象化,形成了从价值到规则的中间过渡,也就成为极具实践品格的价值指引性补充,在司法实践中发挥着极其重要的作用。

法律原则在司法适用上的主要场景是两个:一是在具体法律规范缺失的情况下用以填补裂隙;二是在规范冲突的情况下作为权衡的指南和参照。前者是将法律原则以演绎的方式,垂直映射至具体法律规则体系之中,或在个案中援引法律原则性规定来解决具体问题,或引导进入诸如类推适用等其他漏洞填补方法中,或对法律解释路径产生影响。后者是在处理横向的规范冲突时充分考虑原则,水平比较权衡应采用何种具体规范作为论证的大前提。这既包括具体规则之间的冲突，也包括原则之间的冲突。在原则冲突的情况下，"法理念"、我国的社会主义核心价值观等更上位的理念或价值可作为评判法律原则之间、原则与规则之间、规则与规则之间冲突的重要依据。

法律原则的个案运用不无限制，这也事实上在其与具体法律规则之间画上了一条界线，尽管有时并不那么泾渭分明。在个案中运用法律原则的基本前提是具体法律规则在适用层面存在裂隙，这种裂隙既可能是具体法律规范的缺位，即存在法律空白或漏洞，也可能是解释论上的分歧，还可能是法规范之间的冲突。试图援用法律原则的人，应穷尽其对现行具体法律规范的检索。只有当具体法律规范供给不足或者穷尽规则时，法律原则才可以作为弥补法律漏洞的手段发生作用。裁判者应当在裁判文书中对前述前提的成立予以论证，而非想当然地对法律原则予以直接运用。最后，法官还需要从结果层面进行再一次判断与衡量，以确定这种对法律原则的援引是合目的的，达到了其应当达到的效果。

五、权衡的运用方法

法律有时候出现的"空隙"或"漏洞"，可以说既是法律的缺陷，同时又是法律的一种优点。作为缺陷，它们给法律的理解和适用增加了困难；作为优点，它们给法律带来了弹性的发展空间。也正是基于此，与"涵摄"截然不同的路径获得被运用的空间，即价值判断与利益衡量。价值判断侧重于法律乃至社会经济制度的价值取向，而利益衡量则以利益作为判断的指向，两者可以"权衡"的相对宽泛概念要予以统合。权衡，实际上是先有结论，后找法律条文根据，以便使结论正当化或合理化，追求的是让法律条文为结论服务而不是从法律条文中引出结论。法院的最后判决依据的不是法律条文，而是利益衡量的结论加找到的经过解释的法律条文。关于权衡可能带来的恣意，理论界的检讨与批判之声从未停歇过，主要是围绕权衡标准的模糊与论证框架的缺失。这些担忧和批判与权衡的自身功用及特点高度关联。

权衡的实质是"两害相权取其轻，两利相权取其重"，其特点在于灵活、以结果为导向、以主观判断为重要参照标准。因此在商事案件中,权衡的功能即在于矫正机械司法所带来的过度刚性,防范利益显著失衡和价值偏差,从而避免明显不公正的结果。事实上,关于权衡的争议来源就是法的价值冲突。概念法学派主张应当以严格的涵摄范式运用法律并作出裁判,其法理来源就是法的安定性。利益法学派和评价法学派主张以权衡的方式进行裁判,其法理来源是法的公正。应当说,尽管法的安定性是重要的法价值之一,但没有理由仅仅为了法的安定性而彻底牺牲其公正性,特别是当机械适用法律将带来显著失衡进而造成结果不正义之时。因此,权衡作为一种方法,是具备实践中的运用空间的,甚至在一些场合下是极为必要的。与其争论权衡到底是否在司法裁判中具备运用价值与可能,不如关注权衡运用的具体方式与边界。

权衡的展开是有前提的,那就是现行规范难以进行令人信服的涵摄,从而使裁判者获得了"一个针对衡量的授权"。如果现有法律规范已经足够清晰、无争议,则权衡的应用空间相对狭窄。而在法律解释、法律续造、法律原则运用、法律冲突解决等环节,权衡的应用空间大幅增加。权衡的过程是一个判断和取舍的过程,应先对诸利益的分量和优先程度进行估算,确定在待决案件中选择的价值取向。利益可区分为不同的层次,各层次内部也可能需要衡量利益,价值取向判断亦应区分先后。同时,法律经济学分析也可能对权衡的判断有所裨益。

权衡结论的实现路径是多种多样而非一成不变的。一是在法律规定语义不明或存在多种解释方法的情况下,通过带有导向的解释,对大前提或小前提进行修饰、调整或解读,从而回归到涵摄的路径中,达到结果的正义;二是在出现法律漏洞的情形下,用更贴近正义结果实现的漏洞填补方法,或类推或援引原则完成续造,进而得出结论;三是在规则冲突的情形下,论证何种利益更应当受到保护,进而在对规则取舍后,运用于待决案件中;四是通过合理分配证明责任、动态把握证明标准的方式,使得裁判结论符合利益平衡或应有的价值取向。由于权衡方式、权衡对象、权衡层次的多样性,上述权衡结论的实现路径类型也未必涵盖全部可能,有时也会各种方法互相结合使用,从而动态实现最终结果的正确。

权衡的运用应当受到限制。一方面,权衡是有前提的,即必须在法律上拥有空间;另一方面,权衡的运用往往意味着沉重的论证负担。裁判者不能简单罗列利益、堆砌碎片化的观点或事实,然后径直得出裁判结论。裁判者必须充分阐释:个案中哪里存在利益或价值冲突? 这些利益或者价值的重要性体现在哪里? 基于怎样的考虑而作出本案中的取舍? 唯此,权衡的结论方具有说服力,同时还能避免规则效应的过度外溢,避免规则的冲突,避免同案不同判的出现。

六、证明规则的准确把握与运用

无论是通过司法三段论还是权衡所作出的裁判,都以清晰的法律事实查明为前提。事实需要由证据来证明,而证据则由诉讼参与方提供,裁判者最终将根据证据的提供情况、证明力大小等因素来决定案件事实的认定状态,并根据实体法相关规定来作出裁判。由此可见,一切法律规则、原则、理念,最终都还是落实到证据,并映射到裁判之中,证据、证据规则对于裁判的重要性显而易见。而实践中对"举证责任"的认识与应用存在模糊不清,理论界对其内涵和运行规则长期存在讨论,实践中的应用也多有分歧。我国《民事诉讼法》关于"当事人对自己提出的主张,有责任提供证据"的表述几乎未曾发生变化,并被归纳为"举证责任"。从理论界的讨论和实务的实践来看,存在两种不同意义的"举证责任",极易引发实践中的混淆,应当进行准确分别:一种是主观意义上、行为意义上的责任,即当事人负有对自己的主张进行举证的义务;另一种是客观意义上、结果意义上的责任,即如果要件事实处于"真伪不明"的状态,则由负有证明责任一方所要承担的不利后果。前者通常被表述为"举证责任",而后者则为"证明责任"。《民事诉讼法解释》则提出了"举证证明责任"的表述,似乎是将两种表述合二为一,实际上并未解决实务界关于提供证据的两种责任区分的困惑。主观意义上的"举证责任"和客观意义上的"证明责任"在内涵、适用场域、分配规则、后果认定等领域都存在不同,将两者进行区分是有必要的。

证明责任的作用前提在于待决事实的"真伪不明",作为一般性规则,主张实体法规范得以适用的一方应当承担证明责任。如果有明确的证明责任规范或法律推定对证明责任分配另行明确规定的,则从其规定。因此,实体法在对权利发生、障碍或消灭等规范进行规定的同时也暗含了证明责任分配法则,裁判者则通过对实体法规范语言结构的解析来"发现"进而分配举证责任。裁判者应当遵循实体法和证明责任理论构建起来的证明责任分配方法,而不能轻易以自由裁量权对结果意义上的证明责任进行恣意分配。

裁判者应当根据不同案件类型的证明标准,考察当事人的举证情况,综合判断在案证据的证明力是否达到相应的证明标准。如果达到,则意味着待证事实摆脱了真伪不明的状态;如果不能,则意味着需要由负有证明责任的一方承担不利后果。而另一方也可以进行举证,其目的在于减弱或消解对手证据的证明力,将待证事实"打回"真伪不明的状态。这种诉讼两造在证据上的动态对抗,对于裁判者全面查清案件事实是有益的。我国民商事审判中通常的证明标准是高度盖然性标准,作为例外,在一些情形下,证明标准为"排除合理怀疑"标准或"优势证据"标准。如何综合判断在案证据的证明力,是另一个实践中的难题,这很大程度上依赖于法官的自由心证,也为裁判增加了不确定性,自然也为裁判者决定是否将待证事实引入"真伪不明"地带提供了一种可能的选择进路。

尽管当案件的要件事实进入"真伪不明"状态时,裁判者可以通过证明责任规则来确定不利后果的承受方,进而轻松地得出裁判结果,但也要承受事实查明错误的风险,只能理解为无奈之举和权宜之计。裁判者应以相对主动积极的姿态尽力查清案件事实。这是一种对案件负责、对诉讼两造负责的司法态度,并非对具体某一方的偏袒,并不违背司法中立的基本立场。司法的中立性是要求裁判者对诉讼当事人不能有偏见,应保持不偏不倚的态度,然而这并不意味着裁判者在案件事实陷入"真伪不明"时,不能积极主动地采取某种方式以查明事实。法官的中立性与判决的公正性并非存在必然关系,而且在相当多的情形下,当事人双方由于财产、知识等禀赋差异,在诉讼中并不处于绝对的对等地位,裁判者对案件真实情况的探求,不应被理解为对司法中立性的违反。当案件要件事实处于"真伪不明"状态时,裁判者可以利用诸如证据提出命令、调查令、司法鉴定乃至测谎等工具性制度,进一步对案情进行查明。尽管这些手段

012 商事案件中的裁判思维与法律方法——基于案例与审判实践的近距离观察

本身未必会使在案证据产生实质性增加，但当事人面对责令和询问时的态度对证据证明力综合评价具有增益作用，从而可能使得原本稍有不足的在案证据证明力达到或跌出相应的证明标准，进而引导裁判者作出更为准确的裁判。

七、要素式审判方法的应用

微观意义上的审判技术和方法，作为法律落实方式的具象化，颇具探讨意义。随着法院在实践中的不断探索和信息技术的进步，要素式审判作为一种新型方法，在商事诉讼中的运用价值日益彰显。

要素式审判是指对固定案情的事实和法律要素进行提炼，就各要素是否存在争议进行归纳，重点围绕争议要素进行审理并撰写裁判文书的一种审判方法，全国各地法院自 2012 年起陆续开展要素式审判的试点。要素式审判方法对于提高审判方法的科学性是有裨益的。其一是对审判质效的提升，要素式审判选择从类案出发，排除法官个体差异对审判质量的决定性影响，并且将争点归纳提前，最大化地发挥了争点归纳对于提高审判效率的作用。其二是对司法公信力的增益，由于当事人深度参与案件审理，程序相对透明，有助于增强当事人的诉讼参与感和对司法程序的信任度。

然而，要素式审判目前运行中尚存在一些需要改进和完善之处。首先是要素式审判运用范围的狭窄化。全国法院对要素式审判试点的目标案件类型多集中于特定的民事案件，鲜有商事案件的踪迹。其次是要素提取方式的单层化。很多案件尤其是商事案件的要素与要素间多呈现递进的逻辑关系，如按照当下全国法院普遍采取的依靠经验提取要素、平行罗列形成要素表，则要素表的设计、填写以及后续审理会出现导致审理缺乏深度的问题。最后是法律适用的机械化。在个案纠纷中，若出现不能够归入现有要素的新情况，或者案件事实发生起因和背景存在个案特殊性，只进行事实层面的前案对照和法规层面的套用，则很有可能陷入机械司法的法律确定主义泥潭。

因此，要素式审判方法的落实，还需要从三个路径进行调整和探索：

其一,要素式审判与商事案件在理论和实践层面的适配可以打破要素式审判在适用案件类型范围方面的固化,应将要素式审判应用于商事审判;其二,可充分利用人工智能的深度学习功能,按照法律逻辑,多层次提取归纳要素,加大要素式审判的深度;其三,将与价值判断相关的现实要素用于裁判结果回溯回查,可以为要素式审判适用增添温度。以上措施可以从广度、深度、温度三个角度对要素式审判进行优化。其中,将商事审判全面纳入要素式审判的运用可谓是重中之重。

最早的商事规范因商主体自发创造了宣誓交易、见证交易等多种交易方法而以商事习惯的形式出现。商法本身是对商主体长期积累、反复使用的交易习惯的转化,相关规则内容本身即可轻松解构成已被商主体熟知的具体构成,即法律与事实要素。商法中要素的提取可与交易习惯相契合,且这样的提取易被富有交易经验的商主体所理解。商主体的契约行为和组织行为纠纷均可以较为直观地提取要素,故商事案件在要素表的设计和填写方面可以更好地适应要素式审判。商事行为受提高交易效率获取最大利益的指导,故当事人在交易时倾向于采用国际通行的、便利的、可反复适用的通用交易方式开展商事活动。经过反复实践而一直沿用的交易往往会被类型化,从而形成具有明显流程性的指引,便于后续交易中统一规范各方权利义务以及新商主体的快速融入。此外,商主体在处理商事纠纷时,亦会追求以最小的时间成本和经济成本平息矛盾、恢复交易。要素式审判对交易规则的具象化、类型化的处理方式,与商事效率原则高度适配。由此可见,商事案件在规制其法律行为的规范起源、稳定直观的事实要素提取以及纠纷解决对效率的追求方面均与要素式审判的内核相符,除却因新类型交易模式而产生的商事纠纷,一般的商事案件均具有适用要素式审判的天然优势。

为了要素式审判能够运用于要素分布较为复杂的商事案件,要素表的设计和填写不应只适用于要素单层化的类型案件,而应进行多方面的优化升级。一则是要素提取的全面智能化,应以类型案件的相关法律规范、裁判规则、已生效类案中的请求权和证据内容等为基础,从而形成对要素的全面抓取。二则是要素表设计的分层逻辑化,应根据要素间存在的层级关系,在表中明确显示要素的层级递增关系,当事人可以选择性地针对其认为有争议或者自身的主张、抗辩部分进行详细填写。三则是要素表填写的抓取主动化，可适当运用人工智能技术来实现要素的抓取和回填。

　　为避免要素式审判沦为纯粹的法技术适用的工具，在适用要素式审判方法进行裁判时，应当引入体现当下社会正向价值的现实要素进行裁判结果价值层面的回溯，对初步裁判结果进行回查，以保证裁判符合价值导向。这些现实要素，是融合了法社会学、法经济学、政策制度、道德风俗、行业标准等的综合要素。裁判者应当以人性矫正要素式审判可能带来的机械司法的负面影响，弥补价值层面决策的不足，在个案审理中充分考量现实要素，以保证裁判符合核心价值导向，提高裁判结果的可接受性，确保司法公正的实现。

第二章

商事审判思维的践行

第一节　何谓商事审判思维

一、商事审判思维之意涵

　　思维,即在表象、概念的基础上进行分析、综合、判断、推理等认识活动的过程。[1] 法律思维,则是法律职业者依循法律逻辑,以价值取向的思考、合理的论证,解释适用法律。[2] 商事审判思维,系指裁判者在对商事纠纷进行审理与裁判时所应当运用的法律分析框架及这一过程中所蕴含的价值理念。"商事"使之区别于民事、刑事等其他类别的审判思维,分析商事审判思维,则必然需要深究商事纠纷之于其他纠纷的特殊性、商法之于其他法律部门特别是民法的特殊性。"审判"使之区别于立法、执法、检察等其他法律运行环节的法律思维,更为关注法官在审判环节的思维模式。[3] "思维"使之区别于方式、方法、路径等具体化概念,而具有一定的抽象性,需要通过对大量的商事审判实践进行归纳总结,进而根据商事案件的特征,遵循商法的理念,进行必要的抽象化和提炼,最终总结出商事

---

[1] 《现代汉语词典》(第5版),商务印书馆2005年版,第1290页。

[2] 参见王泽鉴:《民法思维》,北京大学出版社2009年版,第1页。

[3] 广义来讲,商事仲裁中的仲裁员亦可纳入裁判者之范畴,从这个意义来说,商事审判思维或可称为"商事裁判思维",似更为周延,但鉴于实践与理论研究中更为广泛的提法仍为"商事审判思维",故本书不拘此细节,特此说明。

审判思维,并将之运用于商事审判中。

由此可见,商事审判思维并非一种当然客观存在的思维模式,而是通过人为归纳总结所产生的。这种思维是一种发展的、动态的、变化的思维,而非一成不变的、静态的思维。是先产生商业交易,再衍生出商事纠纷,进而再出现商事审判,并在此基础上产生商事审判思维。与其说商事审判思维会对商事实践产生某种影响,不如探究商事实践会如何影响商事审判思维。

二、商事审判之范畴框定

探讨商事审判思维所包含的内容之前,需要准确地界定商事审判的范畴。由于目前我国立法上使用了民商合一的体例模式,当前我国法院审判类型的划分采用的是"大民事"的审判格局,即将商事纠纷一并划入民事纠纷之中,故可进一步将民事审判划分为商事审判与非商事的民事审判。这两者的分野可谓至关重要,因为司法审判所处理的是各种法律关系,法律关系的定性不同必然导致理念和规则等层面的差异,有必要在司法审判中更加注重对二者的区分,不断增强裁判的科学性、合理性。[1]

从理论来看,法学意义上的商事概念是在对商事习惯和不同时期商事实践进行不断概括的基础上所形成的。[2] 尽管理论与实务界对商事审判的边界尚未形成完全统一的精确意见,但基本共识是,商事审判最本质的特征是审理商事主体之间由于商行为而产生的商事法律关系。[3] 而区分商事与非商事的民事之关键,在于理解"营利"的概念[4],这一概念具有标志性意义。事实上,作为商法核心概念的商事主体和商行为都是以"营利"为基石构建起来的——易言之,"是否具有营利性是商事主体区别于

---

① 江必新:《商事审判与非商事民事审判之比较研究》,载《法律适用》2019 年第 15 期。

② 参见赵万一:《商法》,中国人民大学出版社 2017 年版,第 3—4 页。

③ 参见李志刚、张颖:《从经济审判到商事审判——名称、制度及理念之变》,载《法律适用》2010 年第 11 期。

④ "营利",是以取得和分配投资以上的利益为目的的行为。这一表述参见陈甦主编:《民法总则评注(上册)》,法律出版社 2017 年版,第 508 页。

非商事主体、商行为区别于非商行为的基本标志"①。据此,对于商事主体间因商行为而引发纠纷的审判过程,可定义为商事审判之范畴,从而依此范畴对商事审判思维进行归纳与提炼。

值得一提的是,商事审判不能简单地等同于"商事庭的审判",由于各地法院内设机构设置有所不同,可能存在民 X 庭(X 往往为不同的数字,以显示民事条线的内部分工)、经济庭、商事庭等不同的设置方式。不仅如此,即便是按照民事庭与商事庭分列的架构,两者也未必能做到商事案件与民事案件的绝对区分,商事庭可能会办理一些非商事的民事案件(如笔者虽在商事庭,但曾承办过一起案件,因主体一方涉及公司,案由为承揽合同,就被纳入商事庭的分工范围,但实为消费者保护类案件;又如曾经手一些火灾致损引发的侵权纠纷,权利义务主体为公司则由商事庭审理,权利义务主体为自然人则由民事庭审理,而案件的实质并无不同),民事庭也可能办理一些商事案件(最典型的莫过于建设工程合同纠纷,因标的涉及不动产,可能归于房产条线,即纳入民庭审理范畴,但案件实为商事案件)。因此,只要是办理民商事案件的裁判者,无论身处何部门,都应当对商事审判的范围和商事审判思维的运用保持敏感性,避免裁判过程中思维框架与解释路径的错配。

三、商事审判思维之体现

既然商事审判思维是一种发展的、动态的、变化的思维,而非一成不变的、静态的思维,则目前对商事审判思维的解读亦是具有当下之时代色彩、未来也必将会有所变化的。大体而言,商事审判思维主要体现在处理好以下几个方面问题的协调或抉择中:

(一) 自治抑或管制:处理好意思自治与司法介入的边界

意思自治是私法的核心与精髓,而商法是私法进阶到商品经济时代的产物,作为调整商主体这个最富自由精神群体的法律,尊重意思自治是

---

① 李建伟:《〈民法总则〉民商合一中国模式之检讨》,载《中国法学》2019 年第 3 期。

其必然要求,尊重意思自治理念贯穿整个商法体系,亦应成为商事审判所需始终坚持的重要理念。[①] 由于商业市场存在大量的细分领域,其中涉及的商业知识浩如烟海,裁判者作为法律知识专家,却未必能够在每一类商业纠纷所涉及的领域中保持较高的专业度,此时应当保持对商业市场的敬畏与谦抑,尽可能尊重商人的商业判断和意思自治,毕竟相对于裁判者而言,一个理性商人自身才是自身权利义务的最好判断者。因为"他们精通和熟稔交易业务"[②],"每个人都希望以尽可能少的牺牲取得更多的财富"[③]。在面临一个商业机会时,往往收益与风险并存,那么究竟如何选择交易对手、交易方式,如何配置资源、资金,如何确定商业策略,商人应有自己的判断,如果将裁判者置于同样的位置,未必会作出更为精准和正确的选择。由于司法案件诉诸法院后,裁判者以事后的发展结果倒推当初的交易安排,极有可能得出"交易不合理""条款显失公平"的结论,进而在不自觉的"司法父爱主义"立场下对当事人的意思自治进行干预,这样的处理方式即以司法判断替代商业判断,值得商榷。这其实也是商事审判思维与非商事的民事审判思维之重要区别:与民法偏重于价值判断和实质理性不同,商法更加强调形式理性和目的理性。[④] 在商事审判中,更侧重保护当事人的缔约机会平等、形式平等,强调意思自治、风险自担。[⑤] "商人之间违约金约定过高是否公平应由他们自己判断,当他们做出过高违约金约定的时候,是愿打愿挨的事情。"[⑥]例如,笔者曾遇到一起买卖合同纠纷案件,合同约定了数倍于合同总标的的违约金,似乎显然过高。细问缘由后得知,合同相关业务系涉及该企业进入中国市场的第一单交易,务求顺利履行,否则将面临无法估量的巨大损失,故为确保交易顺利而约定了巨额违约金,以期对合同相对方施加足够的压力而确保其

① 江必新:《商事审判与非商事民事审判之比较研究》,载《法律适用》2019 年第 15 期。
② [德]沃尔夫冈·塞勒特:《从德国商法典编纂历史看德国民商法之间的关系》,载范健主编:《中德法律继受与法典编纂》,法律出版社 2000 年版,第 2 页。
③ [英]西尼尔:《政治经济学大纲》,蔡受百译,商务印书馆 1986 年版,第 16 页。
④ 赵万一:《后民法典时代商法独立性的理论证成及其在中国的实现》,载《法律科学》2021 年第 2 期。
⑤ 参见李志刚:《略论商事审判理念之实践运用》,载《人民司法》2014 年 15 期。
⑥ 王保树:《商事审判的理念与思维》,载《山东审判》2010 年第 2 期。

守约,但未曾想对方仍然违约。此时如秉持固有思维,援引《民法典》第585条之规定对违约金进行判断,势必以"实际损失"为参照进行大幅度调整,这样的处理是否合适,是否可能违背了合同背后的商业逻辑,值得推敲。

当然,商事主体的意思表示并非没有边界,当出现损害社会公共利益或他人合法权益、违反公序良俗等情形时,应当依法认定为交易无效或对相应权利不予保护。[①] 难点在于:一则如何把握自治与管制的边界问题,即意思自治的负面影响达到何种程度时,司法需要介入,以及如果介入,以怎样的姿态与形式介入为妥;二则是何以审查当事人的意思表示,究竟是固守外观主义,仅对商事行为与商事主体意思表示的外观进行审查,还是需要进行穿透式审查,尽可能还原交易或者意思表示的本质。事实上,当下商事审判中分歧较大的诸多前沿问题或者历久弥新的老问题都与此有关。[②] 总体而言,笔者认为,应当以尊重意思自治为先,辅以恰当的司法介入作为兜底与补充,以尊重商业外观为原则,以突破商业外观为例外,防范意思表示产生的过度溢出效应对公共秩序等其他价值的过度侵害。换言之,对意思表示的介入和干预,应当与该意思表示的负面溢出效应及可能的危害程度保持恰当的比例。

(二) 效率抑或安全:平衡兼顾商法的两个价值追求

维护交易安全是从事商事活动应当遵循的基本原则,对于保护善意的交易人利益、建立诚实守信的市场环境、促进社会主义市场经济健康发展有着重要意义。[③] 商业交易,安全是根本保障,如果合同、商事组织的稳定性与外观被不断突破,必然冲击市场本身,对市场信用、社会信用乃至国家信用造成负面影响。保障交易效率同样是商法的重要原则之一。毕竟,商法源自商人的交易习惯,这些规则的最初目的之一,就是承载着

---

① 参见俞秋玮、贺幸:《商事裁判理念对审判实践影响之探析》,载《法律适用》2014 年第 2 期。

② 如对赌协议的效力和履行问题,就是司法判断如何评价投资方与被投资方的意思自治问题,至今仍是聚讼纷纭,争议不断。另如笔者审理的诉讼投资协议效力案,亦体现司法判断的介入边界与条件问题,该案的解析详见本书第四章第二节。

③ 《全国人民代表大会法律委员会关于〈中华人民共和国民法总则(草案)〉修改情况的汇报》(2016 年 10 月 31 日第十二届全国人民代表大会常务委员会第二十四次会议)。

商人提高交易效率的期望。因为"商是人类生存交换和消费发展到一定阶段上产生的社会组织和制度的总和"①,随着社会生存力的发展,交易数量和交易需求不断扩大,就需要商业规则来提高交易效率。

在商法的诸多价值追求中,交易效率、交易安全和交易公平构成了当代商法的基本价值。② 然而,在这三大价值中,除却"公平"这一共识之外,"效率"和"安全"这两个价值追求之间存在紧张关系,在商事裁判中如何进行协调,并非不可追问的问题。如果片面强调交易安全,固然保障了交易的稳定性,但可能大幅度增加交易成本和社会成本,造成交易意愿的降低,减损市场活力,最终导致市场失灵。如果仅追求效率,则可能在一些案件中出现利益失衡和道德风险。没有效率的交易安全会抑制商业的发展,而没有安全的交易效率也终将难以持续。③

事实上,"效益"或可更好地统合效率和安全的价值要求。商业市场需要的固然是效率,但更应是一种安全的效率,即有益的效率。若从此角度来看,效率和安全并非全然矛盾的一组概念,而是可以互相补充,共同构建良性的商业市场。商法以效益价值为本位,促进商事交易便捷化的同时亦强调风险的预防和风险责任分配,凸显了商人营利属性以及更高程度商人自治的私法要求,衍生出效率理念、安全理念等有别于民法的若干理念、原则。效益价值本位是商事领域私法自治和公法干预的平衡点,也是商法独立于民法的法理之基。④

这需要裁判者通过准确把握和处理市场交易效率与交易安全之间的矛盾,既促使交易行为便捷,提高交易效率,又保障交易关系稳定,确保交易安全,促进市场诚信。⑤ 例如,在处理合同违约案件时,应当秉持鼓励交易的基本取向,加大保护守约方权益的力度,及时有力地惩戒违约方。这既保障了交易安全,也有利于交易效率的维护。又如,在涉及格式合同的案件中,应当充分关注到数字时代背景下格式合同、格式条款对于促进

---

① 《马克思恩格斯全集》(第25卷),人民出版社1974年版,第303页。
② 参见胡鸿高:《商法价值论》,载《复旦学报(社会科学版)》2002年第5期。
③ 江必新:《商事审判与非商事民事审判之比较研究》,载《法律适用》2019年第15期。
④ 参见李建伟、李亚超:《商法效益价值本位的体系构建》,载《首都师范大学学报(社会科学版)》2021年第4期。
⑤ 余冬爱:《民、商区分原则下的商事审判理念探析》,载《人民司法》2011年第3期。

交易效率产生的不可忽视的正向积极作用,格式合同也是合同,不应提前为其预设效力存疑的结论。然而,对于未经提示的重大利害关系条款、明显侵害合同相对方特别是消费权益的条款等,亦应进行实质审查并依法严格规制。

(三) 个案利益抑或制度利益:运用宏观的商业全局思维

由于商事交易的反复性、类型性、持续性,以及商事主体的组织性,商事案件中的类案现象较为常见,即某一类引发争议和纠纷的情形往往会在各个不同的法院或仲裁机构反复出现。综合考量司法权威与司法理性之基础,实践中"价值单元"相似的类案中的司法见解亦应当呈现趋从性,即应实现"类案同判"。[①] 因此,也就不难理解为什么"对赌协议第一案""资产收益权信托第一案"等商事个案会被特定行业反复、深入解读,并以此作为交易模式合法性认定的重要导向性因素。[②] 在此意义上,不仅最高人民法院所制定的司法解释与司法政策及发布的指导性案例会对商事交易产生重要的导向作用,任何一个受理新类型商事案件的地方法院也会因其作出的个案判决而对特定交易模式产生重要指引和影响。[③]

因此,在处理商事案件时,裁判者除了需要关注个案的公平,还应当关注个案可能引发的规则效应,同时还要考量个案所确立的裁判规则是否会对某种法律制度或市场制度产生负面的溢出效应。例如,经常见到在股东知情权纠纷中,股东作为原告并未履行 2018 年《公司法》第 33 条第 2 款所规定的前置程序而径直主张查阅会计账簿。实践中有观点认为,基于保障股东利益考量,不应对该种前置程序作过于严格的要求,可以将起诉行为视为其已经履行了通知义务,进而可直接在案件中对其查阅请求予以支持。从个案角度看,这样的处理似乎有一定道理,不仅维护了股东权益,还能让当事人免于诉累。但是,立法上之所以要设置前置程序,是因为"一方面要考虑对股东权利的保护,另一方面也要考虑对其他股东和公司利益的保护","大多数情况下,公司账簿多而且专、细,所以要

① 参见李振贤:《中国语境下的类案同判:意涵、机制与制度化》,载《法学家》2023 年第 3 期。
② 江必新:《商事审判与非商事民事审判之比较研究》,载《法律适用》2019 年第 15 期。
③ 李志刚:《略论商事审判理念之实践运用》,载《人民司法》2014 年 15 期。

求查阅的股东应慎重其事,正式书面请求,说明目的"。[①] 实践中,股东向公司发出查阅通知并说明理由,公司可能基于该请求之合理性考量,配合股东查阅账簿,股东知情权据此实现而免于诉讼。然而,一旦司法层面对前置程序的要求过于宽宥,轻易豁免股东的通知义务,将可能导致前置程序制度的架空,将很多本可能提前解决的内部纠纷不必要地导入诉讼程序,引发股东知情权诉讼的泛滥,造成体系上、宏观上的不经济,反而不利于股东权益保护。

(四) 泾渭分明抑或兼容并蓄:以开阔的视野寻找法源

商事审判中,检索裁判法源时,应当注意到,商法作为民法的特别法,其规范应当优先于民法的一般规范进行适用,防止"向一般规则逃逸"的问题,这已经是商事审判实践中的共识。[②] 实践中的问题是,部分裁判者对民法裁判规则存在忽视,过度强调民法与商法的分野,片面以商事纠纷与商法规范的特殊性为由,坚持在商法的范围内进行法律解释或法律续造,而不愿在必要时援用民法的一般规范对问题进行涵摄。例如,对于股东瑕疵减资的责任与后果,2018 年《公司法》未作具体规定,2023 年《公司法》修订之前,司法实践中往往采用类推、参照,或直接适用《公司法解释(三)》第 13 条或第 14 条,按类似于抽逃出资或出资不实的责任对瑕疵减资股东的责任形态进行判断。但事实上,并非只有一种法律适用路径可以保护债权人合法利益。减资是公司的合法权利,但瑕疵减资责任人不通知债权人的行为却是一种不作为的侵权,该行为侵害的是本可被债权人保护程序所提前保全的债权,侵害的法益还包括减资中债权人保护程序的制度利益。此时,根据《民法典》中关于侵权责任的规范,完全可以赋予债权人直接求偿权,而非局限于在司法解释中艰难地展开法律方法以保护债权人利益。

另一个需要关注的是商事习惯作为裁判法源的适用问题。现代商事活动专业性日益增强,特别是随着科技进步和创新经济的发展,新型交易

---

① 安建主编:《中华人民共和国公司法释义》,法律出版社 2013 年版,第 67 页。
② 参见王保树:《商事通则:超越民商合一与民商分立》,载《法学研究》2005 年第 1 期。

模式和规则不断翻新,这些在长期商事活动中形成的交易规则和惯例,成为商事团体的自治规范,成为商主体从事商业活动必须遵守的规则,维持着商事交易秩序的有序运转。① 这些交易规则和惯例,即商事习惯。由于商事交易的创新性和专业性,商事法律规范在一定程度上会滞后于商事实践,有时会出现找不到直接可供适用的商事法律规范的情况,此时,应该优先适用商事习惯。② 对于商法未作具体规定的情况,应当区分"无须作出特别规定"和"应当作出特别规定而未作特别规定"两种情形。前者应适用民法的一般规定,而后者则构成商法的漏洞,应当优先以商事习惯予以填补,如无商事习惯,则综合考虑民法一般规范,或运用续造的方法填补漏洞。③

同样可作为裁判法源的还有商事组织的章程。不论是将章程视为"股东与公司之间、股东相互之间的法定契约"的契约论观点④,还是主张"章程具有自治法的形式"的自治规范论观点⑤,都支持公司章程可以作为裁判者援引的依据。而我国 2005 年《公司法》改革后引入了为数可观的但书规范,赋予诸多章程可"另有规定"的任意性规范,"这一变革使公司章程真正得以成为国家法律秩序中的次级法律秩序,并成为裁判的法源"⑥。

综上可见,商主体从事商行为在接受民、商法规范调整的同时,还需遵守公司章程、交易所等社会中介组织的业务规则、商会规约以及交易惯例等商事自治规则。⑦ 这就需要商事裁判者具有开阔的视野,包容并蓄地发现并综合运用各类规范完成商事裁判。

(五)非此即彼抑或衡平裁量:动态平衡地追求公正合理的结论

在商事审判中,大量案件的结论并非简单的"全有或全无"的判断,而

---

① 江必新:《商事审判与非商事民事审判之比较研究》,载《法律适用》2019 年第 15 期。
② 杨峰:《商法思维的逻辑结构与司法适用》,载《中国法学》2020 年第 6 期。
③ 参见钱玉林:《商法漏洞的特别法属性及其填补规则》,载《中国社会科学》2018 年第 12 期。
④ See Companies Act 2006 Explanatory Notes, Chapter 2(65).
⑤ 〔日〕龙田节:《商法略说》,谢次昌译,甘肃人民出版社 1985 年版,第 113 页。
⑥ 钱玉林:《公司法实施问题研究》,法律出版社 2014 年版,第 147 页。
⑦ 俞秋玮、贺幸:《商事裁判理念对审判实践影响之探析》,载《法律适用》2014 年第 2 期。

可能涉及裁判结果的"或多或少"。① 例如,在对商事合同的违约金进行酌减时,应当结合案件的具体情形,根据公平原则和诚实信用原则对多种考量因素进行利益动态衡量,进行"或多或少"式而非"全有全无"式的个案分析。② 又如,在股东请求查阅会计凭证的案件中,法院应当对股东查阅理由与查阅的合理性进行审查,赋予股东的查阅范围应当与其查阅目的相匹配,以确保对股东的知情权保护力度与对公司经营产生的不利影响合乎恰当比例,而非简单地对股东的查阅请求予以全部准许或全部驳回。③

因此,裁判者在商事审判中除了要正确运用要件式的思维模式之外,还应当引入要素式的审判思维,将要件进行进一步的解构与细分,并将价值性要素、现实要素等具体法律规范所未涵盖的要素予以综合考量,在部分案件中运用动态方法进行利益衡量,从而达至商事案件的公平。不过,构成要件的审查应当优先于动态体系,如此才能确保法的安定性,此时,不同于"越……越……"模式,构成要件要素必须得到累计值的满足,始得成立相应的法效果。④

综合上述五组分析可知,笔者以为的商事审判思维是:以尊重意思自治、商业外观为先,辅以恰当的司法介入作为补充与矫正,平衡兼顾效率与安全,以开阔的视野寻找法源,运用宏观的商业全局思维,动态平衡地对商事案件进行裁判,以实现公正的裁判结果。这是裁判者在对商事纠纷进行审理与裁判时,所应当贯穿始终的价值理念与分析框架。

第二节　商事合同的守约保护

——以涉疫合同的违约收益交出为视角

商事审判思维中的核心理念之一,就是保障和兼顾交易安全与交易

---

① 参见胡学军:《民法典"动态系统论"对传统民事裁判方法的冲击》,载《法学》2021年第10期。
② 参见王雷:《违约金酌减中的利益动态衡量》,载《暨南学报(哲学社会科学版)》2018年第11期。
③ 朱川、李非易:《股东知情权客体的第三层面:查阅会计凭证的证成与限度——兼谈公司法修订草案第51条》,载《法律适用》2022年第10期。
④ 〔德〕托马斯·M. J. 默勒斯:《法学方法论》(第4版),杜志浩译,北京大学出版社2022年版,第460页。

效率,鼓励诚信经营。其中的重要环节就是保护守约方利益,打击违约,维护契约精神。从目前的制度供给来看,商事合同的守约保护还是更多依赖于《民法典》合同编中关于违约责任的规范群,然而这样的保障制度究竟能否在商事审判中周全地保护守约方利益,并非不可追问之疑问。这样的问题在笔者所在团队审理的一起涉防疫物资买卖合同纠纷中体现得尤为明显,以之为引,略作探讨。①

一、案件概况

(一) 基本案情

华星公司与华合公司于 2020 年 4 月 5 日签订购销合同,约定华合公司向华星公司出售 PP 产品(口罩熔喷布原材料,系防疫物资),数量为 200 吨,单价为 14.30 元/千克,总金额为 2860000 元,款到发货。华星公司 4 月 8 日即付清全款。4 月 11 日,华星公司向华合公司发函催收货物,华合公司未作回应。4 月 12 日,双方又签订另一份购销合同,约定华星公司向华合公司采购 PP 产品,数量为 3000 千克,单价为 47.46 元/千克,总金额为 142380 元,款到发货。嗣后,华合公司发送了 4 月 12 日合同项下的 3000 千克货物,但始终未发送 4 月 5 日合同项下的货物。4 月 14 日,华星公司与华合公司通过微信沟通,华星公司要求华合公司尽快按约交货,否则将立即解约,华合公司仍拒绝交货。

华星公司遂诉至一审法院:(1)确认华星公司、华合公司于 2020 年 4 月 5 日签订的购销合同解除;(2)华合公司赔偿华星公司差价损失 8892000 元,此款与华星公司应付华合公司的货款 142380 元抵销后,华合公司实际应赔偿华星公司 8749620 元。

审理中,经华星公司申请,一审法院委托上海沪中会计师事务所对华合公司在 2020 年 4 月 5 日与华星公司签订购销合同时的库存、生产情况,签订合同后在 200 吨的范围内华合公司的销售情况以及所得利润进行司法审计。上海沪中会计师事务所出具的沪会中事(2021)审字第

---

① 参见上海市第二中级人民法院(2022)沪 02 民终 6287 号民事判决书。

6203 号专项审计报告（以下简称专项审计报告）显示，2020 年 4 月 5 日签订购销合同后，华合公司在 200 吨范围内向案外人销售发货自同月 10 日起，至 4 月 17 日发货数量已达 209.74 吨。且与案外人的合同日期自 4 月 7 日至 4 月 15 日不等，均晚于华星公司、华合公司于 4 月 5 日签订的购销合同，交易单价为 33.90 元/千克至 59 元/千克不等，均高于 4 月 5 日购销合同约定单价 14.30 元/千克。专项审计报告作出如下审计意见：未考虑加工费、直接人工费及制造费用的基础上，经测算，华合公司在 2020 年 4 月 5 日与华星公司签订购销合同后在 200 吨的范围内销售利润为 3539242.84 元。

（二）一、二审的不同裁判观点

一审法院认为，华合公司与华星公司 4 月 5 日的购销合同与 4 月 12 日的购销合同互相独立，均合法有效，不存在替代关系。4 月 5 日合同约定款到发货，华星公司于 2020 年 4 月 8 日付清全部货款，华合公司理应发货，但华合公司未能履行此项义务。华星公司催告后仍未能履行，故华星公司提出解除合同并无不妥。根据最高人民法院《关于依法妥善审理涉新冠肺炎疫情民事案件若干问题的指导意见（二）》（以下简称《指导意见》）第 3 条，出卖人与买受人订立防疫物资买卖合同后，将防疫物资高价转卖他人致使合同不能履行，买受人请求将出卖人所得利润作为损失赔偿数额的，人民法院应予支持。换言之，出卖人所得利润可以作为计算买受人损失的方式。根据专项审计报告，华合公司确因其停止履行合同获益，而华星公司必然因此受损。但由于案涉交易发生于疫情防控时期，人工、原材料、物流等履约成本确有增加，华合公司的利润显然也要受此影响，故涨价部分并不当然形成利润。一审法院考量了双方之间的利益平衡后，结合当时的疫情背景、市场行情、双方合同履行情况及合同解除情况等，酌情认定华合公司需赔偿华星公司损失金额为 50 万元。将 4 月 12 日合同项下应付货款予以抵销后，华合公司应赔偿损失金额为 357620 元。判决如下：（1）华星公司与华合公司于 4 月 5 日签订的购销合同解除；（2）华合公司赔偿华星公司损失 357620 元；（3）驳回华星公司的其余诉讼请求。一审判决后，华星公司不服，提起上诉。

二审法院认为,华合公司收取全额款项后拒绝按约供货,导致华星公司合同根本目的无法实现而解约,显然构成违约。且本案的特殊性在于系争合同标的物为防疫物资,故应当参照《指导意见》作出判断。《指导意见》第3条形成于重大突发事件影响社会民生的特殊时期,其规制目的既符合我国《民法典》关于正确引导商事交易行为,鼓励诚信履约,惩戒恶意违约的宗旨,又成为特殊时期商事行为的具体指引。该规定表明国家对疫情防控特殊时期涉防疫物资买卖合同中违约一方的坚决惩治态度,即违约方不得因违约行为而有任何获利,且必须弥补守约方的损失。故而本案的关键在于如何更公平合理地确定损失赔偿金额。

审计意见认为,在未考虑加工费、直接人工费及制造费用的基础上,华合公司在4月5日合同签订后在200吨范围内销售利润为3539242.84元。一审酌情认定华合公司赔偿50万元。二审法院认同一审关于华合公司因违约而获利致华星公司受损的事实认定,但认为一审酌情确定的赔偿金额有失偏颇,自由裁量权行使存在不当。首次疫情自2020年1月爆发至案涉合同4月签署,作为经营防疫物资原材料的企业,应已对市场行情有所预判,PP材料的市场价格在一定期间内出现大幅波动为必然情形。在此情况下,华合公司要约中确定的报价及供货量应为其结合市场情况及自身经营能力作出的综合判断。故其在收取华星公司全额货款后,又以价格上涨过快,履约将致亏损为由拒绝供货,主观过错明显。2020年4月5日签约后,华星公司于4月8日前即付清全款,表明其要货的紧迫态度,但华合公司并未按约"款到发货"。之后,华星公司又多次催货,华合公司仍然拒绝。至此,华星公司不得已提出解除合同并要求赔偿差价损失。审计报告在200吨范围内截取合同日期晚于华星公司签约日且收款日期不早于华星公司付款日的项目进行统计并测算利润,合理有据。4月14日虽是合同解除日,但并非华星公司本意。华合公司将本应向华星公司的供货延续至该日之后继续高价转售的行为也无法成为其依照《指导意见》应当进行赔偿的阻却事由。基于此,华合公司对案涉合同的解除负有不可推卸的过错责任,应当依照《指导意见》的规定承担赔偿责任。

但需要说明的是,虽一审酌定赔偿金额过低,但一审有关疫情防控时期,原料、人工、物流等履约成本必然出现大幅增长的事实判断合理。另考虑到华合公司作为中小民营企业在特殊时期可能存在的经营管理能力欠缺等情形,二审法院对其有关房租、水电、原料、人工、物流等客观成本真实存在,但无法向审计机构逐一提供明确印证的抗辩可予部分采信。故二审法院在审计结论确定的华合公司销售利润3539242.84元的基础上作出适当扣减,酌情认定华合公司须赔偿华星公司损失金额200万元。至于2020年4月12日购销合同项下的货款,可予抵销,故华合公司应赔偿华星公司损失金额1857620元。遂改判:华合公司赔偿华星公司损失1857620元。

本案中,华合公司存在违约,华星公司据此解除合同,几无争议,然而一、二审法院关于违约赔偿金额的认定思路、价值取向却大相径庭,进而发生了一审酌定华合公司赔偿50万元,而二审法院却大幅度提升至200万元的改判结果。这与当下审判实践对商事合同违约赔偿责任把握尺度的分歧有关,究其实质,还是实践中对商事审判思维的贯彻和运用理念不同。在一方合同当事人违约的情况下,若双方未约定违约金,则赔偿范围应框定为直接利益损失、履行利益损失、信赖利益损失,抑或违约收益交出,不无疑问。在涉防疫物资商事合同的违约情形下,最高人民法院《指导意见》第3条已明确将违约赔偿范围扩大至违约收益,但在审判实践中如何适用仍存在一定争议。不仅如此,《指导意见》射程之外的其他商事合同,是否也可以通过违约收益交出这种制约方式来保护守约方的利益,亦是有意义的问题。因此,有必要在检视我国目前商事合同违约赔偿体系的情况下,对涉疫商事合同违约收益交出的正当性与适用路径进行探讨,促进类案裁判思路统一的同时,或许可以对商事合同的守约保护问题有所启发。

二、商事合同守约保护体系的局限

我国民商事合同的违约责任形式有履行合同义务、替代履行、修理、重作、更换、减少价款、违约赔偿、违约金等多重形式,而本案涉及的违约赔偿责任,主要以《民法典》第566条、第577条、第583条、第584条为法律依据。将相关条文作为体系展开后可见,违约损害赔偿通常是与违约金相并列的救济机制,且若合同当事人订有违约金,实践中守约方通常会援引违约金条款并结合《民法典》第585条的规定寻求司法救济。若合同未约定违约金,则守约方只能转向《民法典》第584条所提供的违约赔偿救济制度,本案即属一例。然而实践中,这种求偿效果往往并不理想。

首先,《民法典》第584条关于赔偿损失范围的规定存在理解上的弹性。"损失赔偿额应当相当于因违约所造成的损失,包括合同履行后可以获得的利益。"此处如何理解合同履行后可以获得的利益范围,存在疑义,因为可以获得的利益范围存在一定不确定性,合理地确定相关利益边界是一个技术性难题。实践中,"履行利益""可得利益""期待利益"往往存在交互使用的情况,但归根结底,还是转向了对"损失确定性"的追求,以至于出现司法裁判往往不能充分救济守约方的现象。[1]

其次,商事合同的特殊性未得到充分关注。民商合一体例下,商事合同与民事合同的区分在实践中仍应得到关注,在法律适用时须顾及商事合同的特殊性。[2] 相较于一般民事主体,商事主体更具有商业理性判断力和交易相关领域的判断能力,经充分磋商的、能够反映双方真实意思的合同内容,当属理性商事主体的商业判断,司法的介入应当保持克制。[3] 根据相同的逻辑,在界定违约赔偿范围时,司法秉持的态度是相对保守还是相对开明,亦是民事审判思维与商事审判思维的应然区分。而实践中,这样的区分能否得到精准贯彻,如何避免民商合同的等同处理与分野过度,并非不可追问的问题。

最后,违约赔偿还受到可预见规则的掣肘。即使守约方能够举证其受到的损失,一旦该等损失被认为超出违约方在缔约时应当预见的范围,仍然将面临被调减的结果。那么如何判断损失范围属于可以被预见,不无争议[4],司法实践中通常遵循"一般理性人"标准[5],即以理性人处于违

---

[1] 参见吴行政:《合同法上可得利益赔偿规则的反思与重构——从〈中华人民共和国合同法〉第113条适用的实证考察出发》,载《法商研究》2012年第2期。

[2] 参见崔建远:《民事合同与商事合同之辨》,载《政法论坛》2022年第1期。

[3] 参见杨峰:《商法思维的逻辑结构与司法适用》,载《中国法学》2020年第6期。

[4] 参见崔建远:《合理预见规则的解释论》,载《东方法学》2022年第4期。

[5] 参见最高人民法院(2016)最高法民再351号民事判决书、(2014)民一终字第286号民事判决书。

约人的地位是否能够预见为标准来判断违约人是否"应当预见",且若合同当事人因行业经验等而具有较好预见能力,亦应加以考虑[①]。但"理性"一词仍然具有较大的主观性与适用上的弹性,难以有一种放之四海而皆准的方法来评价一个人或决策的理性程度,所以这种标准的判断依据和要素并未有实证法上的统一模式和基准尺度。

由于上述情况,商事合同的违约赔偿救济制度对守约方的救济效果难言理想。即使当事人通过事前约定违约金的方式试图避免陷入违约赔偿不足的情况,但根据《民法典》第585条第2款,仍然面临违约金被调减之可能,而实践中违约金司法酌减制度的适用情况颇受争议。故总体而言,商事合同的违约救济制度存在局限已经是不争的事实,而如何确保合同得到严格执行,是持续优化法治化营商环境所必须回答的时代之问。

三、涉疫商事合同违约收益交出的正当性证成

本案中,由于合同标的为防疫物资,华星公司通过援引《指导意见》第3条,寻求将华合公司违约赔偿范围扩大为其违约收益,实质上已经超出了原有规范下"履行利益"或"期待利益"的严格定义与范畴,而是创设了一种新的违约救济或违约责任形式,即违约收益交出。换言之,《指导意见》第3条从表述上看仍属于赔偿范围之划定,但究其实质,已经超脱了《民法典》第583条的原定范围。尽管适用范围被限定在涉疫合同,但对于当下的商事合同救济体系构建与商事审判思路均具有重大意义,故有必要对此予以正当性的证成,并据之展开进一步探讨。

(一) 损失的客观存在

在合同解除背景下,损失往往容易被倾向于淡化处理,"解除—返还价款与交易标的—资金占用损失赔偿"的处理方式往往成为主流,尽管《民法典》第583条赋予了可得利益的求偿权,但这种利益的举证通常是困难的。然而,《指导意见》出台于疫情期间,此时防疫物资价格普遍呈现

---

① 参见孙维飞:《〈民法典〉第584条(违约损害赔偿范围)评注》,载《交大法学》2022年第1期。

快速上涨的现象,买卖合同中出售方的惜售行为显然是基于价格大幅度上涨后的反悔,其违约拒售,自然可以通过另行销售而取得大额收益,此即违约收益。如果购买方能够依约取得这些货物,则可以自行销售,并取得相当的收益。如果购买方由于出售方的违约而未能获取货物,则若其意欲继续按原定计划开展经营,势必需要另行购买相同货物,而此时市场价与原合同的差价则成为其客观损失。由此可见,《指导意见》第 3 条所指的违约情形下,守约方必然面临损失,尽管该等损失的举证难度较高,但并非不能通过适度合理分配举证责任、法院依职权调查、启动司法审计等方式予以弥补。

(二) 不得因违约获益的基本法理

在司法裁判中,必须尊重基本的正义理念,特别是当规则或者某种规则的解释指向不同方向并导向不同结果时,有关正义的考虑可以起到决定性的作用。[1] 从理念上看,法律不允许任何人因不法行为获益,也不允许任何人从自己的过错中获益,这是分配正义的基本要求,也是多国所遵循的准则。[2] 例如,英国的普通法中有"不允许从自己的不法行为中获益"的原则与先例。[3] 德国法中的"禁止主张自己之不法"以及"净手原则"等,亦有类似之意蕴。[4] 在商业市场,商事主体的逐利倾向表露无遗,一旦当其意识到违约收益能否覆盖甚至超出其违约成本时,其追求利益最大化的本质特征将驱使其违约。唯有秉持"不得因违约获利"的理念,才能有效阻止商事主体的违约倾向,这与倡导诚信,鼓励诚信经营的社会主义核心价值观相洽,更是优化法治化营商环境的应有之义。

(三) 疫情下的法政策支撑

本案的特殊之处在于合同标的为防疫物资,恰逢最高人民法院出台

---

① 参见[美]E. 博登海默:《法理学:法律哲学与法律方法》,邓正来译,中国政法大学出版社 2010 年版,第 466 页。
② 吴国喆、长文昕娉:《违约获益交出责任的正当性与独立性》,载《法学研究》2021 年第 4 期。
③ See Halifax Building Society v. Thomas,［1996］2 WLR 63,［1996］Ch 217 (CA)229.
④ 参见王泽鉴:《不当得利》,北京大学出版社 2009 年版,第 97 页。

《指导意见》，进而使得本案华合公司的违约行为被纳入了《指导意见》第3条的规制范围之中，从而为涉疫合同的违约收益提供了法政策上的支撑。事实上，观察《指导意见》全文可以发现，该意见并非单纯针对防疫物资出售企业进行规制的文件。恰恰相反，《指导意见》突出保证疫情防控工作大局，对防疫物资产业链、供应链依法进行了全面保障，只是在"对防疫物资生产经营企业予以上述倾斜保护的同时，为促使其诚信经营，防止囤积居奇，打击投机行为"，方有此规定。[①]

由此可见，在涉疫商事合同纠纷中，要求违约方交出其违约收益，既有事实依据，亦有法理基础，更有法政策支持，其正当性不应再有疑义。

四、违约收益交出的司法认定

在对涉疫商事合同违约收益交出的正当性进行论证后，需进一步讨论的是在司法认定过程中的条件与标准问题。

（一）作为客观外在体现的违约行为

违约收益交出属于违约责任的一种承担方式，故其以违约行为的客观存在为基本前提。另需注意的是，轻微的违约行为一般不会触发违约收益交出这一惩戒性违约赔偿救济机制。如果合同仍然存在继续履行的可能，且违约行为尚未达至根本违约之程度，则守约方尚未取得合同的法定解除权，其更为适宜的救济方式是"请求继续履行＋赔偿损失"，而非"请求解除＋违约收益交出"。事实上，《指导意见》第3条亦是以合同不能继续履行为前提展开的。

（二）作为主观内在因素的过错

违约责任的归责原则以无过错责任或严格责任为主，通常情况下不

---

① 参见王利明：《指导涉疫民事案件审理的力作——〈关于依法妥善审理涉新冠肺炎疫情民事案件若干问题的指导意见（二）〉解读》，载《人民法院报》2020 年 5 月 25 日。

问主观方面。[①] 然而,在具体衡量违约责任承担的形式与轻重时,主观过错程度仍然是需要被考量的因素。[②] 违约方所应当承担的责任轻重,应当与其主观过错程度相匹配。主观过错程度较轻的违约,对其施加的违约责任通常以弥补守约方损失为目的;对于恶意的违约行为,则应适当彰显违约责任制度的惩罚性。如本案的情形,防疫物资买卖合同中的卖方拒不履行交付义务,通过高价转卖他人,其通过故意违约而获利的目的昭然若揭,主观恶意不言自明。甚至有利用前文述及的商事合同守约保护力度不足而进行套利之嫌,此种行为会使得守约方的利益无法得以保全,不仅损害了具体合同的交易稳定性,更是具有增加交易成本、减少交易类型与规模的负外部性。[③] 此时,如果仅仅秉持"填平损失为主,适当惩罚为辅"的理念,恐难以有效规制此种通过违约进行套利的不法行为,必须以更为严厉的违约责任予以规制。

(三) 收益交出范围的认定

在确定违约方交出其收益范围时,首先需要查明其收益情况,这就涉及一个实务中的难点,即如何查明其收益情况。实践中,违约方的对外转售、收取对价、成本支出等环节的相关证据往往不为守约方所掌握,而违约方作为更接近证据的一方却不具有提交证据的动因。此时,需要法官动态合理地对举证责任进行分配,在守约方能够提出初步表面证据时,将举证责任进行适度转移,责令由违约方提交相关交易凭证,以证明自身未通过违约而获利,并可结合书证提出命令制度和司法审计制度,全面查明违约方的收益情况。

在确定最终交出金额时,可预见规则的适用应当被弱化。可预见原则的机理在于赔偿金额超出了违约方的可预计范围,然而在故意违约以

---

① 参见崔建远:《合同法》(第六版),法律出版社 2020 年版,第 237 页;韩世远:《合同法总论》(第四版),法律出版社 2018 年版,第 748 页。

② 例如,原《最高人民法院关于适用〈中华人民共和国合同法〉若干问题的解释(二)》第 29 条即明确,法院在酌情调整违约金时需要考量的因素包括当事人的过错程度。《九民纪要》第 50 条亦有类似观点。

③ 参见洪国盛:《论作为违约救济的获利交出》,载《中外法学》2022 年第 5 期。

获取利益的情况下，正是违约方对收益大于违约成本有了预估权衡，才会违约，部分学者称其为"效率违约"。① 这种有意识的违约实为一种套利，此时适用可预见规则，属于规则的错配。此外，与违约金酌减机制相类似，损益相抵原则、过失相抵原则在个案中仍是需要被考虑到的因素。在本案中，审计机构在未考虑加工费、直接人工费及制造费用的情况下测算出华合公司违约获益为 350 万元左右，而一审法院以相关成本的增加为由，适度调减支持的金额，本符合损益相抵原则，然其在"充分考量了双方的利益平衡后"，结合各因素，将赔偿金额酌定为 50 万元，酌减幅度过大，偏离了《指导意见》第 3 条的规定意旨，并未准确适用违约收益交出这一责任形态；二审法院据此改判，在适度扣除合理成本的情况下，将赔偿金额提升为 200 万元，以保护守约方的权益。

五、余论：商事合同的守约保护与营商环境

本案中，违约收益交出这一责任形态之所以能够证成，很大程度上有赖于本案商事合同的涉疫属性与《指导意见》的特别规定。对于其他一般的商事合同，本案的裁判思路也并非没有借鉴意义。尽管违约收益交出作为一种现行法中尚未明确的违约责任承担方式，缺少直接适用的方法，但是只要秉持严守契约、鼓励交易、保护守约方利益、打击违约的思维取向，就可以在实践中通过各种法律方法向事实上的违约收益交出靠近。例如，在解释"损失"时，对"履行利益""可得利益""期待利益"等本来就交错使用的概念进行相对宽松的解读，从而扩大违约方的责任范围，此时就可以将违约方因其违约而获取的收益作为损失的重要考量依据。又例如，在对违约金进行酌减或酌增时，引入利益衡量的法律方法，根据个案情形的不同，再结合诚实信用、有约必守、合同正义等原则，对一些明显失衡的裁判结果进行矫正，以避免商事合同守约保护制度的落空。不仅如此，当违约方提出违约金过高抗辩时，《民法典》第 585 条的措辞为"人民

---

① 参见熊丙万：《中国民法学的效率意识》，载《中国法学》2018 年第 5 期；贺大伟：《〈合同法〉项下的效率违约：理论反思与制度抉择——以效率违约适用性维度之审视为视角》，载《河南社会科学》2018 年第 3 期。

法院或者仲裁机构可以根据当事人的请求予以适当减少"。此处的"可以"二字事实上赋予了法院拒绝酌减的权力,如在个案中特别是商事合同的违约情形下,违约方因违约而获利巨大,法院完全可以据此拒绝对违约金进行酌减,从而达到事实上的违约收益交出的惩戒效果。

合同应当被遵守几乎是当代社会的基本共识之一,如果放任违约方可以获得利益,显然与这一基本共识背道而驰。在世界各经济体制度竞争、经济竞争乃至政治角力愈发激烈的当下,构建良好的法治化、国际化营商环境是我国的重要战略。2022 年 5 月,世界银行发布了宜商环境(Business Enabling Environment,简称 BEE)评估体系的项目说明,拟替代原有的营商环境评估。① 2023 年 3 月,世界银行正式将新评估体系命名为"Business Ready"(简称 B-Ready,亦被称为营商环境成熟度评价),从公布的指标来看,原有的"执行合同"虽从核心指标中被去除,但新增了"争端解决"这一核心指标,项下的三个二级指标均与司法机关能否公正高效解决商业争端有关。换言之,要考察的不仅是法律法规等制度规范,还有其执行效果。② 市场主体对契约的遵守程度,与市场环境及制度竞争力息息相关,因此更应当注重对守约方的保护和对违约方的制裁,即商事合同的交易规制问题。③

第三节　合同条款在商组织法与商行为法下的双重评价
——以"公账私收"条款的公司法效果为例

在商事审判中,部分案件事实会面临组织法和行为法的双重评价,裁判者应当同时从组织法与行为法的两个不同维度对法律行为或法律事实进行关注,并进行双重论证,才能得到妥当的裁判结果。在此,不妨以笔

① 参见《世行开启新的营商环境评估,明年发布首份 BEE 报告,DB 项目已停》,https://export. shobserver. com/baijiahao/html/488005. html,访问日期:2023 年 1 月 25 日。
② 参见赖先进:《国际营商环境评价的新变化与营商环境建设新趋势——基于世界银行新营商环境评价(B-Ready)的分析》,载《经济体制改革》2023 年第 4 期。
③ 参见吴烨:《论优化营商环境的私法路径》,载《甘肃社会科学》2022 年第 1 期。

者审理的一起案件为线索,展开探讨。①

一、案件概况与问题的提出

(一) 基本案情

付某持有堂前燕公司 99.5% 的股份,故系堂前燕公司的控股股东。2018 年 4 月 20 日,陈某与堂前燕公司签订商铺预定意向书,其中明确约定意向金支付到付某的个人账户中。当日,陈某向付某个人账户中汇入意向金 20 000 元。2018 年 5 月 12 日,陈某与堂前燕公司签订联营合同。该合同约定,堂前燕公司向陈某提供场地用于餐饮经营,陈某支付相应的运营管理费等,款项均直接转至付某个人账户中。联营合同签订后,陈某向付某个人账户支付了合同约定的各项费用 160 000 元,加上意向金,陈某共向付某个人账户支付了 180 000 元。

2018 年 6 月 15 日,陈某经营商铺开始对外正式营业。但是,因堂前燕公司的问题而导致营业证件不齐全,陈某无法正常营业。嗣后,陈某向堂前燕公司发送律师函要求堂前燕公司三日内提供合法证照并且赔偿其停业期间的损失。2018 年 11 月 11 日,陈某搬离涉案商铺。

2018 年 8 月 24 日,陈某向一审法院起诉,请求解除联营合同,堂前燕公司返还相应费用并偿付违约金,付某对堂前燕公司所需支付的款项承担连带清偿责任。堂前燕公司反诉,请求解除联营合同,陈某向堂前燕公司支付管理费并且偿付违约金。

(二) 裁判观点

一审法院认为,堂前燕公司并未取得合法证照,导致陈某被有关部门责令停业整顿,故堂前燕公司违约,陈某依法享有合同解除权且应由堂前燕公司偿付陈某违约金。关于付某的责任问题,一审法院认为,按照合同约定,堂前燕公司要求陈某将涉案款项汇入付某的个人账户,故付某的收

---

① 参见上海市第二中级人民法院(2020)沪 02 民终 5954 号民事判决书。

款行为系代表堂前燕公司的职务行为。且因为堂前燕公司并非一人独资有限责任公司,故付某无须对堂前燕公司的债务承担连带清偿责任。遂判决:(1)联营合同解除;(2)堂前燕公司返还陈某履约保证金、物业费押金、电费充值卡押金、进场装修费和宽带费合计 134 706 元;(3)堂前燕公司偿付陈某违约金 5 000 元;(4)驳回陈某的其他诉讼请求。

一审判决后,陈某不服提起上诉,称堂前燕公司与其股东付某构成了人格混同,请求二审法院改判由付某对堂前燕公司的债务承担连带责任。二审中陈某提交:(1)区税务局出具的涉税信息查询结果告知书以及该局调取的堂前燕公司 2018 年 4 月 1 日至 12 月 31 日期间的现金流量表、资产负债表、利润表及纳税申报表,证明付某代收涉案款项并未进入堂前燕公司账内核算,付某个人财产与堂前燕公司存在财产混同;(2)堂前燕公司股东变更档案材料以及(2020)沪 0114 执 4075 号限制消费令,证明付某通过股权转让的方式逃避债务,堂前燕公司因为与股东的人格混同而丧失了清偿债务能力。付某则向二审法院提交了其个人账户为堂前燕公司经营所对外支出的支付凭证汇整表以及所涉具体汇款的电子回单、合同等。

二审法院认为,根据查明的事实,股东付某个人账户和堂前燕公司账户长期存在混用情况,股东个人财产与公司财产未作出清晰区分。与陈某签订联营合同的主体是堂前燕公司,陈某按合同约定支付的款项本应付给堂前燕公司,而事实上却汇入了付某的个人账户中,可见股东付某个人的财产未与本应独立于股东财产的堂前燕公司的公司财产进行清晰且明显的区分。付某在二审中提交电子回单反映出付某的个人账户频繁直接向堂前燕公司的交易相对方进出资金的情况,故可以判断付某和堂前燕公司的财产长期处于混同的状态。本案中,陈某支付的款项在汇入付某个人账户后并未在堂前燕公司的会计账簿中进行财务记载,堂前燕公司始终未能提供公司总账、明细表、现金日记账等会计账簿证明公司财产的独立性。根据陈某提供的区税务局开具的涉税信息查询结果告知书以及从该局调取的堂前燕公司 2018 年 4 月 1 日至 12 月 31 日期间的现金流量表、资产负债表可以看出,堂前燕公司账上资金流动情况与相应的税务申报情况均极不活跃,这与本案查明的堂前燕公司的经营情况不相匹配,且不符合通常的商业规律。付某的行为实质上构成了"滥用公司法人独立地位和股东有限责任",而非一般的职务行为。付某在本案纠纷发生时持有堂前燕公司 99.5% 的股份,系该公司控股股东,对该公司拥有控制权,其通过合同要求陈某将应付堂前燕公司的款项直接汇入付某个人账户中,后未将该款汇入堂前燕公司的独立公司账户,也未作任何公司财务记账处理。该行为是付某利用其控股股东的有利身份,随意支配公司独立财产,严重侵犯了公司的法人独立人格,动摇了公司法领域的公司人格独立的制度根基,减损了公司偿债的能力,损害了利益相对方即债权人陈某的合法债权。综上所述,付某的行为构成滥用公司法人独立地位和股东有限责任损害公司债权人利益,故付某应对堂前燕公司的债务承担连带责任。一审法院对陈某要求付某承担连带责任的请求未予支持有失妥当。二审法院改判:付某对本判决中堂前燕公司的付款义务承担连带清偿责任。

(三)"公账私收"条款何以成为问题

审判实践中,司法机关对公司人格否认制度即"刺破面纱"规则的适用非常谨慎,只有在严格限定的条件下才能适用。[①] 然而本案中,二审法院认为堂前燕公司与付某存在人格混同的情况,适用人格否认制度改判付某承担连带责任。影响本案认定的重要因素是涉案合同中的"公账私收"条款。

"公账私收"条款并非严谨的法律概念,但由于该种条款在商业实践中大量存在,影响了交易安全和市场稳定,应当引起重视。"公账私收"条款通常表现为交易双方在合同中明确约定付款义务方将其应支付的款项直接汇入收款公司股东、实际控制人等相关人员的个人账户中。个人账户特别是股东个人账户用于收取公司款项应定性为股东与公司的人格混同还是代收行为,取决于该公司是否拥有独立的财务制度。同时,合同法下的意思自治原则亦是无法绕过的话题。合同双方订立"公账私收"条款,本质上就是商行为的一种,应当受到商行为法的规制。从合同法角度

---

① 参见施天涛:《公司法论》(第三版),法律出版社 2014 年版,第 32 页。

来看,这种条款系商主体的真实意思表示,似没有理由给予某种否定性的评价。然而,这种合同条款却可能引发商组织法的负面评价,这一点极易被忽略。那么两法的不同视角在这个问题上如何协调,值得探讨。

本案中,二审法院基于"公账私收"条款的签订和其他事实综合判定的结果为存在股东与公司人格混同,进而否认了堂前燕公司的独立人格,由股东付某对公司之债承担连带责任。故有必要以"公账私收"条款为切入口,对相关情形下否认法人人格的要素、公司人格否定制度与合同法意思自治原则之间的平衡等问题予以阐明和讨论。

二、公司人格否认制度的理论基础与常见司法认定方法

"公账私收"条款极具引发公司人格否认之风险,这已基本成为理论界和实务界的共识,然而在个案判断上仍然容易引发争议,出现裁判分歧①,故应对人格否认制度的基础与认定标准进行必要回顾和审视。

(一) 法人人格之独立与否认

公司人格否认制度的适用,始终是理论界与实务界关注的热点话题。人格是权利、义务的归属点,在"与权利能力相同的意义上使用"②,而法人拥有独立人格,这也使法人能独立享有权利并承担义务,从而方便其参与经济活动,简化交易活动中的法律关系,促进当代商业的发展③。法人拥有独立人格意味着其拥有独立的意思、责任和财产。④ 独立意思赋予法人对外进行意思表达的能力,以实现法人的意思自治,如公司以自己的名义对外签订合同。独立财产的拥有是法人参加财产性市场活动,形成独立人格的物质基础。公司以自身财产为限对外承担独立责任,而股东在让与了对公司经营管理的控制权后,无须以个人所有的其他财产为公

---

① 参见最高人民法院(2015)民申字第 1379 号、(2016)最高法民再 306 号两案的裁判文书。

② 〔日〕我妻荣主编:《新法律学辞典》,董潘舆译,中国政法大学出版社 1991 年版,第 71 页。

③ 参见姜婉莹:《公司法人格否认之人格混同情形司法适用研究》,载《商事法论集》2009 年第 1 期。

④ 相关规定见于《民法总则》第 57 条、第 58 条,以及《民法典》第 57 条至第 60 条。

司承担商业风险。故法人人格独立和股东有限责任在债权人和股东之间实现了利益平衡,亦系公司法制度创设之根本目的和基本原则。[①]

　　然而实践中,股东会利用优势将个人意思强加于公司的独立意思之上,跨越公司与个人财产的边界,使得公司沦为股东个人的躯壳,公司财产被做空,对外丧失偿债能力,债权人的预期利益受到侵害。法人人格独立和股东有限责任建立起的债权人和股东之间的利益平衡被股东恶意打破。为了维系原有天平,法人人格否认制度的创造和适用揭开了公司面纱,暴露出股东的个人意识和行为,并为利益的失衡承担个人责任。由此可见,法人人格否认制度的司法运用,可谓是担负着克服有限责任的弊端的重要使命。[②] 故与其说我国法条化规范公司人格否认制度的立法目的是建立法人人格独立和股东有限责任制度的例外,不如说是对两者构建起的公司法根本秩序的维系和保护。[③]

(二) 公司人格否认的通常认定方法

　　人格否认制度缘起于英美法系的判例,但域外鲜少以成文法的形式对这项制度予以明确规定,以至于这项规则的适用问题在各国司法实践中都存在不少争议和分歧。我国 2005 年《公司法》第 20 条第 3 款将公司人格否认制度予以成文化[④],为相关案件的裁判提供了重要依据。然而,该款的表述较为原则和抽象,特别是以什么标准来判断股东是否构成"滥用公司法人独立地位和股东有限责任"存在争议。《九民纪要》通过三个条文将之类型化为人格混同、过度支配与控制、资本显著不足,为司法实践提供了重要参考依据。从条文内容罗列的考量情形来看,过度支配与控制实质上仍可归于广义的人格混同之中,亦有学者总结为不遵守公司

---

① 参见刘俊海:《公司法学》(第二版),北京大学出版社 2013 年版,第 1—2 页。

② 参见钱玉林:《公司法实施问题研究》,法律出版社 2014 年版,第 14 页。

③ 参见《全国人大法律委员会关于〈中华人民共和国公司法(修订草案)〉修改情况的汇报》,2005 年 8 月 23 日在第十届全国人民代表大会常务委员会第十七次会议上。

④ 据说该条在立法过程中存在争议,反对意见提出,发达国家的成文法未有人格否认的规定,且这样的规定赋予法院较大的自由裁量权,容易发生权力的滥用。参见赵旭东主编:《新公司法讲义》,人民法院出版社 2005 年版,第 104 页。2023 年修订的《公司法》第 23 条对公司人格否认制度进行了完善。

程式(corporate formalities)，并将之描述为"公司与股东混为同一个主体，违背了公司作为一个独立主体的法律期望"①。由此，可将触发公司人格否认的主要事由归类为两种，即混同和资本显著不足。

相较于资本显著不足，否认公司人格最常见的情形是混同，即公司对外人格实质是股东个人人格的表达。于此情形下，法律无须保护本应独立的公司人格，由混同制造者对债权人利益损失进行弥补。公司的独立财产不仅是其形成独立人格和进行生产经营的物质基础，更是其对外承担责任的信用基础，关系到其承担财产责任的能力和范围以及整个市场法治体系的稳定。公司财产的独立性因为股东的破坏而形成的财产混同便成了人格混同在实践中最常出现的情形。全国人大决定将人格否认制度以法条的形式明文写入我国《公司法》，便是基于在现实生活中出现了大量的财产混同情形，如股东滥用权利转移公司财产。②

根据当前的司法实践，法院在认定公司与股东存在财产混同从而否认公司独立人格时，一般会采取要素分析的方法进行分析和判定。首先是主体要件，根据2018年《公司法》第20条第3款，滥用公司独立人格的主体应该是该公司的股东。最高人民法院第15号指导案例将主体的范围扩张到公司的关联公司③，并在《九民纪要》中予以确认且进一步扩张至实际控制人，以法律续造的方式解司法实践之渴。④其次是行为要件，即存在滥用的事实。针对财产混同，《九民纪要》对股东的行为进行了非穷尽式的列举⑤，并对过度控制和资本显著不足进行了表述。最后是结果要件，即滥用行为造成了对债权人利益的严重损害。一般认为，严重损害必须达到公司对外的独立财产无法清偿债务的程度。如果公司财产尚

① 参见朱锦清：《公司法学》（修订本），清华大学出版社2019年版，第171页。
② 参见《全国人大法律委员会关于〈中华人民共和国公司法（修订草案）〉修改情况的汇报》，2005年8月23日在第十届全国人民代表大会常务委员会第十七次会议上。
③ 参见江苏省高级人民法院(2011)苏商终字第0107号民事判决书。
④ 李新天、吴杨：《〈民法典〉视阈下公司法人格否认主体要件之扩张》，载《河北法学》2022年第4期。
⑤ 《九民纪要》第10条对认定人格混同需要考量的因素进行了列举，但需要注意的是，其指出"在认定是否构成人格混同时，应当综合考虑以下因素"，表明其罗列的是需要考量的因素，而非必然否认人格的情形，故应当动态综合地对全部因素予以考量，判断是否使用人格否认规则。

且能偿债,针对股东滥用行为损害公司利益,公司于此情形下可通过股东代表诉讼进行救济,债权人因债权可得到满足而无须请求法院否认公司的独立人格。在以上要件审查中,实践中的关键所在往往是行为要件,本案即属一例。

三、"公账私收"条款导致的混同

二审法院基于债权人提起否认公司人格的请求,适用了与一般司法实践相同的要素分析方法对是否存在股东与公司间的财产混同进行了裁判。付某在本案发生争议期间是堂前燕公司的控股股东,一般主体要件满足。因堂前燕公司无财产可供执行,债权人的债权必受损害,结果要件亦得到满足。所剩的行为要件,即股东是否存在造成财产混同的滥用公司独立人格和股东有限责任行为,是本案决定否认法人人格独立性的关键。

(一) 代收抑或混同

1. "公账私收"的实质——委托

本案中,陈某与堂前燕公司签订的合同中明确约定,陈某应付款项直接汇入股东付某的个人账户中。股东个人账户用于接收公司经营所获独立财产的性质的认定,决定了堂前燕公司独立人格的存亡以及股东付某有限责任的边界。对于该合同条款,固然可能认定股东与公司之间存在账户混同,但也可按照文义解释的方法,仅认定为股东以个人账户代收公司财产,股东行为是基于公司于合同中的意思表示,公司与股东之间存在委托关系。这样的委托关系并不必然造成对公司人格独立性的否定评价,需要结合其他因素,如公司是否拥有独立的财务体系和制度等,综合判断公司与股东之间是否存在混同。本案最终也是基于"公账私收"条款的存在,辅以涉案款项未进入公司账内核算等客观情节,综合判定存在财产混同的情况。

2. 财务制度完善与否的影响

代收财产是否入账对公司财产独立性所产生的影响可谓至关重要。

账从内容上而言是通过简单文字以及数字，记录公司的财产状况和经营状况。[①]

真实完整制作的财务账簿是证明公司拥有独立财产的重要材料，公司财产的独立性可体现于账面内容并且依附于会计制度得以保障。(1)从内容而言，交易明确记载于账面反映了公司对该笔交易的认可与接纳。本案中，证据显示与债权人交易时间段内的公司资产负债表和现金流表中，各项公司财务指标未与交易前产生数值上的变化。这不仅可以说明堂前燕公司本身对该项交易是以公司名义对债权人作出的事实持否定态度，也可以结合该笔交易款项直接汇至股东个人账户的事实推测出该交易实际是基于控股股东付某个人意思而产生，公司对外的独立人格可能只是股东人格的体现，进而推导出两者存在混同的结论。(2)从会计制度的法律效力而言，虽然入账只是数值上产生变动，但是根据账面情况形成的财务会计报告等材料对于交易相对方和国家相关机关而言是极为重要的参照依据。对于交易相对方，财务会计报告所反映出的信息有助于其判定公司的资信情况，在合理评估交易风险后决定是否开展交易。对于国家相关机关而言，可以根据公司账目情况判断公司是否拥有独立的责任能力。例如，计算公司所应缴纳的基于公司独立人格的税款时，税务机关会根据公司账簿来判断账簿的信赖程度，决定是否依据账面数值进行查账征收。

司法实践中，一人公司的股东在证明自身财产与公司财产未出现混同时，呈现的最具说服力的证据便是公司依法制作的账簿。账簿所反映的信息往往是此类案件中法院定案的关键所在。[②] 本案中，根据合同约定所进行的实际交易存在，然而公司账簿却并无相应记载，这一差异可导致裁判者对公司独立人格的充分合理怀疑。结合该笔款项直接汇入控股股东付某个人账户中的事实，本案二审法院对一审判决进行了改判，否认了堂前燕公司的独立人格。公账私收和未入账两事实综合动态地决定了

[①] 参见王明锁：《论商事账簿激起法律关系的性质——兼论〈商事通则〉的不可行》，载《法学杂志》2011 年第 3 期。

[②] 应高峰诉嘉美德(上海)商贸有限公司、陈惠美其他合同纠纷案，载《中华人民共和国最高人民法院公报》2016 年第 10 期，

股东和公司之间存在财产混同的结论,类似的裁判思路在最高人民法院的生效判决中亦可得到充分证明。①

(二)财产混同的认定在合同法下的适应

本案中,与陈某签约的主体是堂前燕公司,对合同条款内容进行解释涉及合同法中维护缔约方缔约自由的意思自治原则,合同效力的适用范围涉及合同相对性原则。一审法院未支持陈某关于付某承担连带责任的诉请,其主要理由即付某的收款行为是基于"合同的约定"。该观点的言下之意是,"公账私收"是合同当事人的约定,司法机关直接否认公司的独立人格,径直将股东这个非合同当事方拉入合同之债中,似乎对合同当事人之间的意思自治并未给予足够的尊重。该观点确有一定迷惑性,但实际上该观点与混同的结论在本案中并不冲突,故有必要厘清两者在本案中的关联和边界。

从宏观层面考量,合同法在性质上属于交易法或行为法,立法目的更侧重于维护交易的安全与效率。在此背景下,特别是在公众信用意识和合同观念比较淡薄的情况下,有必要尊重合同自由,其中尊重当事人意思自治自是应有之义。② 而公司法在性质上更接近于组织法,更关注组织团体的利益和整体秩序,旨在强化组织及其成员之间的凝聚力,提高组织的运行效率。③ 两者截然不同的视角注定了在适用相关法律规范时的维度亦有所不同。在裁判过程中,对于以上两种不同维度的法律不应有所偏废,而应进行双重审查。以本案所涉的"公账私收"条款为例,在公司法视野下,该条款的存在会触发人格否认制度的可能,进而引导司法机关走进该公司内部,对公司治理结构、财务制度进行剖析,其效果存在内向性特点;而在合同法视野下,"公账私收"条款无非是合同众多条款之一,只要不违反法律法规的强制性规定,则无须过多关注,司法机关会更加着眼于合同双方的意思表示真实性和交易合法性,其效果存在外向性特点。

本案中,堂前燕公司的法人人格的独立性已然失去,签约主体虽是公

---

① 参见最高人民法院(2016)最高法民再 306 号民事判决书。
② 参见韩世远:《合同法总论》(第四版),法律出版社 2018 年版,第 47 页。
③ 参见刘俊海:《公司法学》(第二版),北京大学出版社 2013 年版,第 19 页。

司,但意思表示并非出自和股东发生人格混同的公司而是将个人意志凌驾于公司意思之上的股东付某。应当注意的是,人格否认的评价是基于堂前燕公司与其股东之间的内部评价,但若将视线移回合同本身,我们会发现无论缔约的意思表示归属于堂前燕公司还是付某,均不影响合同的成立和生效——两者已经基于人格混同而在法律上予以绑定,对于合同相对方而言,合同对面到底是公司还是股东,已经不再重要,债权人追求的正是公司与股东连带清偿合同债务。因此,在判断公司人格独立性时适用公司法,在对交易行为作出评价时适用合同法,两法从不同维度对市场秩序和交易安全进行保障,不存在冲突的可能。在判断公司内部治理时,忽视公司法关于人格否认制度的规定,却转而关注交易行为法的规定,以合同法的意思自治原则来回应法人人格混同问题,难免有问官答花之嫌,结果必然导致不准确的裁判结果。

四、一个延伸的思考:人格否认标准的实质化

前文已经探讨了公司人格否认制度背景下"公账私收"条款的司法评价问题,然而本案仍有值得更进一步探讨的空间。如前所述,"公账私收"条款是可能引发法人人格否认的一个典型人格混同情形,但该条款的存在并不必然推导出人格否认制度的适用。我国现行法律层面只有2023年《公司法》第23条对法人人格否认制度的适用设定了原则性的规范,《九民纪要》的列举式规定则无法穷尽一切符合人格否认的情况。那么在商事审判中,司法机关如何把握认定尺度、标准,一直存在广泛的争议。公司人格否认制度起源于英美法系,或许将视线放到该制度的发源地可以从根本上把握适用的张弛。

(一) 英国公司人格否认认定标准的发展

聚焦于英美法系的代表国家英国,公司人格否认制度的发展与其贯彻始终地遵循先例原则存在紧密的联系。遵循先例原则赋予了法官在个案中依据已生效判决中所形成的法律规定结合个案的特殊性来创造性地改良法律规范的权力。公司人格否认的认定也随着个案中不同法官的观

点碰撞而在各个时期产生了不同的标准。

在公司独立人格制度盛行之时,公司人格否认的认定因承认独立人格之观点占主流地位而困难重重。只有当股东另外设立新公司的动机和目的能够充分证明仅为逃避原公司的债务时,股东在两公司之间利用职权进行财产转移才可认定为股东与原公司之间存在人格混同。① 随后,人格否认的认定出现了史上最松标准,即基于公平正义以及维护交易安全的判断,只要公司财产被股东或母公司无偿使用就可认定财产混同,而不论该使用行为的动机以及是否对债权造成严重损失。② 当前适用的判定标准对以上两个时期的标准进行了折中处理,当股东对公司财产进行转移并且导致公司无法实现债务时,应该通过判断股东行为是否出于帮助公司逃避债务的目的来判定是否需要否定公司独立人格以保障债权人的利益。③ 当前这种抽离外在现象,直击当事人本心的判断标准尽管加大了司法机关的审查负担,但更加符合目前市场实际情况,也更有利于应对变化层出不穷的商事交易环境,可为我国司法机关借鉴。不过,如何判断股东行为的损害性和主观恶意,确实考验着裁判者的司法智慧,也需要一定的基本判断方式和大体标准,裁判者也应当在判决中阐明理由,充分论证。

(二) 美国公司人格否认制度的经验总结

事实上,何时可以适用公司人格否认制度进而刺破公司面纱(piercing the corporate veil),在美国亦是一个长期困扰司法实践的难题,至今亦没有概括出一套简明、系统而实用的规则。④ 1986 年,西弗吉尼亚最高上诉法院在搜罗以往所有判例并加以总结的基础上,归纳出 19 个可以考虑的因素。⑤ 从列举内容看,基本围绕公司与公司的财产使用、公司代股东承担责任、不遵守程式经营、独立资产缺失等,大体可谓与《九民纪

---

① Jones v Lipman (1962) 1 WLR 832.

② DHN Food Distributors Ltd v Tower Hamlets LBC (CA) (1976)3 All ER 462.

③ Creasey v Breachwood Motors Ltd (1993) B. C. L. C 480.

④ 朱锦清:《公司法学》(修订本),清华大学出版社 2019 年版,第 163 页。

⑤ Laya v Erin Homes, Inc. , 352 S. E. 2d 93, at 98 - 99(W. Va. 1986).

要》有异曲同工之处。相似之处在于,一个案件中不会同时具备 19 种情形,具备其中某种情形,也不必然导致公司人格被否认。换言之,仍然需要法官在个案中根据具体情况综合判定。

值得指出的一点是,英美法的判例中经常会运用到形象的比喻来说明公司与股东之间的关系,颇有意味,如把公司比作股东的化身、代理人、躯壳、木偶、工具等。但诚如卡多佐所说:"母子公司关系的整个问题还被包裹在比喻之雾中。法律要警惕比喻,因为它们起初被用来解放思想,结果却总是束缚思想。"①就这一点而言,同样值得我国的裁判者警惕,适当的比喻可以在裁判文书中恰如其分地表达一些观点,形象地体现公司形骸化程度,甚至可能在一些案件中成为点睛之笔,但这不是重点,或者说这是有前提的。论证的基础和根本还应在于分析案件中的具体情况,考虑如何妥善地证成人格否认的要件构成。有学者通过对大量美国个案的分析,归纳出三个必要条件和两类案情,认为人格否认应符合三个必要条件即股东为积极股东、公司为封闭公司、债权为非自愿债权,两种案情即资本不足和主体混同;如果符合了三个必要条件,又具备两类案情中的一种,就应当否认公司人格。② 这样的标准显然对我国的实践具有参考意义,特别是两类案情的归纳,与前文提出的两种典型情形(混同和资本显著不足)可谓不谋而合。三个必要条件中,积极股东和封闭公司的标准同样在我国实践中可以适用,不过非自愿债权这一点则有待斟酌和进一步研究。有学者的实证研究表明,我国的人格否认制度适用情形中,侵权之债与合同之债的适用概率并无明显差别。③ 为何美国的裁判经验在此处没有当然体现于我国实践中,值得探究。

(三) 实质化认定方法之借鉴

美国的判例关注债权人是否自愿,其底层逻辑在于,如果债权人是自愿与公司交易的,说明他自愿承担交易风险,那么他应当审慎审查交易对手资质,待对方公司偿付不能,再行主张股东责任,依据不足;而如果债权

---

① Berkey v Third Avenue Railway Co., 244 N.Y. 84,94,155 N.E.58,66(1926).
② 参见朱锦清:《公司法学》(修订本),清华大学出版社 2019 年版,第 163 页。
③ 参见黄辉:《中国公司法人格否认制度实证研究》,载《法学研究》2012 年第 1 期。

人是不自愿的，则反之。对于主动债权人来说，只有当遭受严重欺诈以至于作出错误判断时，才可以主张刺破面纱。这样的规则能否适用于我国的商业实践，不无疑问。若照此逻辑，恐怕绝大多数合同债权人都将无法主张刺破债务人公司的面纱，包括本案涉及的"公账私收"条款。应当指出的是，无论是混同也好，资本显著不足也罢，主要都是涉及公司内部的治理情况、资本状况、经营情况。难以苛责外部债权人在进行每一笔合同交易前对每一个交易对手进行如此细致深入的调查，即便其调查，也未必能够了解到公司可能已经存在独立人格被滥用的风险。特别是考虑到我国商业市场的成熟度与公司治理的普遍规范度尚未达到美国的商业市场水平，故简单套用美国标准来认定中国案件，似有削足适履之意。

综上，分析我国实践、实证法规定、判例和域外经验，可以梳理出人格否认案件认定的大致脉络：被刺破面纱的主体应为封闭公司而非公众公司、承担责任的股东为积极股东而非消极股东、债权是否为主动之债并非重点考量因素、公司与股东的混同情况（主要看是否遵守公司程式，如没有建立财务制度等）、是否存在资本显著不足的情况等。在查明上述变量后，即可基本得出是否应当否认公司人格的结论。

无论如何，在英美的司法实践中，很难看到法官会刻板地因为前后案的事实存在相似或者相同而直接进行判定，而是会对前案判定的理由进行法理层面上的理解，再就案件进行具体的适用，这是值得借鉴的。当前我国司法实践习惯于将个案情形与统一的、列举式的成文适用标准进行对应适用。然而，商事活动的形式瞬息万变，股东滥用公司独立法人人格和股东有限责任的行为方式会更为多样化，已经生效的法律之于现实往往呈现出滞后性的劣势，这就需要裁判者遵循商事审判思维，运用动态的而非静态的方法，综合地对案件情况进行评价。"公账私收"条款或许很快就会被其他形式的用于掩护股东滥用法人独立人格和股东有限责任的条款和交易模式予以取代。如果不结合股东行为的真实目的去判定公司独立人格是否真实存在，债权人的权利在个案中就可能因为司法实践简单而一成不变地套用固有定式而难以得到及时保护，商法维护市场秩序的根本目的也无从实现。因此，从法条出发，进行去法条化的判断，更为灵活准确地适用公司人格否认制度，是裁判者将商事审判思维运用在实践中的应然方向。

第四节 商事外观的遵守与突破

——以股东资格的消极确认为例

商事外观主义原则是商法的基本原则之一,但商事外观主义的运用需要按照一定的方式并应注重其适用的边界。如何在实践中正确运用该原则,是实务中的一个难点,亦涉及商法的基本理论,故笔者以承办的一起案件为视角[1],对此问题略作探讨。

一、案件基本情况

工商行政管理部门公示信息显示,厚福公司于 2014 年 3 月 14 日成立,股东为赵某与冯某、何某,法定代表人为冯某。2014 年 3 月 10 日,厚福公司形成的股东会决议下方有赵某与冯某、何某的签名。2014 年 8 月 5 日,厚福公司形成股东会决议,载明决议如下:公司注册资本由原 200 万元增至 3000 万元;冯某、何某分别增加注册资本至 1200 万元,赵某增加注册资本至 600 万元,该决议下方有赵某、冯某与何某的签名。

赵某以冯某擅自使用其身份证进行公司注册为由,诉至一审法院,要求判令:(1)确认于 2014 年 3 月 10 日形成的厚福公司股东会决议不成立;(2)确认于 2014 年 8 月 5 日形成的厚福公司股东会决议不成立;(3)确认赵某不是厚福公司的股东。

一审审理中,司法鉴定中心对厚福公司工商登记材料中公司章程、2014 年 3 月 10 日和 8 月 5 日的两份股东会决议等中"赵某"签名是否为赵某本人所签进行鉴定。鉴定意见为厚福公司工商登记材料中公司章程、2014 年 3 月 10 日和 8 月 5 日的两份股东会决议等中"赵某"签名均不是赵某所写。

---

[1] 参见上海市第二中级人民法院(2017)沪 02 民终 11609 号民事判决书。

一审法院经审理判决:(1)确认于2014年3月10日形成的上海厚福金融信息服务有限公司股东会决议不成立;(2)确认于2014年8月5日形成的上海厚福金融信息服务有限公司股东会决议不成立;(3)驳回赵某其他诉讼请求。赵某不服,提起上诉。

二审期间,二审法院另查明,余某是赵某的姐夫,曾在云南省金融办工作,后因不想将养老保险留在云南,所以就将养老保险挂在厚福公司,此后亦曾在冯某要求下去厚福公司担任非正式顾问,但未领取报酬。

二审法院认为:首先,赵某未能提供充分证据证明其身份被冒用之事实。现有证据中,仅有司法鉴定结论可证明签名为他人代签,但对于代签之原因,赵某未能充分证明其观点。其次,赵某的姐夫余某与冯某及厚福公司往来密切,赵某与冯某亦非全然不相识,且鉴于余某身份的特殊性,甚至不能完全排除赵某系为余某代持股权之合理怀疑。再次,赵某于2014年3月即被登记为厚福公司的股东,该登记信息系对社会公开的信息,但其直至2017年才提起本案诉讼,意味着其在亲戚与该公司存在密切往来的情况下,近三年时间对身份被冒用一事一无所知,有违常理和一般经验法则。故判决:驳回上诉,维持原判。

二、争议中的商事外观主义

本案中,赵某基于其身份被冒用而提起的关于否认其股东身份的诉讼请求颇为引人关注。当前,司法实践中关于股东资格的反向确权之诉如雨后春笋般不断出现,但在冒名股东的认定这一问题上,仍存在较大争议,司法实践中亦存在适法不统一的情况。从立法层面看,《公司法解释(三)》第28条规定:"冒用他人名义出资并将该他人作为股东在公司登记机关登记的,冒名登记行为人应当承担相应责任;公司、其他股东或者公司债权人以未履行出资义务为由,请求被冒名登记为股东的承担补足出资责任或者对公司债务不能清偿部分的赔偿责任的,人民法院不予支持。"自此,被冒名名义股东的权利得到了最高人民法院司法解释的确认,且这种保护得以突破商事外观主义原则的限制。但本案中,赵某关于否认其股东资格的诉讼请求并未获得法院支持。事实上,由于现实案件案情复杂,在实践中应当如何认定股东系被冒名,如何把握股东资格否认的司法认定标准,在处理过程中如何协调被冒名股东的救济权利与商事外观主义原则的关系,并非一个简单的问题。

商事外观主义原则,是指名义权利人行为所表现出来的或者有关权利公示所表现出来的法律关系外观,使第三人对这种法律关系产生合理信赖并基于该信赖而为法律行为时,即使有关法律关系真实状况与第三人主观信赖状况不符,只要该第三人主观信赖合理,第三人所实施法律行为即受到法律保护。① 商事外观主义原则是在商事主体从事商事活动、市场监管主体进行行政监管、法院进行商事裁判时均应遵循的基本原则,诚如信赖保护在民法中是一项基本原则,作为私法的特别法的商法,其比民法更注重交易安全,外观主义是信赖保护原则在商法领域的具体化,是商法领域的一项原则。② 商事外观主义原则的基本价值在于维护交易的稳定和安全、保障善意第三人的合法权益,是维持商业秩序、保证商事活动持续开展的重要前提,也是公司自设立到终止的整个过程都必须遵守的基本准则。进而有学者指出:"公司登记的本质属性是面向公众提供公司登记信息的公共信息服务,既非行政许可,亦非行政确认。公司登记信息具有保护善意第三人合理信赖、对抗非善意第三人道德风险的双重公示公信效力。外观主义不是例外规则,而是一般原则。"③

但同时也应当注意到,外观主义以牺牲真实权利人利益的代价保全交易相对人的利益,是利益衡量的结果④,也正因此,理论界对司法实践中商事外观主义滥用的批判之声与矫正建议并不鲜见⑤。最高人民法院亦在《九民纪要》的引言部分强调要"特别注意外观主义系民商法上的学理概括,并非现行法律规定的原则,现行法律只是规定了体现外观主义的

---

① 郑云瑞:《公司法学》,北京大学出版社 2016 年版,第 71 页。
② 刘胜军:《论商事外观主义》,载《河北法学》2016 年第 8 期。
③ 刘俊海:《公司登记制度现代化的解释论与立法论:公共信息服务、公示公信效力与可诉可裁标准的三维视角》,载《法律适用》2023 年第 1 期。
④ 参见李国强、朱晓慧:《〈民法典〉规范逻辑中外观主义的限制——以执行程序对外观主义的不当运用为切入点》,载《烟台大学学报(哲学社会科学版)》2023 年第 2 期。
⑤ 参见毛海波:《〈民法典〉框架下司法对外观主义理论的精准把握与限缩适用》,载《法律适用》2021 年第 9 期。

具体规则","从现行法律规则看,外观主义是为保护交易安全设置的例外规定,一般适用于因合理信赖权利外观或意思表示外观的交易行为"。可见,商事外观主义在司法实践中到底应当作为例外还是原则,不无争议。无论如何,外观主义旨在保护因信赖外观权利或者外观授权而与无实际权利的当事人进行交易的相对人,系以牺牲真正权利人的利益为代价保护相对人的交易安全,其正当性应由立法者进行权衡并内化为具体制度,因此裁判者不能脱离具体制度泛化地运用外观主义作为裁判的依据。[①]

《公司法》第 32 条第 3 款规定,公司股东的信息应当在公司登记机关进行登记,未经登记或变更登记的,不得对抗善意第三人。此条为商事外观主义原则的具体体现,也就是说,在公司的外部关系层面,当真实权利与交易安全发生矛盾时,牺牲真实权利以保护交易安全、维护交易秩序,是处理股东资格认定纠纷的基本理念和准则。[②]当股东的登记信息系其身份信息被冒用而完成登记,此时还能否运用外观主义进行判断,是处理类似纠纷的关键所在。

三、外观的突破:基于被冒名股东的权利保护

尽管在商事领域中,外观主义原则处于非常重要的地位,其更多的运用场景在于协调和处理外部第三方与商事登记企业的关系,而非用于登记企业内部,概因商事登记与信赖利益,特别是商事交易中的信赖利益构成对应关系。[③]司法实践中,亦对此秉持"内外有别"的裁判思路。最高人民法院《公司法解释(三)》第 28 条赋予了被冒名股东得以直接突破公司商事登记之外观的法律依据。可见,面对公司内部的"真假股东"纠纷,最高人民法院在商事外观原则所代表的交易安全和意思自治原则所代表的自由人权两大法益中选择了后者作为更偏重的法律利益,这自然是可以理解的。如果某名义股东确实系被冒名,强迫其承受该股东身份有违

① 参见吴光荣:《论外观主义在民商事审判中的运用》,载《法学家》2023 年第 3 期。
② 郑云瑞:《公司法学》,北京大学出版社 2016 年版,第 107 页。
③ 肖海军:《商事登记论——营业进入的宣示、确认、公开机制》,法律出版社 2023 年版,第 377 页。

基本人权的保护,而基本人权和交易安全孰重孰轻,一目了然,此时商事外观得以被突破。故应对冒名股东的内涵和被冒名人权利保护的正当性进行必要阐述。

(一) 冒名股东的内涵

所谓冒名股东,是指实际出资人或者认购股份的人以虚拟人的名义或者盗用他人名义履行出资义务或者认购股份。[①] 被冒名登记为股东的人要么并非真实存在,要么是对冒名的事实并不知情。基于实践中登记机关对登记材料一般不作实质审查且存在程序操作上的不规范之处,冒名登记行为人得以通过提交虚假材料等方式,将他人登记为公司股东。

冒名股东与隐名股东在外观上有很多相似之处,两种情形下公司的名义股东均非实际享有股东权利的人,但是二者存在重要的差别。冒名股东的情形下,名义股东对被冒名的事实并不知情,也不承担股东责任;而在隐名股东的情形下,隐名股东通常与名义股东事先达成了代持股协议,并实际承受股东的权利义务,因此在第三人不知情的情况下,名义股东应当按照商事外观主义原则对外承担责任。可见,二者承担责任的方式存在很大的区别,在实践中应当严格进行区分。

(二) 被冒名股东保护的正当性

被冒名股东虽然在外观上为公司股东,但《公司法解释(三)》第 28 条赋予其对抗效力,即可以作为商事外观主义原则的例外,对内、对外均不承担股东责任。在冒名股东的情形下,法律抛弃了交易安全这一核心价值而例外地保护个体的权利,其正当性来源主要有以下两点:

首先,在冒名股东的情形下,名义股东对登记事实毫不知情,仅有外观上的股东资格,而通常情况下,其股东权利义务由冒名登记行为人实际享有和承担。名义股东不具有成为股东的意思表示,不享有股东权利,不参与公司治理,也没有履行股东的出资义务,既不存在允诺的意思表示,也没有事实上的权利义务之承受。根据任何人不得为他人设定义务的法

---

① 施天涛:《公司法论》(第三版),法律出版社 2014 年版,第 247 页。

律理念,名义股东自然不应当为他人的行为承担后果。此时,应当然允许被冒名者以否认股东资格的方式来避免承担可能的"股东"义务。[①]

其次,冒名登记行为人盗用他人的姓名,构成对名义股东姓名权的侵犯,同时还以虚构或隐瞒事实的方式欺诈登记机关,既构成侵权行为,又构成行政违规行为甚至犯罪行为。因此,冒名登记行为人应当对自己的不法行为承担责任,由其直接承担冒名登记行为所产生的后果。

四、冒名股东的认定方法

法律虽然已经明确规定了对被冒名名义股东的保护,但是作为一般原则的例外规定,实践中应严格把握冒名股东的认定标准,审慎适用《公司法解释(三)》第 28 条的相关规定。否则,在较低的司法认定标准下,结合目前我国较为松弛的公司登记管理审核制度,极易造成股东资格否认之诉的泛滥,进而冲击现有的商事秩序和交易安全,甚至可能造成第三人的合理信赖保护利益无法得到保障,最终伤及营商环境。关于冒名股东的认定方法,可从证明责任分配、证明内容和证明标准三个方面进行探讨。

(一) 证明责任分配

对于股东资格的认定标准和证明责任,应以区分内外为前提,在公司内部关系的处理上,即名义股东和实际出资人之间的关系上,司法解释采取了实质要件说,即遵循意思主义原则来确认实际股东。[②] 而在公司外部关系的处理上,即涉及债权人的利益时,司法解释采取了形式要件说,即以保护善意第三人和交易安全为原则。[③] 因此,若非仅仅涉及股东之间的纠纷,公司证明名义股东具备股东资格只需提供形式上的证据即可,

---

① 参见邵胡敏:《论有限责任公司股东资格的否认》,载《税务与经济》2015 年第 1 期。
② 根据《公司法解释(三)》第 24 条第 1 款,应当审查实际出资人与名义出资人的意思表示,结合合同理论探究其表意真实性,并据之判断两者之间的法律关系和权利义务。
③《公司法解释(三)》第 25 条第 1 款的规定则以外观主义为基础,更倾向于保护第三人利益,并要求参照物权善意取得制度。

如商事登记、公司章程、股东名册等。但在处理内部纠纷时，更应进行实质审查，此时双方均负有举证责任。若穷尽调查方式后，"是否冒名"这一待证事实仍处于真伪不明状态，则应由负有证明责任的一方承担不利后果。根据《民事诉讼法》，当事人应当对自己所主张的观点进行举证，若股东主张其系被冒名登记为公司股东，其显然应当承担这一证明责任。

实践中，股东通常能够通过对签名进行司法鉴定，初步证明公司商事登记存在瑕疵这一重要事实，但这一事实是否足以表明冒名的存在，不无疑问。若股东此时缺乏其他补强证据，其关于否认股东资格的诉请能否得到支持，是值得商榷的，这一点可留待后文探讨证明标准时进一步阐述。与此同时，公司若主张该股东系真实股东，而非被冒名，亦可进行举证。

（二）证明内容

在明确了证明责任的前提下，名义股东还需要提供证据证明如下事实：

首先是客观方面，名义股东应证明自己事实上没有履行股东义务，亦没有享受股东权利，即证明自己未实际出资、未参与公司治理、未参与公司分红、未行使其他股东权利等。若是有证据显示，名义股东在实际上履行了任何股东义务或者是享受了任何股东权利，则不能否定其股东资格。

其次是主观方面，名义股东应证明自己对被冒名的事实不知情。在冒名的情况下，名义股东的权利之所以能够例外地受到保护，关键在于其对被冒名的事实并不知情。若是有证据显示，名义股东明知他人利用自己的身份信息进行股东登记而表示同意或者不予制止，其权利保护便不再具有正当性，不再适用关于冒名股东的规定，即便其在客观上未实际享有股东利益，也不能否定其股东资格。

同理，公司若主张股东并非被冒名，亦可从上述待证事实中寻找证据，以对抗该股东的诉讼请求。

（三）证明标准

一般情况下，民事诉讼的证明标准只需达到"高度盖然性"的要求即可,但《民事诉讼法解释》第 109 条对证明标准作出了例外规定,即"当事人对欺诈、胁迫、恶意串通事实的证明,以及对口头遗嘱或者赠与事实的证明,人民法院确信该待证事实存在的可能性能够排除合理怀疑的,应当认定该事实存在"。这一例外规定的立法目的在于,但凡发生了欺诈、胁迫或恶意串通的行为,就会发生相应的实体法效果,即导致现有的法律关系无效或者可撤销。因而,从维护法律秩序的稳定性、保障交易安全的民商事立法目的来看,需要对这些事实赋予更高的证明标准。[①] "该条文将欺诈、胁迫、恶意串通的事实的证明,提高证明标准,规定需要达到排除合理怀疑的程度","欺诈、胁迫和恶意串通的事实,在实体法立法上使用'足以''显失公平'的表述的,均反映立法者对此类待证事实拔高证明标准的意图"。[②] 有实务工作者指出,在民事审判中,某一行为被认定为欺诈、胁迫和恶意串通时,当事人可能会因该民事诉讼上的结果而涉嫌刑事犯罪,故在审理上述法律事实的民事诉讼中也应当采取与刑事诉讼相同的证明标准;即使判决未使该当事人承担刑事责任,也可能因上述行为本身具有的"恶意"和违反诚信原则的性质,造成当事人的社会评价降低,甚至信用等级的下降,从而对其以后的生活及生产经营产生不利影响。[③]

从行为性质的角度看,冒名登记行为人盗用他人的身份信息,通过提交虚假材料或隐瞒真实情况的方式向公司登记机关进行登记,该行为实质上构成了欺诈。从交易安全的角度看,该欺诈行为的认定会导致股东资格的否定、公示效力的否定,从而进一步影响第三人的利益,扰乱商事环境的稳定和秩序。从行为影响的角度看,盗用他人身份信息涉及对他人姓名权的侵犯,构成侵权;情节严重的,还涉嫌盗用身份证件罪,对冒名行为人的影响重大。综上,冒名股东的行为特点符合《民事诉讼法解释》第 109 条的情形,其证明标准应当采取更加严格的"排除合理怀疑"标准。换言之,若股东以其被冒名为由起诉要求确认其并非公司股东,应当提供

---

① 江必新主编:《新民诉法解释法义精要与实务指引(上)》,法律出版社 2015 年版,第 231 页。
② 最高人民法院编:《最高人民法院民事诉讼法司法解释理解与适用(上)》,人民法院出版社 2015 年版,第 361—362 页。
③ 参见朱晓东:《详解史上最强司法解释之十:证据证明标准的体系重构》,载天元律师事务所网,http://www.tylaw.com.en/.d276822487.htm,访问日期:2021 年 3 月 1 日。

充分的证据,形成证据链,并应据此与其陈述的事实建立严密而完整的逻辑关联,以至于能够使得法院排除对其他可能性的合理怀疑。对于公司而言,其举证强度仅需达到能够使法院对存在冒名股东情形的客观性合理存疑,即可达到阻却股东否认其股东资格之诉的目的。

五、延伸的思考

就赵某与厚福公司的纠纷而言,赵某虽能举证证明其在工商登记部门备案材料中的签名确非本人所签,但其未能进一步举证证明其身份被冒用的情况,反而结合其与姐夫余某、公司法定代表人冯某的关联性,确实无法使法院排除合理怀疑,又结合其长期未对公司登记提出异议的情况,法院对其是否被冒名登记这一陈述存疑。因此,赵某关于确认其并非厚福公司股东的诉请未获支持,当属必然。但是,本案仍有值得进一步探讨之处。

(一) 商事登记材料中签名的真实性对股东资格的影响

我国商业实践中确有相当一部分公司存在运营不规范、财务不规范、登记不准确的现象。即便是规范最为严苛的上市公司,亦不时爆出财务造假的负面新闻。[①] 中小企业更是广泛存在财务管理制度不完善、财会管理人员素质参差不齐、财会管理预警系统不完善等情况。[②] 不仅如此,更有学者的系列实证研究表明,2005 年至 2010 年底,我国法院在超过六成的公司人格否认案件中支持了债权人否认被告公司人格的请求,最常见的裁判理由是财务混同。2006 年至 2015 年间,我国涉及公司集团背

---

① 仅 2020 年 1 月至 2021 年 4 月期间,我国证监会查办上市公司财务造假等违法案件就达 59 起,占办理信息披露类案件的 23%,向公安机关移送相关涉嫌犯罪案件 21 起。参见证监会网站《证监会通报 2020 年以来上市公司财务造假案件办理情况》,http://www.gov.cn/xinwen/2021-05/03/content_5604539.htm,访问日期:2022 年 3 月 12 日。

② 参见王丽茹:《当前中小企业财务会计管理中存在的问题及对策》,载《商场现代化》2018 年第 23 期。

景下人格否认的 312 个案件中,混同仍是最常用的人格否认理由。[①] 可见,在公司治理层面,我国很多公司不具备完善的管理制度,也存在不按法定程式运营公司的情况,由此在实践中衍生出代为签字的情形。在商事登记层面,由于我国公司注册原则上采用登记备案制,仅对登记材料进行形式审查,故难以确保签名的真实性,不能排除实际出资后由他人代签或同意他人借名使用的可能性。因此,在司法层面,签名的真实与否并不是确定股东资格的决定性因素,不能仅因非本人签字之事实就作出否定股东资格的认定,否则将会为股东规避风险提供完美的避风港。对于是否具备股东资格,还需根据个案,纵观所有案件事实进行具体分析。

(二) 登记的公示效力能否推定"知情"

商事登记具有公示公信效力,登记信息向社会公众公开,理论上通常推定公众对公示信息应当知情,但这种来自商事登记的公信效力与对抗效力一般针对第三方。前者是指善意相对人得以登记事实对抗登记义务人,将登记事实拟制为客观真实存乎当事人之间,并据此使相关法律事实发生相应法律后果的效力;后者是指登记义务人得以登记事实对抗善意相对人,推定其知悉登记事实的效力。[②] 交易相对方由于交易的存在,有理由推定第三人会有意识地获悉相关信息。而被冒名股东事实上对被登记一事并不知情,也没有去查询和了解公司登记情况的动因和义务,若是以登记具有公示效力为由推定其知情,实质上剥夺了其否认股东资格的权利,与法律保护个人权益的初衷相悖。据此,在冒名股东的认定问题上,关于是否知情的认定不应仅简单从形式上出发,而应当综合案件事实,从实质上进行判断。如本案的处理,二审法院亦是结合当事人之间的特殊身份关联,在否认赵某对被登记一事并不知情的情况下,将赵某在工商登记完成后长期未提异议作为辅助,对裁判说理部分进行加强。

---

① 参见黄辉:《中国公司法人格否认制度实证研究》,载《法学研究》2012 年第 1 期;黄辉:《公司集团背景下的法人格否认》,载《中外法学》2020 年第 2 期。
② 邹学庚:《〈民法典〉第 65 条商事登记公示效力研究》,载《国家检察官学员学报》2021 年第 1 期。

(三) 主观过失对股东资格否认的影响

实践中,名义股东被冒名的原因有很多,有的不存在任何过错,如身份信息被盗;有的则是在监管上存在一定程度的过失,如本案中身份证外借的情形。身份证是证明公民身份的重要证件,赵某将其借给他人使用,理应有所警惕和防范,对身份证的实际使用情况做到必要的监督,故即便赵某并非明知,也至少具备一定的过错。如前所述,主观知情则不具有否定股东资格的正当性,至于具备主观过失的情形,并不必然会影响股东资格的否认。冒名股东的立法目的在于保护主观上和客观上都未曾享有股东利益的个体,即便主观上具有过失,只要不具备成为股东的意思,就应当受到保护。但是,在事实认定上,主观过失可能会对裁判者的自由心证产生影响,某些情形下可能会导致裁判者产生合理怀疑。正如本案中赵某未能充分证明借用之合理目的,加之本案还具备其他有疑义的情节,故裁判者作出了不利于赵某的认定。

六、结语

商事外观主义是裁判者在面对商事纠纷时应当考量的重要因素,但不是唯一因素,应辩证地看待商事外观主义原则。一方面,商事外观主义原则对于提升交易效率和保护善意相对方的交易安全发挥了无可置喙的重要作用,但同时也牺牲了真正权利方救济权的优先性。从这个意义来说,商事外观主义原则是一柄双刃剑,是法益权衡的结果。在运用的过程中,权利的平衡与结果的正义是重要考量因素。换言之,对于商事纠纷来说,商事外观主义并非百试百灵的灵丹妙药,裁判者应当根据案件类型和具体案情因案施策,决定是否采用商事外观主义原则。

诚如最高人民法院通过《九民纪要》表达的观点,商事外观主义原则的运用应当结合具体法律规范和具体法律制度进行,如物权善意取得、表见代理等,这一点当下已几无争议。需要关注的是,商事外观主义毕竟蕴含着商法两大根本价值取向,即交易效率与安全。除却具体法律规则,商事外观主义原则仍可能对其他本非商事外观主义原则色彩浓厚的法律条文或制度产生适用上的影响或掣肘,尤其是这些制度和条文的适用可能造成商事外观的突破时。例如,在适用股东资格的消极确认制度时,诉讼程序中并无公司外部债权人或善意交易方的介入,可理解为"真假股东"之间的内部纠纷,似乎无须考量商事外观,但案件的处理果真必然不会对公司外部权利人造成影响吗?恐未尽然。股东包括法定代表人的更替,固然属于公司内部调整范畴,但仍然会对外部债权人和善意相对方产生溢出效应。例如,债权人可能通过人格否认之诉、追缴瑕疵出资、出资加速到期、清算责任等方式向股东寻求债权的保全,但此时若出现股权的名实不一,债权人的权利救济可能受到影响。因此,商事外观主义原则在此类问题中仍然有被考虑的空间,这可以理解为一种商事外观主义的辐射效应。问题的关键是如何把握好边界问题,而判断边界的标准在于外观受益者是否存在滥用外观。质言之,解决好了识别滥用外观的问题,也就解决好了商事外观主义原则的运用边界问题。

以冒名股东问题为例,如果能够查明名义股东确实被冒名登记,当然应当支持其股东资格消极确认之请求。但作为平衡,裁判者必须非常关注所谓的冒名者与被冒名者之间是否可能利用当下商事登记中的监管盲区或漏洞,滥用商事登记外观。这就要对是否存在事实上的代持、借名等情形进行主动审查,并对主张突破外观的一方施以较重的证明责任。股东资格的消极确认问题并非一个新问题,但这一问题在实践中并未得到妥善解决。究其实质,是因为其背后蕴含着商事外观主义的争议与运用边界问题,同样的道理亦适用于当下更为突出的法定代表人涤除之诉等关涉商事外观主义的类似案型之中。本案中反映的问题与处理方式,或许可为裁判者妥善处理相关案件提供一种思路。

第三章

解释方法的运用

第一节 为何解释，何以解释

一、解释的意义

法律的生命在于实施，然而法律的实施，具象化至司法裁判中，通常以涵摄为方法，即以演绎推理的方式，将一般性的概念导向更为狭窄的概念，从"上"至"下"进行逻辑上的推演，亦即从大前提到小前提的论证过程，法律的构成要件是大前提，而事实中的关键信息则构成小前提。[①] 然而，无论是作为大前提的法律规范还是作为小前提的事实，在这个过程中都可能会面临被解释的问题。法律中的常用语言多少具有弹性，即使较为明确的概念，仍然经常包含一些本身欠缺明确界限的要素。[②] 此时，就需要去探求这些法律文字的含义，并将之运用于案件中。同时，当事人的表意行为在事实上如何理解，合同中的条文如何理解，同样需要进行解释。"在私法领域，意思自治原则使得当事人交易的意思表示，在形式上已经具备了法律解释的'文本'价值，在内容上也具有替代法律解释对

---

① 参见[德]托马斯·M. J. 默勒斯：《法学方法论》(第4版)，杜志浩译，北京大学出版社2022年版，第178页。
② 参见[德]卡尔·拉伦茨：《法学方法论》，陈爱娥译，商务印书馆2003年版，第193页。

象——私法规范法律文本的功效。"①毋宁说,法律的适用过程,就是解释和涵摄的过程。

　　解释在商事纠纷的裁判中扮演着尤为重要的角色,这是由我国商事法律规范的立法缺陷导致的。从体系上看,我国商事法律规范缺乏严密的逻辑,法律条文经常出现不完整,即法条经常缺乏条件或者结果;商法规范繁杂,缺少体系,法律条文之间多有龃龉和矛盾,很多商事单行法出自不同部门,立法价值不一,各单行法和规则之间规定不一、冲突甚多,商事法律漏洞也较多。②从定义技术上看,"商法有关商事主体和商行为的法律制度总是相互定义,模糊不清,导致商法适用上的杂乱和不合逻辑"③。这就意味着,裁判者在运用相关制度时,必然以恰当的解释为基本前提。不仅如此,由于商事交易行为与商事组织规范具有较高的专业性,商法规范所包含的内容中具有较多的复杂的技术性规范,而这些规范亦需要通过法律解释才能适用于具体案件之中。因此,较之于其他类型的案件与裁判工作,在商事案件的裁判中,解释的运用殊为重要。

二、解释方法

　　针对解释的具体方法和分类,诸多优秀的法学家已经各抒己见。萨维尼区分"文法""逻辑""历史""体系"的解释方法,并提出这些要素不应个别地发挥作用,而应当相互合作,经拉伦茨梳理和发展,表述为:字义;法律的意义脉络;历史上的立法者之意向、目标及规范想法;法律的客观目的;合宪性要求。④亦有学者作"文义、体系(包括扩张、限缩、反对、当然解释)、法意、比较、目的、合宪"解释之分。⑤尽管国内外学者的表述多有不同,但大道至简,作为一种实践品格极强的法律运用方法,法律解释

---

① 邹海林:《私法规范文本解释过程中的价值判断》,载陈洁主编:《商法规范的解释与适用》,社会科学文献出版社 2013 年版,第 8 页。
② 参见杨峰:《商法思维的逻辑结构与司法适用》,载《中国法学》2020 年第 6 期。
③ 范健:《商法规范解释与适用的法律问题研究》,载陈洁主编:《商法规范的解释与适用》,社会科学文献出版社 2013 年版,第 36 页。
④ 参见[德]卡尔·拉伦茨:《法学方法论》,陈爱娥译,商务印书馆 2004 年版,第 200—219 页。
⑤ 参见杨仁寿:《法学方法论》,中国政法大学 1999 年版,第 101—129 页。

并不重理论上的分类方式,而重在清晰、简明、科学,易于实践层面的操作与方法归纳。按此逻辑,法律解释的方法大体可诉诸四种解释准据,即语义、体系、产生历史、意旨与目的。^① 据之分类,可在实践中分为文义解释、体系解释、历史解释、目的解释。从笔者的司法实践经验来看,这四种解释方法基本足以覆盖商事审判实践中遇到的法律解释层面的问题。很多不同视角或更加精细的解释方法类型,均可归入到前述四种解释方法中。例如,扩张解释、限缩解释等其实是根据解释效果而非解释方法作的区分,可能归入前述任意一种解释方法。^② 从解释方法来说,当然解释、比较解释等皆可归入体系解释中的分支。合宪性解释实为一种司法机关在对个案裁判所适用的法律进行解释时,将宪法原则和精神纳入考量范围的理念,与其说是一种解释方法,不如说用审查要求来诠释其内核更为贴切,其实现路径也是在方法论框架内,尤其通过体系解释和目的解释来进行实现^③,故未将其与四种解释方法并列。上述解释方法不仅可适用于法律解释,亦同样适用于对当事人意思表示的解释。但是,意思表示的解释毕竟与法律解释不同,尤其是被解释的对象的产生者不同,前者为表意者,后者为立法者,故意思表示的解释方法还可增加诚信解释和习惯解释。^④

三、解释方法的运用逻辑

解释方法的运用应当遵循一定的规则,此为基本共识。"在民商事审判中进行裁判解释,则必须摒弃理想主义成分,要按照一定的方法和规则,围绕立法目的、背景以及规范文义、法律体系等进行解释,不能仅凭一

---

① 这一分类方法主要参见[德]罗尔夫·旺克:《法律解释》,蒋毅、季红明译,北京大学出版社2020年版,第41页。

② 如"目的性扩张解释",即应归入目的解释的范畴。这需要区分解释的结果是否超出被解释文本的语义范畴,如果超出就不再是解释,而是"目的性扩张",属于续造的范畴。

③ 参见黄卉:《合宪性解释及其理论检讨》,载《中国法学》2014年第1期。

④ 《民法典》第142条第1款规定,有相对人的意思表示的解释,应按词句,结合相关条款、行为的性质和目的、习惯以及诚信原则,确定含义。该条体现了主客观相结合的解释方法,在解释方法上明确了应当先遵循文义解释,结合体系解释、目的解释、习惯解释与诚信解释进行论证。本章第三节将对此结合案例展开探讨。

家之言,妄下判断。"①对此,有学者提出可将解释方法类型化为语言学解释方法和实质性解释方法,并指出语言学解释方法优先适用,辅以实质性解释方法作为有益补充②,颇具实践意义。按此分类,文义解释和体系解释可归入前者,历史解释和目的解释可归入后者。但是,这样的优先次序也不是绝对的,具体适用方法还需要结合案情具体分析。"在按字面含义解释法规可能会导致一个不公平的判决的时候(而且如果立法者在先前就熟悉该案件的实施,那么连他本人也绝不会同意这种判决),还必须要求法官去服从法规语词,这样做是否必要或是否可预呢?"③申言之,如果通过语言学解释方法得出的结论是明显非正义的、不可接受的裁判结果,此时是否需要借助其他解释方法,甚至是否需要结合法律原则乃至求助于法律价值,以法律续造的方法来避免不公正的出现,考验着裁判者的司法智慧。

在笔者看来,实践的复杂性往往远超理论模型在建立时的设想,尤其是在商业实践领域,同样的词句往往面临多重语义,很难以一种放之四海而皆准的程式来对任何疑难案件的要件进行解释。文义为先未必是金科玉律,特别是当一种解释可能完全违背制度目的本身时,必须允许裁判者从目的解释等角度进行另一个角度的论证。当然,此时,裁判者的充分论证义务是不能回避的。为实现法律解释的正确性和裁判的公正性,法官必须将其解释的过程公开,并对其解释进行充分说明和论证④,否则裁判结果将因缺乏说服力而显得无力,裁判者亦难免于恣意裁判的指责。

第二节　间接投资人行使知情权的解释路径

2018 年《公司法》第 33 条(2023 年《公司法》第 57 条)是关于股东知情权的规定,条文中"股东"似乎是一个语义明确的词语,然而即便如此,

---

① 刘贵祥:《再谈民商事裁判尺度之统一》,载《法律适用》2012 年第 5 期。
② 杨铜铜:《论法律解释规则》,载《法律科学》2019 年第 3 期。
③ [美]E. 博登海默:《法理学:法律哲学与法律方法》,邓正来译,中国政法大学出版社 2004 年版,第 556 页。
④ 王利明:《法律解释学导论——以民法为视角》,法律出版社 2017 年版,第 176 页。

仍然可能会在个案中引发分歧,进而面临解释的问题。在股权投资市场,普通的个人投资者通常不会直接持有投资目标公司的股权,而是通过一定的平台架构间接持股,从而获取相应投资收益。有限合伙企业和公司是我国两种最为常见的投资架构平台选择,其中有限合伙企业作为一种兼具灵活性和要式性的企业组织形态,是股权投资者、目标企业、基金管理人都颇为青睐的持股平台形式。在投资市场中,无论是私募基金还是资管公司,常常以有限合伙企业为主要持股载体构建投资交易架构。然而,实际投资人作为有限合伙人,当身为执行事务人的普通合伙人怠于履行基于管理协议以及合伙协议的管理义务时,投资者的预期投资利益难以得到及时保障。此时,投资者如何有效地向实际的投资目标公司行使知情权,是当前股权投资领域的症结所在,这里就涉及《公司法》与《合伙企业法》相关条文的解释与衔接问题。

由于股东知情权是专属于股东的法定权利,知情权诉讼在实践中通常是由股东提起。当公司股东是有限合伙企业时,作为股东的合伙企业及其执行事务合伙人怠于行使股东知情权,会导致该合伙企业的有限合伙人无从了解其通过合伙企业间接投资的目标公司之经营情况和盈利情况。当持股平台的组织形式为公司时,持股公司的董事会和高管亦会出现违反其应尽的勤勉义务的情形,从而造成投资者无法实现其所预期的投资利益。此时,有限合伙人或持股公司的股东虽然本身并非目标公司的直接持股者,但其可否基于自身或其投资所直接依托的企业组织形态的利益考量,以自身作为原告,直接向目标公司提起股东知情权诉讼,事关广大投资者的根本利益,也考验着裁判者的司法智慧。

一、问题的提出

问题源于笔者所在团队承办的一起股东知情权纠纷,该案的争议焦点在于,合伙企业的有限合伙人是否有权直接向合伙企业投资的公司提起股东知情权之诉。为便于后续探讨的展开,简要引述案件情况如下:[①]

---

① 参见上海市第二中级人民法院(2019)沪02民终9725号民事判决书。

2012 年 3 月 29 日,第三人芜湖星衡股权投资中心(有限合伙)成立,执行事务合伙人为一家股权投资基金管理公司,系普通合伙人,四原告即杜某、张某、陆某、上海准兴投资有限责任公司作为有限合伙人向第三人投入了资金。2012 年 5 月 25 日,被告上海星珏投资管理有限公司成立,第三人持有被告 21.69% 的股权。故四原告作为实际投资人,通过第三人这一平台间接持有被告股权。2019 年,四原告出于对投资情况的疑虑,以第三人及其执行事务合伙人怠于行权为由,径直向上海市静安区人民法院起诉,请求被告向四原告直接提供会计账簿和会计凭证等经营材料供查阅、复制。

静安法院裁定驳回了原告方的起诉,理由是四原告不具备被告公司股东的身份,系主体不适格。四原告称第三人系被告公司股东,四原告系第三人的有限合伙人,因第三人及其执行事务合伙人怠于行使权利而提起本案诉讼。静安法院对此认为,合伙企业因对外投资而取得的股东权利,既是财产权也是身份权,法律并未规定四原告所称情形可突破《公司法》及其相关司法解释对股东知情权行使主体的资格要求。

原告方不服,上诉称:作为有限合伙人,目前第三人的执行事务合伙人怠于履行职责,导致第三人的权益受损,有限合伙人作为利益攸关的实际投资人,可以起诉,向目标公司即被告行使知情权。故请求二审法院撤销一审裁定,指令一审法院审理本案。

二审法院认为,《合伙企业法》第 68 条规定,有限合伙人不执行合伙事务,不得对外代表有限合伙企业,同时又规定有限合伙人的下列行为不视为执行合伙事务,其中包括在执行事务合伙人怠于行使权利时,有限合伙人督促其行使权利或者为了本企业的利益以自己的名义提起诉讼的行为。该条赋予有限合伙人在执行事务合伙人怠于行使权利时,为了企业的利益以自己的名义提起诉讼的权利。四原告在提起本案诉讼前在已知范围内尽到了督促义务,第三人也未在本案诉讼中知悉有限合伙人的要求后表示愿意行使股东知情权。因此,在执行事务合伙人怠于行使权利的情况下,有限合伙人以自己名义提起知情权诉讼既未违反上述的法律规定,也有利于合伙企业权利的行使及利益的保护。因此,四原告提起本案诉讼的主体资格适格。遂裁定:撤销一审裁定,指令一审法院审理本案。

在上述案件中,核心争议焦点为:有限合伙人能否以自己为原告,向合伙企业所持股的公司提起股东知情权诉讼? 如果不能,则其应如何维护自己的合法权益? 如果可以,则其主张权利的基础是什么? 是基于代位行使原属于合伙企业之权利,还是行使其自身权利,效力得以穿越合伙企业而径直作用于目标公司?

二、有限合伙人行权的实际需求和法理基础

股东知情权是指公司股东了解公司信息的权利。[①] 中外各国小股东的维权实践表明,知情权是股东行使一系列权利的前提和基础。[②] 只有在知情的基础上,股东才能有效地参与公司重大问题的决策,监督董事会和管理层,必要时通过诉讼来维护自己的利益。[③] 股东知情权亦是一项法律赋予专属于股东的、不得以公司意思加以限制和剥夺的固有权利。[④] 故通常情况下,股东知情权的权利主体当然是股东。[⑤] 有限合伙人越过合伙企业直接向目标公司提起股东知情权诉讼,似乎对《公司法》及司法解释所规定的股东知情权之于股东的专属性进行了突破。在对具体条文进行解释之前,不妨先结合法理和实践的不同角度,厘清有限合伙人直接主张合伙企业之股东知情权是否具备合理性与必要性,并明确该诉求是否具有足够的法理基础。

(一) 有限合伙人行使合伙企业股东知情权的必要性

有限合伙企业虽然与有限责任公司颇为类似,在部分国家(如德国、日本)被称为"两合公司"[⑥],但两者毕竟有本质差别,我国并无关于"两合

---

① 施天涛:《公司法论》(第三版),法律出版社 2014 年版,第 264 页。
② 刘俊海:《公司法学》(第二版),北京大学出版社 2013 年版,第 173 页。
③ 朱锦清:《公司法学》(修订本),清华大学出版社 2019 年版,第 375 页。
④ 李建伟:《"实质性剥夺"股东知情权的公司意思效力研究——〈公司法解释四〉第 9 条的法教义学分析及展开》,载《中外法学》2018 年第 5 期。
⑤ 施天涛:《公司法论》(第三版),法律出版社 2014 年版,第 264 页。
⑥ 刘俊海:《公司法学》(第二版),北京大学出版社 2013 年版,第 436 页。

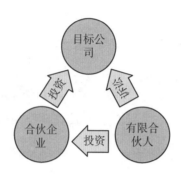

有限合伙人行使合伙企业股东知情权关系结构

公司"的明确立法。不同于我国公司治理立法体系中对股东权益的密切关注和深度保护,囿于立法的简洁,有限合伙人的权益保障问题也是一直困扰司法实践的难点。我国商事实践中,基于纳税与合规需求之考量,大量存在由有限合伙企业作为持股平台和投资人权益集散中心的情况——投资人作为有限合伙人,其真实的投资目的往往是合伙企业入股的目标公司而非合伙企业本身,因此很多时候,合伙企业的经营行为就是入股目标公司。有限合伙人在向合伙企业完成资金注入后,一方面失去了对资金的控制权,另一方面却无法获得类似于公司股东的完整制度保护。更为不利的是,合伙企业的执行事务合伙人或真实运营人往往是普通合伙人或其他隐藏更深的实际控制人。很多有限合伙人在对合伙企业经营情况和自身资金安全产生疑虑之后,发现其难以对真实投资标的有效地行使知情权,遑论进一步维护自身合法权益。在目前的投资实务中,大量的合伙企业往往与目标公司签有回购条款或业绩补偿条款等具有对赌性质的条款,故投资人的收益空间和资金安全往往与目标公司的经营情况直接挂钩。然而,由于信息的不对称,目标公司的经营情况通常不为有限合伙人所掌握,故其难以知晓其投资权益情况。虽然《合伙企业法》第68条第2款第4项和第5项赋予了有限合伙人查阅合伙企业财务会计报告、会计账簿等资料的权利,但这些材料只能是基于合伙企业本身运营的材料,如合伙企业的会计账簿、会计凭证和会计报表等。在这样的知情权保障背景下,有限合伙人除了能看到合伙企业的对外投资凭证等基本材料外,对投资标的公司的细节资料无法进一步查阅,其投资权益保障亦无从谈起。因此,有限合伙人直接向目标公司行使股东知情权的需求有其合理性和必要性。

(二) 有限合伙人行使股东知情权的法理基础

检索现有的裁判文书,司法实践中不乏允许有限合伙人在执行事务合伙人怠于行使权利时以自己的名义提起诉讼的裁判。[①] 关于法律依据和主张路径容后详叙,然该结论的法理基础在于两点:其一,根据现行的《合伙企业法》关于有限合伙企业的普通合伙人和执行事务人的赋权规定,普通合伙人和执行事务人是有限合伙企业事务的直接掌控者,如果法律不赋予有限合伙人一定深度的关于企业事务的知情权,权利的天平可能会失衡,从而导致合伙企业失去其人合性的基本特质。如果合伙企业已经由独立市场主体退化为目的单一的持股平台和权益集散中心,那么其本身的独立性就已经有所欠缺,更何况合伙企业并非法律规制更为严谨的有限公司,其形骸化程度可想而知。若此时不能赋予合伙企业的权益所有人一种行之有效的维权路径,将严重动摇合伙企业的两合属性和制度根基。其二,如果目标公司与作为股东的合伙两者之间形成了类似于母子公司这样的紧密关联关系,子公司即目标公司的独立人格就被严重削弱,子公司甚至可能会沦为母公司的工具。在此种情况下,若不给予合伙企业的有限合伙人对目标公司相关决议材料、会计账簿等财务资料的知情权,则该有限合伙人将无法知悉并制止损害其权益的行为,或在损害行为已然发生时无力维权。[②]

三、实证法的代位主张路径证成

即使有限合伙人直接向目标公司行使股东知情权的客观需求和法理依据均已具备,市场主体在发起商事诉讼的过程中也必须遵循现行法律规范。因此,在判断有限合伙人直接向目标公司主张股东知情权的可行

---

① 参见上海市第二中级人民法院(2019)沪 02 民终 9725 号民事裁定书、(2019)沪 02 民终 9730 号民事裁定书。

② 参见王建文:《论我国股东知情权穿越的制度构造》,载《法律科学》2019 年第 4 期。

性时,还必须综合考察《公司法》及相关司法解释确立的股东知情权制度与《合伙企业法》确立的有限合伙人代位诉讼制度。

(一)《公司法》视角下知情权之权利来源主体的刚性限制

2018年《公司法》第33条明确规定了股东对公司会计账簿等经营材料享有知情权。[①] 但如果仅援引该法律条文,股东知情权诉讼的提起主体将毫无争议地被限定在具有股东身份的商事主体中。《公司法解释(四)》第7条第2款将诉讼的提起主体有条件地扩张为"前股东"[②],故根据现有公司法立法现状,股东知情权诉讼的发起方均应当为或曾为公司股东。基于此逻辑背景,有观点认为,有限合伙人的行权请求无法突破法律和司法解释所规定的股东知情权行使主体资格要求,即有限合伙人无权提起本案诉讼,进而应驳回其起诉。[③] 但应当注意的是,有限合伙人提起知情权诉讼的依据并非仅仅是《公司法》第33条。由于目标公司的股东并非有限公司或个人,而是有限合伙企业,故还需结合《合伙企业法》中的相关规定予以综合考量。

(二)《合伙企业法》第68条与股东知情权制度的衔接

《合伙企业法》第68条第2款第7项赋予了有限合伙人在特定情况下可以为了企业利益直接以自己名义起诉的权利。[④] 国外立法例也有类似规定,如美国《统一有限合伙法》第3条第3款就明确规定,有限合伙人为有限合伙的利益而提起代理诉讼,不构成参与对企业的控制。那么《合伙企业法》的前述规定可否与《公司法》第33条相衔接,则成为有限合伙

---

① 由于审理该案时,《公司法》尚未修订,故本节论及的《公司法》,若无特别说明,均指2018年《公司法》。

② 《最高人民法院关于适用〈中华人民共和国公司法〉若干问题的规定(四)》第7条第2款规定:"公司有证据证明前款规定的原告在起诉时不具有公司股东资格的,人民法院应当驳回起诉,但原告有初步证据证明在持股期间其合法权益受到损害,请求依法查阅或者复制其持股期间的公司特定文件材料的除外。"

③ 本节开篇所引之案例中的一审法院即持此观点。

④ 《合伙企业法》第68条规定:"有限合伙人不执行合伙事务,不得对外代表有限合伙企业。有限合伙人的下列行为,不视为执行合伙事务:……(七)执行事务合伙人怠于行使权利时,督促其行使权利或者为了本企业的利益以自己的名义提起诉讼……"

人能否径直向合伙企业投资的公司提起股东知情权诉讼之关键。

按文义解释,《合伙企业法》第 68 条第 2 款第 7 项表述为"为了企业利益直接以自己名义起诉",但并未限定是何种类型的诉讼,法无禁止即可为,故宜推定该条文能够涵盖该合伙企业本可提起的一切诉讼,当然亦包括知情权之诉。

有观点认为,《公司法解释(四)》第 7 条第 2 款已经旗帜鲜明地将知情权诉讼的发起方限定为股东或前股东,则应当排斥此外一切身份的原告。笔者对此难以认同,《公司法》及相关司法解释关于知情权权利来源的刚性规定,针对的是实体法意义上的权利来源,而非程序法意义上的诉讼主体。股东知情权的权利主体是股东,并不当然意味着实际诉讼中的原告就必须只能是股东。从立法目的考量,该条款一方面重申了《公司法》已经明确的股东知情权和股东身份之间的紧密关联,另一方面则更是为了解决股东转让股权前后、股权名实不一致情况下知情权的保障问题。[①] 仔细研读该款具体表述可知,该条文的适用是在被告举证否认原告股东身份的前提下,即该条文的应用场景是当知情权诉讼的原告是否具有股东权利来源存有争议时,被告可援引该条文以对抗原告的诉请。仅从该条文的表述就得出只有股东才可以提起知情权之诉,过于绝对,似是而非。例如,公司辩称,股东存在冒名、借名、已转让等情况,则应当以前述规定予以审查和判断。而在本节所探讨的基本场景下,有限合伙人的起诉是基于《合伙企业法》所赋予的代位起诉权,行使的是本就属于合伙企业的知情权,而无论是公司还是有限合伙人,对合伙企业的股东身份是不持异议的。因此,《公司法解释(四)》第 7 条第 2 款之规定不足以阻却本案中原告的诉权成立。换言之,《合伙企业法》第 68 条第 2 款第 7 项所赋予有限合伙人在特定情况下的代位诉权,是可以和股东知情权制度有效衔接的,两者之间并不存在难以克服的排异现象和法律冲突。

综上,有限合伙人在合伙企业或执行事务合伙人未积极行权的情况下,可代位合伙企业向目标公司提起股东知情权之诉。但应当指出的是,

---

① 参见杜万华主编:《最高人民法院公司法司法解释(四)理解与适用》,人民法院出版社 2017 年版,第 171—172 页。

从本质而言,有限合伙人行使的股东知情权仍是属于合伙企业的权利,其仅仅是在合伙企业怠于行权的情况下代位提起的诉讼,这并不意味着有限合伙人对目标公司享有知情权。

四、代位主张路径的缺憾与知情权穿越制度的构建

在前文的探讨背景下,股东为有限合伙企业,那么如果我们将视角放宽,将该合伙企业的法人类型替换为有限公司,前文述及的结论能否依然成立?答案并不乐观。《合伙企业法》第 68 条第 2 款第 7 项与股东知情制度的成功衔接,并不能简单推及到有限公司作为股东的情况中,这也是代位主张股东知情权路径之于间接持股者的重大缺憾。

(一) 当前立法中股东代位诉讼和股东知情权诉讼的衔接障碍

股东直接向其所投资公司的子公司主张股东知情权,最大的障碍就是现行法律规定之间的衔接。根据现有法律,公司股东只能根据《公司法》第 151 条第 3 款,以股东代位诉讼为依托[1],寻求直接以自己的名义向目标公司提起知情权诉讼。然而,该法律条文设置了"他人侵犯公司合法权益,给公司造成损失的"这一先决条件,隐隐将股东代位诉讼限定在了侵权或合同纠纷项下的赔偿之诉,从而将《公司法》第 33 条所规定的知情权诉讼排除在外。这与《合伙企业法》第 68 条第 2 款第 7 项的宽泛授权性规定大相径庭。更重要的是,《公司法》所规定的股东代位诉讼,必须以公司利益受到侵害为前提[2],而大量的股东是出于对侵害可能的预判和防范而提起知情权诉讼,现实中并无侵害公司利益的事实存在,至少是无法举证证明其存在。

不仅如此,从目的解释看,《公司法》第 151 条的立法本意是"进一步

---

[1] 《公司法》第 151 条第 3 款规定:"他人侵犯公司合法权益,给公司造成损失的,本条第一款规定的股东可以依照前两款的规定向人民法院提起诉讼。"《公司法》第 151 条确立的制度亦被称为股东派生诉讼或股东代表诉讼,何种表述更为准确,不是一个不可追问的问题。"派生"系英美法下的提法,由国内法规定可知,股东系以自己名义起诉,而非作为公司或其他股东的代表人,故"代位"的表述较之"代表"似更为准确,因而笔者采"代位"的提法。

[2] 施天涛:《公司法论》(第三版),法律出版社 2014 年版,第 451 页。

明确公司董事、监事、高级管理人员的法定义务,强化责任追究机制"①,第 3 款所谓的"他人",能否随意泛化解释为任何民商事主体,不无疑问。有学者指出,股东代位诉讼得以存在的根本在于不当行为人控制了公司,造成公司难以寻求救济,才在法律上赋予股东代位诉权;如果将该款的"他人"理解为除董事、监事和高级管理人员以外的任何第三人,将会动摇《公司法》第 151 条的立法目的。② 因此,将目标公司纳入股东代位诉讼之射程,存在难以克服的制度障碍。

实践中,另有部分股东对公司享有债权,《合同法》第 73 条(现《民法典》第 535 条)试图以债权人代位权诉讼为抓手,寻求直接向目标公司行使知情权。③ 然而,债权人代位权的客体,必须是能够构成债务人责任财产的权利。④ 股东知情权显然不在此列。

(二) 股东代位诉讼与知情权诉讼制度不兼容的逻辑

同样的适用场景,合伙企业替换为有限公司后,何以得出截然相反的结论? 是明显的法律漏洞还是实践中的应然结果? 这些问题值得进一步探讨。

考察我国立法对公司与有限合伙企业两种企业组织形态的不同定位会发现,正是两种企业组织形态的不同价值取向导致了投资者寻求代位主张知情权时的迥异结果。有限责任公司制度的创设根基在于,投资方以完成出资和不轻易干涉公司经营为代价,获取对外部债务仅需承担有限责任的制度保护。因此,在《公司法》及相关司法解释的立法目的解释语境下,法院必须在案件处理过程中平衡好股东知情权和公司利益保护之关系,既要保护股东知情权,又要防止权利滥用;对于公司而言,既要防止侵害股东知情权,又要防止商业秘密泄露,影响公司利益,避免在司法

---

① 国务院法制办曹泰康主任于第十届全国人民代表大会常务委员会第十四次会议上所作的《关于〈中华人民共和国公司法(修订草案)〉的说明》,2005 年 2 月 25 日。
② 参见钱玉林:《公司法实施问题研究》,法律出版社 2014 年版,第 203—204 页。
③《合同法》第 73 条第 1 款规定:"因债务人怠于行使其到期债权,对债权人造成损害的,债权人可以向人民法院请求以自己的名义代位行使债务人的债权,但该债权专属于债务人自身的除外。"
④ 韩世远:《合同法总论》(第四版),法律出版社 2018 年版,第 442 页。

中走极端的现象出现。① 因此,在没有法律明确授权,也没有公司章程等自治性文件支持的情况下,尚不宜将股东知情权的主张对象无限扩张至子公司甚至孙公司之中。换言之,此种场景下,在进行法律解释时,应当谨慎依照条文的词句含义进行解释,不能轻易适用其他解释方法对条文的适用范围进行扩张,否则将破坏股东与公司之间的这种平衡。

相较于有限公司,合伙企业具有更强的人合性。对于有限合伙人而言,尽管与公司股东同样受到有限责任制度的护佑,但作为代价,有限合伙制度使得出资较少的普通合伙人能够独揽合伙企业的经营管理大权,从而实现以小博大的资本放大功能。② 现行法律对合伙企业的执行事务合伙人或实际控制人的规制以及对有限合伙人的权益保障均较为薄弱,与《公司法》及相关司法解释的完备规范不可同日而语。③ 因此,作为对冲,《合伙企业法》第 68 条第 2 款第 7 项赋予有限合伙人的代位起诉权采用了宽泛的文义表述,并未将该种诉权限定在某种特定权利或诉讼形式之中,这也就给了足够的弹性与解释空间,有限合伙人也得以通过援引该法律条文而代位主张合伙企业之股东知情权。

(三) 域外的解决路径:股东知情权穿越制度

尽管股东对公司的子公司行使知情权存在法律衔接上的障碍,也确有其背后的法理依据,但仍有进一步探讨的余地。前文已对有限合伙企业中有限合伙人直接向目标公司行使知情权的客观需求和法理依据作出了论述,但从现行法律规范来看,有限合伙人的行权尚需借助代位制度,其行使的权利本身仍属于合伙企业,有限合伙人自身并不能享有对目标

---

① 参见杜万华主编:《最高人民法院公司法司法解释(四)理解与适用》,人民法院出版社 2017 年版,第 193 页。

② 刘俊海:《公司法学》(第二版),北京大学出版社 2013 年版,第 437 页。

③ 尽管在本节所设置的情境下,股东权利保护似乎弱于有限合伙人权利保护,但总体而言,《公司法》及相关司法解释对股东权利保障制度的规定远远多于国内法对有限合伙人的权利保护是一个不争的事实。关于股东权利保护,国内法设置了股权转让制度、股东会制度、监事会制度、股东代位诉讼制度、股东直接诉讼制度、异议股东回购请求权、解散公司之诉等一系列完整保障措施,这是有限合伙人所无法比拟的。当然,法律规定是一回事,实施效果是另一回事,本节讨论场景中股东的困局即是典型例证。

公司的知情权,不能不说是一种缺憾。若合伙企业替换为公司,则公司股东之股东就不能以代位权的路径来主张知情权,这将严重困扰通过平台公司间接持股目标公司的投资者。有学者提出,可以通过建立股东知情权的穿越制度来彻底解决间接持股者的知情权保障问题,即在特定情形下,目标公司股东的股东——无论目标公司的股东是公司还是合伙企业——都可以对目标公司行使知情权。[①] 笔者认为该观点诚值赞同,事实上,股东知情权穿越制度的构造在域外早已经有了较为完备的规定。

美国和日本已有关于股东知情权穿越制度的规定。美国在 20 世纪用普通法确认在企业集团化时,母公司的股东权利可以穿越作用于子公司。[②] 之后,美国多个州通过成文法确定了母公司股东穿越行使股东知情权。以最先成文化的特拉华州为例,《特拉华州普通公司法》第 220 条从行使条件、从属公司的认定、拒绝事由、查阅内容和程序方面进行了详尽的规定,特别强调了关于"实际控制"的认定问题。从判例来看,美国法院通常会结合股东的持股份额、董事高管的人员架构、母子公司之间的控制协议等案件事实进行实质性审查,只有在"实际控制"关系成立的情况下,方得对母公司之股东知情权穿越请求予以准许。而《日本商法典》第293 条之 8 和《日本公司法典》第 433 条也有类似规定,如母公司的股东必须证明查询目的的正当性,从而避免公司的商业秘密被窃取。较之美国的规定,日本的知情权穿越行使还必须经过法院批准,从而导致在日本,母公司的股东在经过法院许可之后,方可直接向子公司行使知情权穿越查阅相关资料[③];在美国,控制公司的股东只能向制作了合并财务报表的控制公司请求行使知情权,无法越过控制公司直接向从属公司行使该权利[④]。除此之外,日本的股东知情权穿越只能是母公司的股东请求于子公司[⑤],而美国的穿越范围要更为宽泛,只要是认定满足"实际控制",两公司之间可以嵌套多层公司[⑥]。

---

① 王建文:《论我国股东知情权穿越的制度构造》,载《法律科学》2019 年第 4 期。
② Anderson v Abbott,321 U. S. 349(1944).
③ 《日本公司法典》第 433 条第 3 款、第 4 款。
④ 《特拉华州普通公司法》第 220 条第(b)款第 2 项。
⑤ 《日本公司法典》第 433 条第 3 款。
⑥ 《特拉华州普通公司法》第 220 条第(b)款第 2 项 b。

英国的公司法是建立在以股东为中心的法理基础之上,从而就控股公司的股东对子公司的知情权,通过信息披露制度和公司调查制度建立起一套更为全面而充分的保护制度。不同于我国将信息披露制度写在《证券法》中,《英国公司法 2006》第 386(1)条、第 415(1)条和第 475 条规定,所有类型公司的董事会每年必须为公司股东准备公司的年度财务会计报表、董事报告和审计报告。会计报表应集中反映出母公司以及子公司在过去一年中的运营情况、盈利及亏损情况以及重要活动。报表的内容会细化到需要表明公司运营安排的性质、目的以及会对公司造成的在金融方面的影响。[①] 当公司董事会呈递给股东的文件中出现信息错误或者欺诈等不真实信息时,公司股东可以通过两条途径来维护自己的知情权权益。在本节所研究的情境下,母公司股东可以通过向法院申请法院令,责令母公司股东会重新呈递真实的文件并就过错承担相应的损害赔偿责任。[②] 此外,知情权被侵害的母公司股东还可以通过向国务大臣申请公司调查程序来维护自身权利。[③]

(四) 国内实践中关于股东知情权穿越的探索和趋势

域外的法律从制度上规定了母公司的股东拥有对子公司的知情权,对权利救济亦进行了规定。2023 年《公司法》修订之前,我国的法律虽没有在明文上对母公司股东知情权进行相应的保护,但事实上,司法实践对该问题的探索早已有之,已经有生效判决有条件地承认了母公司股东可对子公司财务资料行使知情权,尽管该案中股东知情权的穿越行使具备章程的授权,且终审法院谨慎地将子公司范围限定于全资子公司。[④] 法院结合该案例的特殊性,即母公司的股东仅有五人,股东行使对子公司的知情权不会对公司的运营造成重大的影响,一定程度上肯定了实践中可以突破《公司法》及相关司法解释对股东知情权主体的限制,从而保护了母公司股东对子公司相关事务的知情权。

①《英国公司法 2006》第 399 条、第 404 条、第 405 条、第 410A(2)条、第 415(2)条、第 416c 条。
②《英国公司法 2006》第 456—459 条、第 463 条。
③《英国公司法 2006》第 1035 条。
④ 参见上海市第二中级人民法院(2013)沪二中民四(商)终字第 S1264 号民事判决书。

在我国,私募基金领域针对投资者知情权的保护,通过行业自律的模式,进行了类似于英国法中母公司股东知情权保护体系的探索。中国证券投资基金业协会于 2016 年发布了《私募投资基金信息披露管理办法》,其中详细规定了基金的信息披露义务人在基金运行的各阶段应该向投资者披露的信息内容。第 9.10 条中"影响投资者合法权益的其他重大信息"和第 17.3 条中"基金投资运作情况"都反映了私募基金所持子公司的股份若发生变动,基金投资者应收到相关投资情况的信息披露。虽然此办法就私募基金投资者知情保护从制度上进行了创新,但却因为缺乏性质上的强制性以及配套的相关司法救济体系而在当下无法充分且系统地保障投资者的知情权。2023 年《公司法》第 57 条在 2018 年《公司法》第 33 条的基础上作出重大突破,第 5 款明确规定股东可以向公司的全资子公司行使知情权,成为此轮修法的一大亮点,但穿越行权的对象仅为全资子公司,不无遗憾。

五、总结与展望

囿于我国目前关于股东知情权穿越制度的相关立法尚显不足,多数间接持股人还不能直接穿越行使股东知情权,以至于这些投资者只能寻求有限合伙人代位制度、股东代位制度、债权人代位制度等权利代位机制与股东知情权诉讼进行嫁接,实际效果并不理想。有限合伙人或许可以借助法律解释方法的运用,通过代位诉讼的方式,勉力行使权利,但当持股平台为公司形态时,投资人的维权立刻陷入窘境。

与此同时,社会仍在不断进步,商业市场的发展更是日新月异。随着社会经济和交易环境的不断发展变化,各种不同企业形式相互嵌套,市场主体的集团架构形态亦处于发展和变化中,间接投资人维护自身知情权的现实需求日渐紧迫。对于此类问题,域外经验,尤其是美国特拉华州关于股东知情权穿越制度的相关立法,可堪借鉴。2023 年《公司法》终于尝试构建知情权穿越制度,尽管目前只是开了个头,但毕竟已迈出了关键而坚实的第一步。笔者建议在未来进一步探索、建立和完善适应于我国实践情况的股东知情权穿越制度,允许间接持股者在必要情形下,在合理范围内向目标公司直接行使股东知情权,不论中间持股平台是合伙企业、公司还是其他形式,也不受限于"全资子公司"的狭窄范围,而是能建立一种更为科学合理的"穿越范围"。只有这样,才能更好地应对股权投资市场中广大投资人关于维护自身投资权益的迫切需求,从而营造更为透明的投资环境,鼓励积极投资,保障投资安全。这也是当下构建和不断优化我国法治化、国际化营商环境的应有之义。

第三节 意思表示解释方法的协调运用
——以独家代理条款的解释为例

与法律条文类似,商业实践中商事主体的意思表示同样面临解释的问题。这一问题通常表现在对合同条款、当事人承诺等书面文本的解读环节。不过,一些案件亦会涉及对诸如"点头""默许""开票""收货"等行为的不同解读。这些表意符号的解释,往往可能对一个案件的判断产生决定性的影响。

关于意思表示的解释,《民法典》第 142 条第 1 款确立了意思表示解释原则与解释方法。实践中,这些方法的运用往往不是孤立的,而是彼此印证的,这在笔者承办的一起案件中体现得颇为明显,不妨在此作为示例并作简要分析。[①]

一、基本案情

2020 年 4 月,都锐公司与金阳光公司签订代理补充协议,约定都锐公司授权金阳光公司在一汽大众销售零部件。同年 9 月,都锐公司与金阳光公司签订战略合作框架,载明金阳光公司为都锐公司在一汽大众指定的"唯一焊钳备件业务的代理商"。同日,都锐公司向一汽大众出具说明,载明都锐公司授权金阳光公司为其在一汽大众焊钳备件业务的"唯一

---

① 参见上海市第二中级人民法院(2022)沪 02 民终 1554 号民事判决书。

代理商"。2021 年初,金阳光公司发现都锐公司于 2020 年 12 月开始自行向一汽大众销售焊钳备件,遂以都锐公司违反了战略合作框架等协议文本中关于"唯一代理商"的约定为由,诉至一审法院,请求:(1)解除案涉战略合作框架;(2)都锐公司支付违约金 200 万元。而都锐公司则辩称,该独家销售代理条款并未排除其自主销售的权利,因此都锐公司不存在违约行为。

法院经审理认为,本案焦点在于案涉战略合作框架中所指"唯一代理商"的排他性是否包括排除委托人都锐公司自行处理委托事务的权利。从文义分析,协议文本的表述是"乙方为甲方在一汽大众指定的唯一焊钳备件业务的代理商"。该句中"唯一"一词指向的是"代理商"这一宾语,意味着双方约定涉案业务只能有金阳光公司这一家代理商而不能有其他代理商介入。而"代理商"指的是接受当事人委托,代表其进行某种活动的商事主体,可见"代理商"的范围仅包括受托人,当然不包括当事人本人。因此,战略合作框架中的这种约定并未排除都锐公司自行供货的权利。此外,代理制度设置的目的在于扩大委托人意思自治的范围与能力,除非双方明确约定委托人不得自行处理委托事务,否则如果委托人授权代理人后反而丧失了自主进行民商事法律行为的权利,则与代理制度的原有意旨南辕北辙。综上,都锐公司并未因战略合作框架等文本中关于代理商的唯一性约定而丧失对涉案货物的销售权利,其自主处理委托事务的行为并不构成违约。遂判决驳回金阳光公司的诉讼请求。

本案系当事人就独家销售代理条款是否排除委托人的自主销售权利产生的争议,根据《民法典》第 142 条第 1 款,有相对人的意思表示的解释,应当按照所使用的词句,结合相关条款、行为的性质和目的、习惯以及诚信原则,确定意思表示的含义。上述法条在意思表示解释原则层面坚持主客观相结合的二元论解释,在解释方法上明确了对争议合同条款的解释应当首先遵循文义解释,明确合同条款中词句之意义,在此基础上,运用体系解释、目的解释、习惯解释与诚信解释进行论证。循此脉络,对于本案,亦可从上述意思表示解释原则与解释方法出发,对如何解释独家销售代理条款进行分析。

二、我国意思表示解释原则

意思表示解释指通过解释来确定意思表示的内容。由于我国《民法典》在立法上并未区分合同解释与意思表示解释之差异,所以对争议条款的合同解释与意思表示解释并无实质上的差别。[①] 而一项合同条款中并不仅有一个意思表示,体现的是合同主体的共同意志。[②] 本案中,都锐公司认为独家销售代理条款系代理人的排他约定,不排除其自身作为委托人的自主销售权。金阳光公司则认为该条款系赋予其排他销售的权利,除其自身之外的任何人均不得销售。可见,当事人就合同条款的解释产生争议,其本质是当事人就该合同条款所进行的意思表示解释结论产生了争议,而基于不同的意思表示解释原则立场所产生的解释结论不尽相同。因此,首先应当厘清我国意思表示解释所采用的解释原则。

就意思表示解释原则的理论而言,主观主义一元论坚持把探寻双方当事人一致同意的意思放在首位,以当事人订立合同时的真意为解释结论。例如,我国台湾地区民法规定:“解释意思表示,应探求当事人之真意,不得拘泥于所用之词句。”客观主义一元论则是从理性人的视角来思考如何理解该意思表示,仅需考虑表示在交易上通常的含义。[③] 本案中,若依主观主义解释原则,则该条款应以当事人签订合同时的真实意思来解释;若依客观主义解释原则,则应当从条款本身出发,以客观视角来解释。而上述主观主义解释原则与客观主义解释原则共同构成了《民法典》第 142 条第 1 款的规范内核。具体考察该条法规可知,“应当按照所使用的词句”一句所体现的即客观主义,系以词句在客观上的表示价值作为认定意思表示内容的根据。而“结合相关条款、行为的性质和目的、习惯以及诚信原则”一句则同时兼具客观主义和主观主义要素,允许在特定情形

---

① 杨代雄:《民法典第 142 条中意思表示解释的边界》,载《东方法学》2020 年第 5 期。
② 田峰:《〈民法典〉施行背景下合同解释对象之廓清》,载《法商研究》2022 年第 2 期。
③ 杨代雄:《意思表示解释的原则》,载《法学》2020 年第 7 期。

下以表意人的内心意思来解释合同条款。① 因此,针对独家销售代理条款的解释,首先需要遵循客观主义解释原则,从词句的客观含义出发进行解释,在存在特定情形时,以当事人所认为的含义进行解释。解释原则指导解释方法,《民法典》第 142 条第 1 款确立的意思表示解释方法为文义解释、体系解释、目的解释、习惯解释和诚信解释,上述解释方法依不同的顺位与作用,对准确理解本案独家销售代理条款均有裨益。

三、立论:基于对争议条款的文义解释

意思表示必须借助语言表述,而语言文字即当事人订立合同时意思表示的外在表现与直接载体,因此在诸多解释方法中,文义解释作为合同解释的基础和起点,在适用上天然具有优先性,意思表示的解释必先由词句入手。② 文义解释即对法律文本的字面含义,按照语法结构和语言规则、通常理解等语义学和语用学的方法进行解读。③ 因此,对词句的文义解释既要从句的结构出发,遵循语法规则,又要从词的含义出发,遵循语义学规则。④

本案中,都锐公司向金阳光公司出具的说明载明:"都锐公司授权金阳光公司为其在一汽大众焊钳备件业务的'唯一代理商'。"按语法规则,"授权"在此处为双及物动词,从而使得该句成为双宾语结构⑤,"都锐公司"为主语,"授权"为谓语,"金阳光公司"为兼语,即兼具"授权"的宾语和"为"的主语成分,"在一汽大众焊钳备件业务的"与"唯一"均为修饰间接宾语"代理商"的定语。从语义学规则出发可知,"唯一"作为日常生活用词,意为"只有一个的;独一无二的"。⑥ "代理商"在此处应属商事代理范畴,作为法律名词应解释为"作为独立的经营人受托为另一企业主媒介交

---

① 石宏主编:《中华人民共和国民法总则:条文说明、立法理由及相关规定》,北京大学出版社 2017 年版,第 338—339 页。
② 梁慧星:《民法解释学》,中国政法大学出版社 1996 年版,第 214 页。
③ 王利明:《法律解释学导论——以民法为视角》,法律出版社 2009 年版,第 205 页。
④ 魏治勋:《文义解释的司法操作技术规则》,载《政法论丛》2014 年第 4 期。
⑤ 余义兵:《再论双宾语句的构式语义》,载《汉语学习》2019 年第 3 期。
⑥ 《现代汉语词典》(第 7 版),商务印书馆 2016 年版,第 1362 页。

易或以其名义成立交易的人"。① 因此,就字面意思理解,"唯一"一词的指向应限定为代理商,排除的是其他代理商的代理销售行为,而非都锐公司的自主销售权。

四、证论:基于对争议条款的目的解释和体系解释

按一般解释方法论,如果文义解释已经足够清晰,似无须再运用其他解释方法进行解释,然民法学界实际就合同解释中不同解释方法的适用以及顺位问题存在诸多观点,而商事实践亦有其复杂性,单纯采用文义解释的方法未必能应对所有纠纷。每种解释方法各自存在局限,故对争议条款的解释可采用多种解释方法相互论证,以确保结论的准确性。就本案合同而言,单纯的文义解释是否会让法官对争议条款的理解局限于语言学层面,从而望文生义,以致偏离商业实践,不无疑问。此时,运用其他解释方法进行补充论证,既有助于法官厘清条款背后的争议实质与商事原理,也有助于增强判决书的说服力。

按目的解释,独家销售代理制度产生的背景是我国社会主义市场经济高速发展,商品经济分工进一步细化,产销分离的业务模式得到普及。当生产力发展水平进入新的平台时,必然会要求出现新的商事合同形式,而独家销售代理制度的内在商事逻辑是生产者通过代理商对外从事销售活动。因此,该制度设置的初衷,是要创设一项为委托人提升销售能力与议价能力的工具性制度,在对其中的具体条款进行解释时,不应倾向于得出与该初衷相违背的结论。正如卡多佐的经典论断:"如果一种分析毁灭了其意图解释的东西,这种分析就毫无用处。"②申言之,既然独家销售代理制度设置的目的在于扩大委托人意思自治的范围与能力,而委托人引入了代理方后反而丧失了自主进行民商事法律行为的权利,那么将与原有意旨南辕北辙。上述制度目的与本案合同的典型交易目的相呼应,典

---

① 《德国商法典》,杜景林、卢谌译,法律出版社 2010 年版,第 34 页。
② [美]本杰明·卡多佐:《司法过程的性质》,苏力译,商务印书馆出版社 2020 年版,第 71 页。

型交易目的系确定合同目的时的首要目的，即给予所欲实现的法律效果。[①] 本案中，都锐公司与金阳光公司订立合同的目的是帮助都锐公司引入代理商，从而在节约都锐公司销售成本的同时，赋予金阳光公司在特定区域内的排他代理销售权，由金阳光公司赚取出售产品的差价或销售提成等代理报酬。如果此时都锐公司又在合同业务范围内引入其他代理商，将形成代理商竞争，从而减损金阳光公司的合同利益。因此，就目的解释而言，独家销售代理条款所要约束的是都锐公司寻找其他代理商的权利。

上述观点在独家销售代理合同具体设置的各条款中亦能体现。按体系解释，独家销售代理合同具有独家代理和独家销售两层法律关系。[②] 就代理关系而言，其不同于一般的民事代理，独家销售代理合同通常会限制任意解除权，并且就代理的具体区域、代理期限等作出明确约定，往往还会设置惩罚性违约赔偿条款。本案中，战略合作框架及其补充合同约定都锐公司授权金阳光公司销售零部件的同时，另就代理期限、销售指标、惩罚性违约金进行了约定。故若按体系解释，上述合同文本一方面紧紧围绕当事人间的代理事宜展开了诸多全面的约定，另一方面却对委托人自主销售权的限制问题未置一词，这似乎在表明双方无意要限制委托人的自主销售权。另一个值得关注的问题是，假设双方明确排除委托人的自主销售权，则若出现代理商的销售服务无法达到下游客户要求的情形，而此时委托人又无法自行销售，便会出现合同履行障碍。因此，如果双方有排除委托人自主销售权之意，一般会在合同其他部分就此情况进行约定，如赋予委托人紧急自主销售权、约定替代方案、设置保证金条款等。然而，纵观双方合同文本，并未对此问题予以关注。可见，从合同前后整体判断，双方并无限制都锐公司自主销售权之意，该结论亦可佐证文义解释与目的解释之观点。

[①] 崔建远：《论合同目的及其不能实现》，载《吉林大学社会科学学报》2015 年第 3 期。

[②] 夏根辉：《商事独家销售代理合同的认定及违约责任分担》，载《法律适用（司法案例）》2018 年第 20 期。

五、驳论:基于习惯解释和诚信解释对质疑的回应

独家销售代理合同通常会对代理商提出销售业绩要求。既然如此,当委托人在合同所约定的区域内自主销售自身产品时,势必会对代理人的销售业绩产生影响。那么是否可以认为,当事人在订立独家销售代理条款时,事实上在该条款中就排除委托人自行销售的权利事宜已经达成了合意,只是在文字表述上不够严谨,属于"误载不害真意"之情形,值得商榷。

首先,该观点明显超出了争议条款的语义边界。将"代理商"类推至委托人自身,这已经超出了狭义的"解释"范畴,而是"类推适用",已属合同之"续造"。"若一项语义在日常语言中不被许可,则依据通说的观点也不再是解释,可以考虑的仅仅是一项类推。"[1]在合同文义本身并无明显歧义或含糊不清的情况下,此种与文义解释相冲突的合同续造缺乏适用空间,亦有悖制度初衷与合同目的。其次,从习惯解释出发,商事代理实践中并未形成约定独家销售代理条款即隐含排除委托人自行销售权利之意的惯例。相反,实践中就排除委托人自主销售权这一事宜需要当事人作出明示,并就相关事项另行约定。例如,最高人民法院在(2013)民提字第233号民事判决书中的裁判思路就遵循了这样的交易习惯。[2] 最后,从诚信解释出发,金阳光公司作为商事主体应重承诺,守契约。作为理性的商事主体,金阳光公司与都锐公司订立合同时,对合同条款本身含义应当具有恰当的认知,并且预见未来可能产生的相关争议,而独家销售代理条款就字面含义来理解并不存在歧义。如果因自身缺乏审慎考量,致使合同履行中发生商业风险,亦应由其自身承担责任。

六、结语

司法实践中,经常会碰到当事人对合同条款的理解产生争议的情况。

---

① [德]罗尔夫·旺克:《法律解释》,蒋毅、季红明译,北京大学出版社2021年版,第24页。
② 参见最高人民法院(2013)民提字第233号民事判决书。

基于预见能力的制约、语言文字的多样性以及当事人立场对立等诸多因素,当事人就具体条款和用语,往往会在合同履行过程中产生不同理解和认识,本案当事人即因对独家销售代理条款的理解不同而引发诉讼。因此,合同解释或对当事人意思表示作出解释是裁判者行使审判权的重要体现。而解释的准确性与合理性,对于实现公平正义、维护司法公信力而言至关重要。在审判思维上,由于商事合同所设置的合同条款系当事人反复磋商的结果,直接体现了当事人的共同意志,条款自身即具有严谨性。这就要求裁判者在进行合同解释时应充分尊重文义,除非按文义解释会得出荒谬之结论,否则不应轻易打破合同外观。同时,裁判者还应探索商事合同背后的商事逻辑,从商事制度目的等角度出发,运用其他解释方法作为文义解释的补充,以强化解释结论的合理性与说服力。

第四章

商事案件中的漏洞填补

第一节　法律漏洞的存在与填补方法

一、漏洞及其填补的必要性

法律有时候会出现"空隙"或"漏洞",亦即出现了不受法律所调整的问题,立法者在立法当时并没有考虑到将来会有这种情况发生。然而,无论是不确定性还是漏洞,都是法律所无法完全避免或消除的。可以说,它们既是法律的缺陷,同时又是法律的一种优点。作为缺陷,它们给法律的理解和适用增加了困难;作为优点,它们给法律带来了弹性的发展空间。①

所谓法律漏洞,"系指依现行法律规定之基本思想及内在目的,对于某项问题,可期待设有规定而未设规定之谓"②。法律漏洞实为法律的一种"违反计划的不圆满性"。③ 法律漏洞的种类繁多,依不同的标准可以分为不同的类型。其中,以制定法对系争问题是否设有规范为标准,可分为明显漏洞与隐藏漏洞。④ 前者是"法律对依规范的意旨应予规范的案型,未加规范",后者则是"法律对应予规范的案型虽已加规范,但却未对

---

① 孙海波:《越法裁判的可能、形式与根据》,载《东方法学》2019 年第 5 期。
② 参见王泽鉴:《民法学说与判例研究》,北京大学出版社 2015 年版,第 29 页。
③ [德]卡尔·拉伦茨:《法学方法论》,陈爱娥译,商务印书馆 2003 年版,第 251 页。
④ 黄建辉:《法律漏洞·类推适用》,蔚理法律出版社 1988 年版,第 59 页。

案型之特别情形在规范上加以考虑,并相应地以一个特别规定加以处理"。①

作为裁判者,对案件中出现的法律漏洞进行填补乃义不容辞之责,但需恪守立法与司法之界限,以避权力僭越的造法之嫌。② 诚如考夫曼所言:"时至今日,已无人再将法官视为一个制定法的自动机器,认为只需阅读完整的法律规定,就可由此纯粹演绎地推导出判决。长久以来,人们已摆脱法秩序的全备性与无漏洞性的信条,并且因为不能改变不得以无法律而拒绝审判的禁令,而赋予法官填补漏洞的创造性任务。"③

二、作为填补方法的续造

法律漏洞的填补通常以法律续造的方式予以完成,容易与之混淆的概念是法律解释。拉伦茨区分了法律解释与法律续造,认为两者是同一思考过程的两个不同阶段,可能的字义范围构成了法律解释的界限,而一旦超越此等界限便跨入了法律续造的范围。法律续造又可以进一步被区分为"法律内的法的续造"和"超越法律的法的续造",前者虽然跨越了可能的字义界限,但仍在立法者原本的计划、目的范围之内,在性质上它属于一种漏洞填补;倘若法的续造逾越此等界限,但仍在整体法秩序的基本原则范围内,则属于"超越法律的法的续造"。④

在很多案件的处理中,区分法律解释与法律续造的关键,就在于裁判者试图运用的规则是否还能够蕴含在现行法律文本的文义射程中,如果超出该范围,就不再是解释,而是进入了续造之范畴。这在本章的后续探讨中还将进一步涉及,笔者将通过案例进行具体阐释。

法律的续造对法的安定性具有消极影响,这是显而易见的,但若存在法律漏洞,则续造又势在必行。所以,实践中需要处理好的是续造所带来的不安定性影响和法的安定性追求的合理平衡问题,这就要求对法律续

① 黄茂荣:《法学方法与现代民法》,法律出版社 2007 年版,第 341—342 页。
② 黄泽敏:《法律漏洞填补的司法论证》,载《法学研究》2020 年第 6 期。
③ [德]阿图尔·考夫曼:《法律哲学》,刘幸义等译,法律出版社 2004 年版,第 73 页。
④ [德]卡尔·拉伦茨:《法学方法论》,陈爱娥译,商务印书馆 2003 年版,第 246—247 页。

造方法进行严格限制。

三、漏洞填补的思路

笔者以为,裁判的续造行为应当遵循必要的程式进行展开而非率性而为。

首先,应当论证并确定法律漏洞的存在,否则续造的正当性是欠缺的。法律漏洞的存在并非可直观把握①,其作为漏洞填补的前提,必须经过论证。若两个构成性特征得到证立,法律漏洞便可得以认定,即"个案欠缺可适用的法律规则"和"应当设有可以适用于该个案的法律规则"。②

其次,对诸如商事习惯等补充法源进行检索。商法作为民法的特别法,当缺少具体法律规范时,应区分两种情形:一是商法未作规定,也无须作出特别规定,因为民法存在一般规定,那么其实此时并未构成严格意义上的法律漏洞,直接援用民法一般规定即可;二是商法本应作出规定,但未作规定,那么此时可以援用商事习惯作为裁判的法源,以作为填补商法漏洞的法源补充,且无论是否存在相关的民法一般规范,都应后于商事习惯进行适用。③

再次,如没有检索到补充法源,则可采用类推适用的方法填补漏洞。类推适用是指法律针对某构成要件或多数彼此相类似的构成要件而赋予的规则,转用于法律所未规定而与前述构成要件相类的构成要件,其机理源于同类事务要作相同处理的正义理念。④ 值得指出的是,类推适用在刑法领域是无法运用的。刑法的性质和罪刑法定原则决定了禁止类推的形式思维,并杜绝了在刑法解释中的实质思维方法的存在空间。⑤ 但是,在民商事审判——特别是商事审判——过程中,类推适用显然是具备运用空间的。当然,裁判者需要考虑这种类推适用的合理性和正确性。

---

① 参见曹磊:《法律漏洞补充行为的失范与规制》,载《法学论坛》2019 年第 4 期。
② 参见黄泽敏:《法律漏洞填补的司法论证》,载《法学研究》2020 年第 6 期。
③ 参见钱玉林:《商法漏洞的特别法属性及其填补规则》,载《中国社会科学》2018 年第 12 期。
④ 〔德〕卡尔·拉伦茨:《法学方法论》,陈爱娥译,商务印书馆 2003 年版,第 248 页。
⑤ 参见陈兴良:《刑法教义学中的形式理性》,载《社会科学文摘》2023 年第 7 期。

　　最后,若通过上述方法仍无法对待决案件作出判断,裁判者可以援引法律原则。法律原则在填补法律漏洞的环节上,毫无疑问发挥着重要作用,特别是在已经穷尽规则的情形下。[①] 在商事案件中,应优先采用法律解释方法或运用类推等续造方法,最后寻求法律原则,避免"向一般条款逃逸"。"对于某一案型,虽无法律规定,若能依类推适用等漏洞补充方法予以补充,且所得结果与适用诚实信用原则相同时,则应依类推适用等方法补充法律漏洞,不得适用诚实信用原则。"[②]关于法律原则的运用方法,本书将在第五章进行探讨,以作为本章关于法律漏洞填补的一个延续,故不在本章节再针对法律原则的运用问题展开讨论,可结合本章,对第五章的内容进行阅读与理解。

第二节　作为续造的类推适用
——以股东查阅会计凭证为例

　　类推适用作为一种法律续造方式,在商事案件的裁判中具有较强的可应用性,可以用来解决商事法律规范未予明确规定的问题。例如,商事审判实践中经常遇到股东提起股东知情权诉讼,要求查阅会计凭证,这就给裁判者出了一道难题。依 2018 年《公司法》第 33 条,有限公司股东的知情权客体被划分为了两个层次,分别由该条第 1 款、第 2 款予以规定,且未作兜底性规定,但由于该条文并未将会计凭证归入股东可查阅的范围,故会计凭证能否纳入股东知情权的行使范围,成了一个悬而未决的问题。事实上,这个问题确实在理论界与实务界长期引发巨大争议和分歧。此时,类推适用就可能成为破题之关键。

　　值得追问的是,如果能够对股东关于会计凭证的行权请求予以支持,则相应的边界在哪里,审查要素是什么,这亦是困扰司法实践的难题。应当指出的是,2023 年修订的《公司法》第 57 条明确将会计凭证纳入股东

---

① 参见陈景辉:《原则、自由裁量与依法裁判》,载《法学研究》2006 年第 5 期。
② 梁慧星:《诚实信用原则与漏洞补充》,载《法学研究》1994 年第 2 期。

可查阅的范围之中,可谓是一锤定音,有望解决关于股东能否查阅会计凭证的无休止的争论。然而,该条文的具体设置与表述仍有进一步完善的空间,至少在法律适用上,还有值得注意之处,故本节对上述问题进行探讨与分析。

一、司法实践的争议情况

股东知情权是指公司股东了解知悉公司信息的权利,亦是股东行使一系列权利的前提和基础。司法实践中,股东通常在获得必要信息后采取进一步法律行动,如请求盈余分配、对管理层提起诉讼等。[①] 从立法上看,2018 年《公司法》第 33 条和第 97 条对股东知情权相关制度进行了规定。其中,2018 年《公司法》第 33 条分两款的架构设置,将股东的行权范围区分为两个层面:第一层面是章程、股东会会议记录、董事会会议决议、监事会会议决议和财务会计报告,对于上述材料,股东有权请求查阅和复制;第二层面是会计账簿,但股东仅可查阅,不能复制。至于司法实践中股东频频提出主张的会计凭证,至少在条文表述上并未被纳入知情权可以行使的范围中。

(一) 司法实践对查阅会计凭证的态度变化

从 2005 年《公司法》修正,形成 2018 年《公司法》第 33 条(2005 年修正后的《公司法》第 34 条,于 2014 年修正后调整为第 33 条,为行文便捷,以下统称为《公司法》第 33 条)的行权范围"二层面"划分之后,司法实践就开始直面会计凭证可否被查阅这一问题。有学者对全国各地法院 2006—2011 年间 577 件股东知情权纠纷裁判文书进行了分析研究,结果显示,9.27% 的案件中,股东提出了关于会计凭证的查阅请求。而法院的态度存在分歧,58.62% 的裁判文书支持查阅会计凭证,其余则驳回该种

---

① 参见施天涛:《公司法论》(第三版),法律出版社 2014 年版,第 264 页;刘俊海:《公司法学》(第二版),北京大学出版社 2013 年版,第 173 页;李建伟:《股东知情权研究》,法律出版社 2018 年版,第 1 页。

请求。① 支持理由通常是结合立法目的,通过扩张解释"会计账簿",将会计凭证视作账簿的组成部分。② 不支持的理由则为,法律没有赋予股东查阅会计凭证的权利。各地法院为此付出了巨大努力,出台司法指导意见,试图实现适法统一。例如,北京市高级人民法院、山东省高级人民法院均规定股东可查阅的会计账簿包括记账凭证和原始凭证③,浙江省高级人民法院则进一步规定:"公司提供证据证明股东查阅原始凭证、记账凭证等有可能损害公司利益的,则驳回起诉。"④

2011 年,《最高人民法院公报》刊载了李淑君等与江苏佳德置业发展有限公司股东知情权纠纷(以下简称"李淑君案"),该案的裁判说理部分明确表示:"公司的具体经营活动只有通过查阅原始凭证才能知晓,不查阅原始凭证,中小股东可能无法准确了解公司真正的经营状况。根据会计准则,相关契约等有关资料也是编制记账凭证的依据,应当作为原始凭证的附件入账备查。据此,四上诉人查阅权行使的范围应当包括会计账簿(含总账、明细账、日记账和其他辅助性账簿)和会计凭证(含记账凭证、相关原始凭证及作为原始凭证附件入账备查的有关资料)。"⑤该案例对会计凭证能否作为查阅对象的问题作出了鲜明表态,由于公报案例具有较强的权威性和指导性,尽管仍有不同观点和判决,但此后司法实践对此问题的认识基本趋于统一。⑥ 特别是 2016 年最高人民法院发布了《公司法解释(四)(征求意见稿)》,明确了股东可以主张查阅会计凭证。⑦ "从目的解释的角度出发,将会计凭证纳入股东知情权的范围能够从实质上

① 李建伟:《股东知情权诉讼研究》,载《中国法学》2013 年第 2 期。
② 例如,广东省广州市中级人民法院(2010)穗中法民二终字第 2275 号判决书、浙江省舟山市中级人民法院(2010)浙舟商终字第 88 号判决书。
③ 参见 2008 年《北京市高级人民法院关于审理公司纠纷若干问题的指导意见》第 19 条;2006 年《山东省高级人民法院关于审理公司纠纷若干问题的意见(试行)》第 63 条第 2 款。
④ 参见 2010 年《浙江省高级人民法院民二庭关于商事审判若干疑难问题解答》的问题一。
⑤ 李淑君等与江苏佳德置业发展有限公司股东知情权纠纷,载《最高人民法院公报》2011 年第 8 期。
⑥ 从最高人民法院及高级人民法院层面,相关判决大多与前述公报案例持相同立场,如(2012)民申字第 365 号、(2019)浙民再 362 号、(2017)湘民终 542 号等判决。
⑦ 参见《最高人民法院关于适用〈中华人民共和国公司法〉若干问题的规定(四)》(征求意见稿),载《人民法院报·理论周刊》2016 年 4 月 13 日。

保证股东知情权的监督效能和其他权利的行使。"①尽管2017年9月正式发布的《公司法解释(四)》中删去该条文,但这并不意味着最高人民法院否定会计凭证的可查阅性,而是有意识地留白。"在起草本解释的过程中,对股东查阅范围是否应包括会计原始凭证,存在较大的争议。在最终通过的版本中,删去了关于股东可以查阅原始会计凭证的规定,而留待司法实践继续探索。"②此后,实践中支持股东查阅会计凭证的判例已经占据了绝大多数。有抽样统计显示,2017年9月1日至2018年12月31日期间的291份裁判文书中,支持股东查阅会计凭证的比例高达93.3%。③ 实践中,很多法院将会计凭证视为会计账簿的延伸,甚至有观点认为"会计账簿的外延应当包括会计凭证和与会计凭证形成有关的基础性材料"④,只要股东提出请求,就直接予以支持,故而会计凭证事实上被纳入了《公司法》第33条第二层面的行权范围之中。

然而,在实践中,却存在另一种情况,即小股东不断地发起知情权诉讼,动辄请求查阅、复制年代久远的决议、财务报告、会计账簿甚至会计凭证。实践中,甚至有股东主张查阅跨度周期达22年(1998—2020年)之久的会计凭证。⑤ 公司不得不委派财务人员予以配合,严重影响公司经营。无论理论界还是实务界,对此种扩张解释的检讨与批判之声从未停歇。有学者提出保留意见,认为为了保护中小股东权益而无限放大股东知情权范围是值得商榷的。⑥ 也有观点认为,以查阅表面材料可能无法保障股东权利为由,支持查阅会计凭证,固然可能坚持了实质正义,但并

---

① 王黛娜:《有限责任公司股东知情权若干争议问题研究——基于〈公司法解释(四)〉(征求意见稿)的理解与思考》,载《时代法学》2017年第2期。

② 杜万华主编:《最高人民法院公司法司法解释(四)理解与适用》,人民法院出版社2017年版,第189页。

③ 参见陈洪磊:《有限责任公司股东知情权行使中的利益衡量——基于〈公司法解释四〉实施后的291份裁判文书的整理分析》,载《法律适用》2019年第16期。

④ 参见郭顺强、刘惠斌:《有限公司股东知情权的客体》,载《人民司法·案例》2022年第2期。

⑤ 参见(2021)沪02民终2926号判决书。值得一提的是,我国《会计档案管理办法》(财会字[1998]32号文件)规定,相关会计账簿、会计凭证的保管期限最长是15年。尽管此后该办法修改,保管期限延长至30年,但22年的查阅期间仍然过长。在没有充分查阅理由的情况下,该请求的合理性值得商榷。

⑥ 参见蔡元庆:《股东知情权制度之重构》,载《北方法学》2011年第3期。

非没有超越立法之嫌。[①] 亦有裁判观点认为,会计账簿与会计凭证是并列的法律概念,故不应被包含在公司股东知情权的范围内。[②] 最高人民法院在 2020 年 3 月富巴投资有限公司与海融博信国际融资租赁有限公司股东知情权纠纷(以下简称"富巴案")中认为,根据《会计法》第 13 条,会计凭证和会计账簿是不同的概念,会计账簿并不包括会计凭证,《公司法》中股东可查阅的范围没有涉及会计凭证,不应当随意超越法律的规定,扩张解释股东知情权的范畴。此外,北京市高级人民法院的指导意见不具有司法解释的效力。据此,最高人民法院驳回了富巴公司查阅会计凭证的请求。[③] 尤其是结合此后不久最高人民法院发布的《最高人民法院关于统一法律适用加强类案检索的指导意见(试行)》等规定,该案的处理对司法实践产生了较大影响。[④] 此后,司法实践对股东能否查阅会计凭证的态度趋于谨慎。

(二) 判决样本近距离观察与验证

为更加具象化地呈现股东可否查阅会计凭证这一问题在当前实践中的分歧现状,对前文提及的相关结论和现象进行必要考证,并与自身在审判实践中的主观感受互相印证,笔者调取了 2020 年 1 月至 2022 年 3 月承办的以判决结案的 18 份股东知情权案件二审判决书,进行统计分析。[⑤]

经过统计可以发现,18 个案件中有 16 个案件的原告提出了查阅会计凭证的主张,主张率达 88.8%,且这些原告均同时主张查阅会计账簿。换言之,在提出查阅会计凭证主张的原告中,将会计账簿与会计凭证捆绑

[①] 参见蒋大兴:《超越股东知情权诉讼的司法困境》,载《法学》2005 年第 2 期。

[②] 参见(2017)鲁 15 终 1764 号判决书,另有(2017)浙民申 2922 号、(2020)京 02 民终 3301 号等判决亦持此观点。

[③] 参见最高人民法院(2019)最高法民申 6815 号裁定书。

[④] 根据该规定第 4 条第 2 项,最高人民法院裁判生效的案件属于类案检索范围。这就意味着,全国各地法院一旦有案件需要提交专业法官会议或者审判委员会讨论,该案就将被作为裁判的参考。

[⑤] 笔者在统计期间直接承办了股东知情权案件 25 件,以判决方式结案 18 件,上述案件均为二审案件,包含上海一半地区基层法院的近期审判实践情况,具有一定代表性和参考价值。

进行主张的概率高达 100％，而这一请求获得一审支持的概率达到了 75％。

在原告提出查阅会计凭证请求的案件中，一审法院仅在 18.8％的案件中（即 3 件案件），专门针对原告查阅会计凭证的请求及理由进行了询问和查明。在查阅会计凭证请求获得支持的案件中，16.7％的案件未对此问题展开说理，83.3％的案件仅进行了"宽泛论证"。[①] 值得注意的是，在 3 件进行了针对性说理的案件中，一审法院均以"查阅理由不足，若此后发现疑点，则可再行主张"为由，驳回了股东关于会计凭证的查阅请求。[②]

在查阅会计凭证的请求得到一审法院支持的案件中，二审维持率为 91.7％，有 1 件案件被二审部分改判，理由是一审法院支持查阅会计凭证的时间范围过长，二审予以缩短。[③] 在二审维持的案件中，72.7％的案件当事人并未在二审中聚焦会计凭证可否被查阅的问题，而是以其他事项为争议焦点（如不当目的、股东资格等）；27.3％的案件则是由二审法院对股东请求查阅会计凭证的理由进行了补充查明和加强论证后，再行维持。[④]

综上可见，实践中，多数原告会在股东知情权纠纷中将会计凭证与会计账簿捆绑，进而主张查阅。而关于是否支持股东查阅会计凭证的请求，上海地区法院支持率较高，这一点与学者的实证研究结论可相互印证。[⑤] 值得关注的是，部分一审法院并未对会计凭证的查阅请求和理由予以关注，对股东查阅会计凭证理由的审查力度不强，相关裁判说理稍显宽泛。上述现象与审判实践中将会计凭证和会计账簿等同视之的倾向密切相关，而这一倾向的妥当性值得斟酌，本节之后还将予以详述。

[①] 此处的"宽泛论证"，指的是未针对个案情况进行分析论证，仅以"会计账簿必须以经过审核的会计凭证为依据""会计凭证是登记会计账簿的原始依据，最能真实反映公司的资金活动和经营状况""不查阅会计凭证，股东可能无法准确了解公司真正的财务状况"等简单理由就支持查阅会计凭证的诉请。该种说理缺乏个性化分析，在股东知情权案件中可直接被普遍套用。

[②] 参见上海市第二中级人民法院（2020）沪 02 民终 8746 号、（2021）沪 02 民终 5583 号、（2021）沪 02 民终 9871 号判决书。

[③] 参见上海市第二中级人民法院（2021）沪 02 民终 2926 号判决书。

[④] 参见上海市第二中级人民法院（2020）沪 02 民终 3269 号、（2020）沪 02 民终 5787 号、（2021）沪 02 民终 8327 号判决书。

[⑤] 李建伟：《股东知情权诉讼研究》，载《中国法学》2013 年第 2 期。。

二、股东查阅会计凭证的证成

不论如何,2023 年《公司法》施行前,司法实践中对股东查阅会计凭证的请求持积极态度的意见占据上风。而 2023 年《公司法》能够将会计凭证纳入股东查阅范围,对解决当下商业和司法实践的分歧具有特别的价值,殊值赞同,但其实践效果尚有待观察。故有必要站在 2023 年《公司法》修订前的视角,探讨和证成会计凭证的可查阅性,并进一步厘清如何更好地运用 2023 年《公司法》第 57 条。经过梳理可知,关于股东知情权的行权客体范围是否包括会计凭证,实践中长期以来先后存在过两种观点:一是通过目的性扩张的解释方法,将会计凭证视作会计账簿(或视作其组成部分),并据之对股东的查阅请求予以支持;二是以法无规定为由对该请求予以驳回。所以,回答会计凭证是否可为股东查阅这一问题,还必须厘清关于两个问题的误区,并据之引出思路。第一个问题关乎立法目的,也就是股东知情权制度的目的或曰价值取向到底是什么;第二个问题关乎法律适用,也就是 2018 年《公司法》第 33 条是否存在法律漏洞,是否需要运用法律填补规则。

(一) 股东知情权制度的价值取向

第一个误区由支持一方的目的性扩张解释引出,即股东知情权制度的价值取向问题。在支持股东查阅会计凭证的判例及学说中,论证的先决前提被设定为股东知情权的制度设计就是为了保护中小股东的权益,而这一前提认识是否足够精准,并非一个不可追问的问题。这需要结合现代公司制度的基础特点进行全面理解。

伯利和米恩斯在 1932 年合作完成的经典著作《现代公司与私人财产》中,对现代公司制度根基作出过精辟表述:"毫无控制权的财富所有权与毫无所有权的财富控制权是公司发展的逻辑终点。"[1]现代有限责任公

---

[1] Adolf A. Berle& Gardiner C. Means, *The Modern Corporation and Private Property (Preface)*, The Macmillan Company, 1933, p.69.

司制度的创设根基即在于,资方以完成出资和不轻易干涉公司经营为代价,获取对外部债务仅需承担有限责任的制度保护。① 然而,这样的分离亦有其局限性,即"由于管理活动和风险承担的分离,使得员工利益和企业整体利益的偏离更为明显,这就有可能增加潜在的代理成本"②。因此,公司法配置了一系列相关制度来消解这种代理成本。"机关分化及权限分配的法律逻辑,归根到底就是满足股东的有限责任为起点而提出的对公司财产的客观性、中立性运营的必要性,并且为了保障机关之间维持前置和均衡。"③"法律的理想是,均衡地实现公司股东、债权人、公司自身以及其他利害关系人的利益。"④

由此可见,正是股权与经营权的分化,导致了作为股权所有者的股东与公司经营者(在诉讼中往往表现为公司本身)的紧张关系。各国公司法为了弥合这样一种紧张关系,设置了一系列的制度来平衡二者之间的权益,如股东知情权、股东派生诉讼、异议股东回购权、解散权、信义义务、商业判断原则、累积投票制、股权转让权、决议效力诉讼、分红请求权等。前述制度,再加上衡平外部债权人与公司及股东的相关制度,如刺破公司面纱制度等,共同组成了公司法下有机的衡平规则体系,动态地调整着各方权利的平衡。质言之,调试与衡平股东、公司经营者、外部债权人的权利义务,就是贯穿全部公司法制度的一条主线。而股东知情权的设置,是在股权与经营权分离的背景下,为防止信息不对称导致的股东与公司管理层权益失衡而进行的必要矫正,其本质仍是衡平规则体系的构成部分。从这个角度来说,股东知情权制度固然有保护中小股东的一面,但如果片面强调中小股东而无视公司经营者的权利和公司的经营秩序,则可能顾此失彼,导致公司法下的整体权利义务失衡。因此,法院必须在案件处理过程中平衡好股东知情权和公司利益保护两者关系。既要保护股东知情权,又要防止股东权利行使过度;既要防止公司侵害股东知情权,又要防

---

① 李非易:《代位抑或穿越——间接持股者行使股东知情权之路径分析》,载《证券法苑》第 31 卷。
② [美]弗兰克·伊斯特布鲁克、[美]丹尼尔·费希尔:《公司法的经济结构》(中译本第二版),罗培新、张建伟译,北京大学出版社 2019 年版,第 11 页。
③ [韩]李哲松:《韩国公司法》,吴日焕译,中国政法大学出版社 2000 年版,第 338 页。
④ 钱玉林:《公司法实施问题研究》,法律出版社 2014 年版,第 15 页。

止公司商业秘密、信息泄露,影响公司利益,避免在司法中走极端的现象出现。①

(二) 法律漏洞的存在与类推适用的运用空间

1. 适用扩张解释的不当

第二个误区则是法律适用方法的技术性问题。正反双方执着于探讨会计账簿能否扩张解释为会计凭证,抑或干脆主张会计凭证就是账簿的组成部分。但事实上,如此争执似无必要,在此类纠纷中,采用扩张解释的方法,本身就不准确。股东能否依据《公司法》第33条寻求查阅会计凭证,其实质上并不涉及法律解释问题,而涉及法律的续造。解释是指查明一项用语在法律中的意义,若一项语义在日常语言中不被许可,则不再是解释,而可能是一种类推。② 两者大有区别,"类推超过法规之意义,亦难谓为解释,惟可求之于法理"③。依《会计法》,会计账簿确实并不包括原始凭证和记账凭证。④ 因此,《公司法》第33条第2款规定的"会计账簿"并无歧义,也没有被扩张解释为会计凭证的空间。从这个角度来说,反对方观点并非没有道理,最高人民法院在"富巴案"裁判文书说理部分对北京高级人民法院指导意见的态度已经很好地证明了这一点。⑤ 但论证会计凭证可查阅性的重点是否就全在于此,值得进一步探讨。

2. 类推适用——破题的关键

值得关注的问题除了扩张解释的适用空间,还应当包括法律续造的可行性。如果在个案中经审理查明,股东确实能够对会计账簿提出合理疑问,或有其他较为充分的合理事由时,能否通过类推适用这一法律续造方法,参照《公司法》第33条第2款关于会计账簿的规定,对股东相关请

---

① 参见杜万华主编:《最高人民法院公司法司法解释(四)理解与适用》,人民法院出版社2017年版,第193页。

② 参见[德]罗尔夫·旺克:《法律解释》,蒋毅、季红明译,北京大学出版社2021年版,第24页、第79页。

③ 史尚宽:《民法总论》,中国政法大学出版社2000年版,第51页。

④《会计法》第13条第1款规定:"会计凭证、会计账簿、财务会计报告和其他会计资料,必须符合国家统一的会计制度的规定。"由此可见,在法律文本中,会计凭证与会计账簿是并列的概念,不存在谁包含谁的问题。

⑤ 参见最高人民法院(2019)最高法民申6815号民事裁定书。

求予以有条件的支持?

类推适用,抑或称类推推理,就是把一条法律规则扩大适用于一种并不为该规则的词语所涉及的,但被认为属于构成该规则之基础的政策原则范围之内的事实情形。[①] 类推作为一种理性思维方式,契合法律思维,而类推适用则契合"法律适用的正义",也是发展法律的重要途径,现代民法不禁止类推适用,已为公理。[②] 当然,类推适用毕竟对法的安定性有所影响,所以类推适用应当是谨慎的,其中一个重要的适用场景就是填补法律漏洞。[③]

3. 法律漏洞的存在

法律漏洞,是指任何法律体系对应予规范的内容未规范,或者虽有规范,却不完全或者有矛盾,甚至有不妥当之处。[④] 从立法上考量,关于会计凭证能否纳入股东查阅范围,2018 年《公司法》未作规定,这是成立法律漏洞的前提。[⑤] 从实践层面考察,如果所有企业都能够遵循法定程式开展经营,构建完善的财务制度,则会计账簿本身的真实性值得信赖,此时股东查阅会计账簿足以保障其知情权。然而现实难言乐观,事实上,在我国商业实践中,财务资料不实的情况较为普遍,即便是规范最为严苛的上市公司,亦不时爆出财务造假的负面新闻。[⑥] "康美药业财务造假案"更是造成广大投资者重大损失,该案涉及财务造假数据刷新了我国 A 股上市公司财务造假纪录。[⑦] 至于中小企业,更是广泛存在着财务管理制度不完善、财会管理人员素质参差不齐、财会管理预警系统不完善等情

① 参见[美]E. 博登海默:《法理学:法律哲学与法律方法》,邓正来译,中国政法大学出版社 2010 年版,第 514 页。

② 参见谢鸿飞:《民法典规范的类推适用》,载《检察日报》2020 年 11 月 30 日。

③ 参见王泽鉴:《法律思维与民法实例》,中国政法大学出版社 2001 年版,第 189 页。

④ 张俊浩主编:《民法学原理》,中国政法大学出版社 1997 年版,第 51 页。

⑤ 2023 年修订的《公司法》第 57 条通过后,该法律漏洞当然不复存在。

⑥ 仅 2020 年 1 月至 2021 年 4 月,我国证监会查办上市公司财务造假等违法案件就达 59 起,占办理信息披露类案件的 23%,向公安机关移送相关涉嫌犯罪案件 21 起。参见《证监会通报 2020 年以来上市公司财务造假案件办理情况》,http://www.gov.cn/xinwen/2021-05/03/content_5604539.htm,访问日期:2022 年 3 月 12。

⑦ 李曙光:《康美药业案综论》,载《法律适用》2022 年第 2 期。

况。① 另外,有学者的系列实证研究表明,2005 年至 2010 年底,我国法院在 63.04％的人格否认案件中支持了债权人关于人格否认的请求,对一人公司的人格否定概率更是高达 100％,而其中出现频次最高的裁判理由是财务混同。分析 2006 年至 2015 年我国涉及公司集团背景下人格否认的 312 件案件可见,相关案件数量逐年增长明显,且集中在经济发达地区,混同仍是最常用的人格否认理由。② 可见,我国商业实践中,确有相当一部分公司存在运营不规范、财务不规范的现象。不仅如此,由于有限责任公司的封闭性,制度的设计一方面给予其在公司组织规则、权利分配等方面更大的自主性,另一方面也极易导致少数股东的权利被置于锁定的状态。③

4. 类推适用的空间

在这样的背景下,如果股东能够提出某种理由,让人对会计账簿的可信度抱有合理怀疑,那么此时仅仅让其查阅账簿而不允许查阅会计凭证,就可能会使查阅目的落空。但现行法却没有将会计凭证纳入可以查阅的范围,此处即出现了法律漏洞,法院自然可以采用类推适用《公司法》第 33 条第 2 款的方式来填补漏洞,以促成股东与公司之间的权利平衡。前述理由可能是管理层的恶意经营,可能是既往的财务造假史,可能是财务数据的不合理、不真实,至于这种理由是否足以支撑起股东查阅会计凭证的请求,则应当坚持个案的衡平判断。此时,如果彻底排除类推适用的空间,仅以法无规定为由,驳回股东关于会计凭证的查阅请求,似有欠圆融。

综上所述,在股东能够从公司运营现状、财务报表数据等角度提出合理怀疑,或有初步证据显示会计账簿不真实、不完整,从而影响股东查阅目的实现的情况下,股东查阅会计凭证具有合理性和必要性。法院于此情形下,可以类推适用《公司法》第 33 条第 2 款的规定,对股东关于会计凭证的查阅请求予以准许。

---

① 参见王丽茹:《当前中小企业财务会计管理中存在的问题及对策》,载《商场现代化》2018 年第 23 期。

② 参见黄辉:《中国公司法人格否认制度实证研究》,载《法学研究》2012 年第 1 期;《公司集团背景下的法人格否认》,载《中外法学》2020 年第 2 期。

③ 参见邓江源:《有限责任公司股东压制的困境与出路》,人民法院出版社 2015 年版,第 20 页。

三、查阅范围的限度与第三层面的形成

会计凭证具备可查阅性,但不意味着只要是股东就可以在任何情况下查阅会计凭证。裁判者在处理股东知情权纠纷时,更应当敏锐地注意到,现代公司是诸多利益主体之间利益博弈的法律过程。[①] 既然股东知情权制度本质上属于公司法衡平规则体系的组成部分,则平衡好公司与股东之间的紧张关系与利益自是应然之义。正如最高人民法院在"富巴案"中的裁判理由,法院不应当随意超越法律的规定,扩张解释股东知情权的范畴。[②] 因此,即使在确有需要类推适用《公司法》第 33 条第 2 款之规定,对股东查阅会计凭证的请求进行支持之情况下,仍有必要对股东查阅会计凭证的权利进行限制,避免股东权利滥用,以达至各方权利义务的大体平衡。

(一) 查阅必要性和充分说明义务

股东利益与公司利益有时并不完全趋同,有时股东会在短期利益的驱使下不顾公司的长远利益,而行使知情权则是其达到私利目的的主要手段。[③] 因此,审查股东的行权必要性是不应被省却的步骤。

支持股东查阅会计凭证的逻辑起点是类推适用《公司法》第 33 条第 2 款的规定,所以和查阅会计账簿一样,股东应当说明查阅目的。说明目的是论证查阅的必要性,故法院应当对股东的查阅目的进行必要性审查,以确定股东关于会计凭证的查阅请求是否有得到支持的必要,此时公司亦享有不当目的抗辩权和必要性不足抗辩权。实践中,无论是股东诉讼前的致函还是诉讼中的说明,常常流于"出于对公司的关切""公司经营不善"等虚泛的理由。在此情况下,法院有必要进行有针对性的调查和询问。"调查不法行为是正当目的,但是原告在请求查阅时不能空口说白话,随意指责甚至凭空想象某些董事高管违反义务,而要出示一些证据使

---

① 参见钱卫清:《公司诉讼——公司诉讼救济方式新论》,人民法院出版社 2004 年版,第 3 页。
② 参见最高人民法院(2019)最高法民申 6815 号裁定书。
③ 参见庞梅:《股东知情权:从利益平衡到法律适用》,载《法律适用》2007 年第 8 期。

得法院能够合理推测所指的不法行为有可能存在。如果没有这样的要求,原告随便胡诌一个正当目的出来就可以查阅文件,那就会彻底架空正当目的的要求。"①

由于商业实践的复杂性,难以简单地对"适当理由"进行抽象定义,应当在个案中结合案情综合认定。从实践看,适当的查阅理由大体可分为以下几类:(1)业务异常型。例如,股东有初步证据证明公司某笔或在某段时期内的数笔交易明显异常,以至于股东权利有受侵害之虞,则可据此提出查阅会计凭证。如在笔者所办一案中,原告就指出被告在 2013 年低价转让其持有的案外公司 55％股权,进而主张查阅会计凭证,该请求获得部分支持。② (2)财务异常型。公司财务制度不完善必然导致会计账簿的失真,此时股东可请求查阅会计凭证。如股东通过查阅会计账簿,能够指出账簿中的疑点,即可以此为由,再行主张查阅会计凭证;股东有证据显示公司存在长期财务造假史,亦有可能成为适当的查阅理由。(3)遭受压制型。股东长期遭受经营者压制,或小股东长期遭受大股东、实际控制人压制,亦可能构成合理的查阅理由。以上分类未必穷尽列举适当理由的种类,且实践中或存在多种类型理由竞合的情形,如业务异常和财务异常可能相伴而生、互为因果。实践中也可能出现多种类型理由交织叠加的情形,如在"李淑君案"中,原告的查阅理由为"对公司经营现状一无所知、公司至今没有发过一次红利、公司对外拖欠大量债务"③,同时包含了业务异常与遭受压制两种情形。因此,法院应当深入审查股东查阅会计凭证的具体理由,结合案件事实,综合动态地判断其行权必要性,并在裁判文书中对此展开分析论证。

不仅如此,在股东知情权制度的视角下,会计凭证与会计账簿毕竟有所不同,两者对股东行权的证据要求、理由充分度都有所不同,获得准许查阅会计凭证的难度显然应当高于会计账簿,故其理由强度也应当高于查阅会计账簿。据此,股东应当向法院充分说明,为何仅仅依靠《公司法》

---

① 朱锦清:《公司法学》(修订本),清华大学出版社 2019 年版,第 403 页。
② 参见上海市第二中级人民法院(2021)沪 02 民终 2926 号判决书。
③ 李淑君等与江苏佳德置业发展有限公司股东知情权纠纷,载《最高人民法院公报》2011 年第 8 期。

第33条列明的材料仍不足以保护其权利，以至于必须扩大其查阅范围至会计凭证。

(二) 查阅的范围

与查阅会计凭证的具体理由相同，法院准许查阅的范围也应当是具体明确的。如果仅仅是宽泛的理由就能支撑起股东对公司全部会计凭证的查阅请求，那么就意味着公司的账簿乃至原始凭证等大量经营资料将面临任何股东随时查阅的要求。这一方面会对公司的日常经营秩序和效率产生负面影响，另一方面还有泄露商业秘密、经营信息的风险。因此，法院赋予股东的查阅范围应当与其查阅目的相匹配，以确保对股东的知情权保护力度与对公司经营产生的不利影响合乎恰当比例。

在充分查明股东行权的理由及其必要性的基础上，法院应当基于个案为股东"量身定做"其可以查阅的会计凭证范围。在这个过程中，应当尤为注意公司与股东的权利平衡，精细化地把控查阅范围。"协调各方面冲突因素，使相关各方的利益在共存和相容的基础上达到合理的优化状态。"[①]对查阅范围的限制，可以从以下不同角度展开：一是时间范围的限制，即从时间角度对会计凭证查阅范围作出适当限制。例如，在一起案件中，股东主张查阅公司1998年成立至今的全部会计凭证，然而法院经查明后发现，该股东是近十年左右才丧失了公司控制权，也正是该时间节点发生了可疑交易，故法院类推适用《公司法》第33条第2款对其请求予以许可的同时，将查阅范围限定为近十年的会计凭证。[②] 二是种类范围的限制。会计凭证可以分为记账凭证和原始凭证，法院可以在个案中根据需要对股东的行权请求进行部分支持。三是法院可基于个案不同情形，作出个性化限制。例如，股东的行权理由是对某一笔明显不正常的关联交易存有疑惑，则法院可将查阅范围限定为该笔交易所涉的会计凭证。

总之，对查阅范围的限制并非抽象和一成不变的，而是灵活具体的。实践中，股东往往采取"遍地撒网"的诉讼策略，对行权范围进行最大化主

---

① 黄茂荣：《法学方法与现代民法》，法律出版社2007年版，第441页。
② 参见上海市第二中级人民法院(2021)沪02民终2926号判决书。

张,此种主张是否应当得到全部支持,必须综合考量其查阅理由的正当性和强度。对于超出查阅目的范围的请求,法院不应当支持。

(三) 知情权范围的第三层面

尽管 2018 年《公司法》第 33 条并未将会计凭证纳入其中,但前文已述,通过类推适用第 33 条第 2 款的法律续造方法,在一定前提下,会计凭证可以成为股东的查阅对象。那么接下来的问题是,在司法实践中,是将会计凭证与会计账簿等同视为同一层面的知情权客体,还是予以区别对待,对行权的股东设定不同的要求?

首先,从法条构成来看。《公司法》第 33 条分两款将股东知情权的客体范围明确区分为两个层面。第一层面为章程、股东会会议记录、董事会会议决议、监事会会议决议和财务会计报告,第二层面则为会计账簿。这两个层面在行权方式、前置程序、公司的不当目的抗辩权的设置方面存在明显区别,其结果是第二层面客体的行权难度要远大于第一层面。这样分层规定的出发点正是前文所述股东知情权利与公司自主经营权利的平衡保护,其逻辑在于,越是基本的信息,对知情权行使的限制就越小,而越是关涉公司具体经营细节的信息,对股东行权的要求就越严。这一分层规范的思路同样应在关于会计凭证的规定和裁判方法中予以遵循、体现。

其次,从法律适用来看。查阅会计账簿直接援引法条即可,而查阅会计凭证还必须结合法理基础和制度目的,采用类推适用的方法才能获得准许。相应地,股东对其行权请求的说明义务强度亦有区别。查阅会计凭证的理由强度应当高于查阅会计账簿。股东必须以该理由说服法官,让法官有理由相信仅凭现行法律已经明确可查询的材料仍不足以保护其知情权利,必须用类推适用的方式将查阅范围予以扩大。实证研究亦印证了这一点,即股东被法院准许查阅会计账簿的概率远大于被准许查阅会计凭证的概率。[①]

再次,从商业运用来看。会计凭证是记录经济业务,明确经济责任,

---

① 参见李建伟:《股东知情权诉讼研究》,载《中国法学》2013 年第 2 期;陈洪磊:《有限责任公司股东知情权行使中的利益衡量——基于〈公司法解释四〉实施后的 291 份裁判文书的整理分析》,载《法律适用》2019 年第 16 期。

具有法律效力,作为记账依据的书面说明,账簿记录必须以真实的会计凭证为依据。[①] 会计凭证分为原始凭证与记账凭证,原始凭证又可分为外来原始凭证(如从供货单位取得的增值税专用发票、收据、出差乘坐交通工具取得的车票及机票等)与自制原始凭证(如本单位人员填制的领料单、收料单、入库单等)。由于原始凭证内容广泛、种类繁多、格式不一,不能直接表明应计入会计账户的名称和方向,不适于作为直接登记账簿的依据。为了便于登记账簿和查账,需要填制记账凭证,即会计人员根据审核无误的原始凭证或原始凭证汇总表填制的,用来反映经济业务简要内容、确定会计分录,并直接作为记账依据的会计凭证。[②] 由此可见,"原始凭证—记账凭证—会计账簿"的外延广度呈递减趋势,由散乱逐渐规整简约。特别是原始凭证,其种类繁多,数量往往较大。会计账簿中的几个数字背后,可能是数量难以想象的原始凭证。因此,从查阅必要性和查阅效率角度出发,也不宜将会计凭证(尤其是原始凭证)与会计账簿等同视之。

由此可见,会计凭证有别于 2018 年《公司法》第 33 条第 1 款与第 2 款设置的"二层面"客体,应当被视为第三层面,从而形成股东知情权客体范围的"三层面架构"。据此,法院在审查股东会计凭证的查阅请求时,应当秉持严于会计账簿的态度,而不能简单将会计凭证视为会计账簿的延伸,只要股东提出请求,就将其与会计账簿一同纳入准予查询的判项之中。法院应当要求股东说明查阅会计凭证的目的与理由,而公司除享有查阅目的不当抗辩权外,还享有查阅理由必要性不足的抗辩权。

四、2023 年《公司法》相关条文的完善方向

2023 年《公司法》第 57 条脱胎自 2018 年《公司法》第 33 条,在原法条基础上,将会计凭证纳入可查阅范围,有望解决长期以来司法实践中的争议问题。同时,2023 年《公司法》吸纳了《公司法解释(四)》中已经被实践

---

① 万义平:《会计学基础》,浙江大学出版社 2011 年版,第 320 页。
② 参见万义平:《会计学基础》,浙江大学出版社 2011 年版,第 322—327 页。

证明成熟的第 10 条第 2 款的规定①，允许股东委托会计师事务所、律师事务所等依据执业行为规范负有保密义务的中介机构行权。可以说，2023年《公司法》第 57 条与 2018 年《公司法》第 33 条相比，取得了长足进步，但并非没有进一步完善的空间。

（一）会计凭证进入第二层面的疑惑

从行权难度、文件性质、可执行性等多个角度来看，会计凭证与会计账簿并不相同。前文已经论证了股东知情权的客体对象应当至少包括三个层面②，股东对这三个层面材料的行权难度，应当是依次递增的。然而，2023 年《公司法》从体例上，仍保留了原有的"二层面架构"，仅仅是将会计凭证加入第二层面之中。这固然有立法的经济性考量，且能够通过适法时必要的解释论证，得出股东对查验会计凭证的说明义务应强于对查验会计账簿的说明义务之结论，但实践中极易造成法院将会计账簿和会计凭证等同视之，不再深入审查股东查阅理由强度和证据强度，直接将会计凭证视为会计账簿的延伸，从而大幅扩大知情权范围，使得公司与股东之间的利益失衡。③ 同时，此种做法也会造成股东知情权不同行权方式的同质化，出现程序错配。因此，未来可考虑将 2023 年《公司法》第 57条第 2 款予以拆分，将会计账簿作为第 2 款，保留原规定，同时另将会计凭证作为第 3 款，单独予以列明，以明确股东知情权行权客体的三个层面。

按照"分层规范、递进从严"的思路，在第三层面的规定中应体现出不同于第二层面的行权要求。股东不仅要说明查阅会计凭证的目的，还需要说明查阅的必要性何在，即具体且合理之查阅原因。相应地，公司的抗辩理由中也应增设必要性不足的抗辩事由。这样的区分，确立了三层面

---

① 参见周青松：《股东知情权纠纷执行的难点及处理》，载《人民法院报》2021 年 1 月 27 日。

② 实务界与理论界还有关于第四层面的探讨，即合同等其他文件材料。关于合同等其他文件材料可否被纳入查阅范围，以及如果可以，行权条件是什么，是一并作为第三层面还是另成为第四层面，颇值得研究。囿于篇幅与主题，对此问题笔者不再展开。

③ 前文已经提及，在"李淑君案"被《最高人民法院公报》刊载后，司法实践中存在大量直接将会计凭证与会计账簿等同视之的情况，而 2018 年《公司法》并未将会计凭证明确列为可查阅对象。这样的规定方式，显然容易造成两者在司法层面上的"同等待遇"。

中股东的不同说明义务,即"最低说明义务—适当说明义务—充分说明义务"之区分,以进一步表达立法上对股东行权强度的要求和司法认定的不同参照标准。唯有如此,法院在判定是否允许股东查阅会计凭证时,才会更坚定地秉持有别于会计账簿的审查标准,从而避免将两者混为一谈,进行同质化审理。

因此,未来可考虑在第 57 条第 2 款去除会计凭证的基础上,增设第 3 款,此款具体表述不妨为:"股东可以要求查阅公司会计凭证,但应当提前向公司提出书面请求,说明查阅目的与必要性。公司有合理根据认为股东查阅会计凭证有不正当目的,可能损害公司合法利益的,或者查阅必要性不足的,可以拒绝提供查阅,并应当自股东提出书面请求之日起十五日内书面答复股东并说明理由。公司拒绝提供查阅的,股东可以向人民法院提起诉讼。"

(二) 引申建议

2023 年《公司法》第 57 条第 3 款规定,股东查阅"前款"规定的材料,可以委托会计师事务所、律师事务所。"前款"指第 2 款,针对的是会计账簿和会计凭证。言下之意,股东不能委托会计师事务所、律师事务所查阅第 1 款所列的材料。此处作区别对待,值得进一步讨论。可能的理由是,第 1 款所列的文件材料或为商事登记所公示的材料,或为无须由专业机构辅助查阅的材料,故不必再赋予股东委托第三方辅助查阅的权利。但这一观点可再斟酌。首先,文件材料是否公示,不应影响股东行使知情权的行权范围广度和行权方式强度。如果前者逻辑成立,那么既然文件材料已经由商事登记公示,股东查阅登记信息即可,又何必在此条第 1 款规定股东针对这些文件材料的查阅权。其次,第 1 款所列的文件材料必然无须第三方辅助查阅的观点似过于绝对。较之会计账簿与会计凭证,第 1 款所载之章程、股东会会议记录、董事会会议决议、监事会会议决议等材料确实易于理解,但商业实践和发展有其复杂性,并不能一概而论。尤其是审计报告,作为与会计账簿和会计凭证比对印证的重要参考资料,理应准许股东委托专业第三方机构一并进行查阅。

基于上述理由,同时在增加一款第三层面即会计凭证作为股东知情权行权客体的情况下,第57条第3款中"前款"的表述已不周延,可作相应调整。不妨将"前款"直接改为"本条",将股东委托第三方辅助查阅的权利覆盖至全部三个层面。

此外,第57条第4款系吸纳《公司法解释(四)》相关规定,对股东与第三方机构行权及相关保密义务作出的规定。该条规定具有重要意义:其一,从法律规范体系性的角度,填补了查阅权辅助人制度的空白;其二,从立法用语的角度,为股东和第三方机构提供了明晰的行为指引;其三,从体系解释的角度,追究违反保密义务人的责任。[①] 但是,该条款毕竟没有直接第三方机构违反保密义务的法律效果规定,属于不完全法条[②],必须通过体系解释的方法确认第三方机构责任[③],从而实现各方利益平衡[④],而无法直接通过《公司法》的规定来引致或直接确认责任性质与范围。这不能不说是一个遗憾,因此建议对此问题予以进一步的明确与细化。

第57条第5款新增了知情穿越制度,是一项具有重大意义的立法尝试,未来是否可以进一步完善,扩大股东可行权的公司范围,而非局限于全资子公司,亦是值得探讨的一个话题。[⑤]

[①] 参见李建伟:《股东查阅权辅助人制度之立法完善——兼评〈公司法修订草案〉"征求意见稿"条款设计之得失》,载《中国应用法学》2023年第1期。

[②] 贺剑:《民法的法条病理学——以僵尸法条或注意规定为中心》,载《法学》2019年第8期。

[③] 参见李建伟:《股东查阅权辅助人制度之立法完善——兼评〈公司法修订草案〉"征求意见稿"条款设计之得失》,载《中国应用法学》2023年第1期。

[④] 李建伟:《股东知情权边界的利益衡量》,载《暨南学报(哲学社会科学版)》2022年第7期。

[⑤] 本书第三章第二节对此问题有所涉及,可相互比照进行阅读。

第五章

原则与规则的协调运用

第一节　法律原则的运用方法

法律原则在司法实践中如何运用,是一个历久弥新的话题。笔者关注到,很多司法案件——尤其是商事案件——会涉及"直接援引法律原则是否妥当""是否存在'向一般条款逃逸'的不当情形"之争议。这引出一个非常重要的问题,即法律原则在何种情况下,应以怎样的方式被运用到个案的裁判或论证中去,其与具体法律规则之间的关系应当如何协调,从而确保法的安定性与应变性达至一种平衡状态,进而实现法律目的。

一、法律原则的本质

法律原则,按《布莱克法律词典》之表述,系"法律的基本原理和准则,成为其他规则基础或来源;同时又是法律行为、法律程序或法律判决的决定性规则"。[①] 故从法律的目的与价值角度考量,法律原则是具体法律规则的上位概念,对具体法律规则具有统摄作用。

依默勒斯对概念的不同分类,"法理念""法原则""法制度"是从抽象到具体的逐步递进的不同概念。其中,诸如"正义、合目的性、法和平"之类的"法理念",亦带有描述法的价值属性,具有极强的抽象性,通常无法

---

① *Black's Law Dictionary*, West publishing Co., 1979, p.1074.

被直接用于案件之解决。"法原则"是"法理念"的下位概念,部分原则被成文化,但也有部分并未成文化,构成了"法的深层结构",通常具备规范力,可发挥一定的推定效力,但通常不能直接用于具体案件中的涵摄过程,需要具体化。"法制度"则是有着类似构成要件条件的规则。[①] 因此,从这个角度来看,关于"法"的理解,可以看作由三个圆构成的同心圆,面积最小的是居于核心地位的"法理念",最外延同时面积最大的是一项项由具体规则组成的"法制度"。"法理念"由于抽象性过强以至于应用性不强,"法规范"又往往过于具体,且囿于立法技术,难免出现法律规范冲突或法律漏洞。在此情形下,"法原则"既是"法理念"的具体化,又是"法规范"的抽象化,形成了从价值到规则的中间过渡,也就成为极具实践品格的价值指引性补充,在司法实践中发挥着极其重要的作用,这也是本章关注的重点。[②]

二、法律原则的适用路径

关于法律原则的适用,有学者精辟总结了四种情形:(1)原则与规则一致情形下,原则作为规则的基础和指引;(2)规则缺位的情形下,适用原则以作漏洞补充;(3)原则与规则相冲突的情形下,适用原则创制规则的例外;(4)原则之间相互冲突情形下的特别复杂的适用。[③] 根据实践经验,大抵的确如此,其中第一种情形,由于已经有了可适用的具体规则,法律原则本身不必也无须出现在论证与涵摄的过程中。[④] 第二与第三种情

---

① 参见[德]托马斯·M. J.默勒斯:《法学方法论》(第 4 版),杜志浩译,北京大学出版社 2022 年版,第 490—493 页。

② 法原则和法价值存在模糊地带,特别是在原则尚未被提炼和论证(或在生成中)的情况下。关于法价值的适用空间与方法,本书第五章会有所涉及,同时不可避免地,本章也会提及一些法价值的适用情形。

③ 参见林来梵、张卓明:《论法律原则的司法适用——从规范性法学方法论角度的一个分析》,载《中国法学》2006 年第 2 期。

④ 当然,在已经援引具体法律规则的情况下,同时运用法律原则加强论证强度,是实践中可行的方法,但起到决定性因素的还是具体规则的适用。例如,在判断公司员工对外签订合同之约束力时,商事外观原则固然可作为论证依据,但更为有效的方式恐怕还是直接援引《民法典》第 170 条关于商事代理的有关规定。

形涉及法律续造的范畴,第四种情形则往往应用于权衡的场景下。综上可见,剔除适用必要性不足的第一种情形,法律原则在司法适用上的主要场景是两个:一是在具体法律规范缺失的情况下用以填补裂隙;二是在规范冲突的情况下作为权衡的指南和参照。

第一种场景的应用,是将法律原则以演绎的方式,垂直映射至具体法律规则体系之中,或在个案中援引法律原则性规定来解决具体问题,或引导进入诸如类推适用等其他漏洞填补方法中,或对法律解释路径产生影响。这其实是由法律原则的本质属性决定的,"并非法律原则符合个人的道德信念,而是因为法律原则能够抓住法体系的精神"①。例如,对于某种新类型交易模式,现有的具体法律规则不足以为交易效力和履行的争端提供足够的依据供给,则可通过评价其是否符合公序良俗原则予以判断,如有违该原则,则可将该原则作为大前提,论证交易模式有违该原则,从而将其纳入该原则所规制的射程范围。另外,法律原则亦可在法律解释和类推适用等过程中起到决定性作用。例如,2018 年《公司法》第 33 条并未规定会计凭证可否纳入股东可查阅的范畴,那么在案件中论证是否采用类推适用的方法保障股东的查阅权时,股东平等原则可以提供有力支撑。②

第二种场景的应用,是在处理横向的规范冲突时充分考虑原则,水平比较权衡应采用何种具体规范作为论证的大前提。这既包括具体规则之间的冲突,也包括原则之间的冲突。这通常都是关乎各种相互矛盾的基本权利,以及与之相冲突的原则之间在实践中应当如何调和的问题。③ 在原则冲突的情况下,可考虑的解决方式是进一步考量前文述及的"法原则"的垂直上位概念即"法理念"以权衡取舍。就我国而言,还可以社会主义核心价值观作为一种更上位的核心价值理念来评判法律原则

---

① Jeremy Waldron, *The Need for Legal Principles, Iowa Law Review*, Volume 28, 1997, p. 857.

② 类推适用属于法律续造的范畴,关于股东查阅会计凭证与法律续造问题的相关探讨在本书第三章。

③ [德]托马斯·M. J. 默勒斯:《法学方法论》(第 4 版),杜志浩译,北京大学出版社 2022 年版,第 498 页。

之间、原则与规则之间、规则与规则之间的冲突。[①] 同时,由于社会主义核心价值观可根据直接入法与否作为裁判依据或裁判理由[②],其在部分案件中可对规范冲突的解决发挥更为直接的作用。还有学者提出,可考虑阿列克西原则理论(尤其是其"竞争法则")解决问题,即找寻与确立优先条件或变量,参照生活常情或"事物本质"等核心要素,通过具体的优先条件或变量来确立相冲突原则中优先适用的原则,从而创设一个规则,优先条件或变量进而成为该个案规范的构成要件。[③] 换言之,此时考虑的是一种规则或原则的相对重要性,而"这类相对重要性的判断可能会随不同时间和地点而发生变化"[④]。相比刚性的具体规则,相对富有弹性的原则和价值会更为从容地应对这种变量。例如,实践中关于合同违约金的司法酌减权的争议甚大,那么在个案中,法官是否有权或者说是否适宜对商事合同中的违约金进行调整,这同时涉及合同正义与意思自治两个原则。此时应以何者为先,既需要考虑到法的安定性、正义性的价值追求,也需要结合个案变量,对诸如议价能力、缔约背景、意思错误等诸多变量或条件予以审查,并形成最终决定,而相关的变量取舍与权衡,则可以形成类案裁判规则,为类似案件提供指引。

三、法律原则的适用限制

法律原则在个案中若要得到直接适用,至少会受到以下三方面的限制,以避免实践中可能的恣意适用问题。

首先是基本前提的限制。在个案中运用法律原则时,有一个基本前提是具体法律规则在适用层面存在裂隙,否则直接援引相关具体规则即可,原则并没有被适用的空间。这种裂隙既可能是具体法律规范的缺位,

---

① 参见孙光宁:《社会主义核心价值观的法源地位及其价值提升》,载《中国法学》2022 年第 2 期。

② 参见刘树德:《"裁判依据"与"裁判理由"的法理再辨——以社会主义核心价值观的法源定位为中心》,载《政治与法律》2023 年第 8 期。

③ 参见彭诚信:《从法律原则到个案规范——阿列克西原则理论的民法应用》,载《法学研究》2014 年第 4 期。

④ 〔美〕本杰明·卡多佐:《司法过程的性质》,苏力译,商务印书馆 1997 年版,第 120 页。

即存在法律空白或漏洞,也可能是解释论上的分歧,还可能是法规范之间的冲突。诚如博登海默所言,重新赋予法官在异常棘手的案件中以有限的权力去实施个别衡平(individual equity),而不管应予适用的法律规则是制定规则还是司法规范,看来不仅是可行的,而且也是可欲的。① 我们在将这种权力授予陪审团的同时却拒绝给予法官这种权力,这显然是不合逻辑的。② 在这种情况下,法官始具有个案衡平的裁量空间,而这是法律原则得以运用的前提。

其次是关于前置程序。基于上述原理,试图援用法律原则的人,应穷尽其对现行具体法律规范的检索。"唯在司法裁判的通常情况下,法官的任务是尽可能全面彻底地寻找个案裁判所应适用的规则,并且只有当具体法律规范供给不足或者穷尽规则时,法律原则才可以作为弥补法律漏洞的手段发生作用。"③法院在处理民事案件时应严谨遵守如下原则,即先以低层次之个别制度作为出发点,必须穷尽其解释及类推适用上之能事仍不足解决时始宜诉诸帝王条款之诚实信用原则。④ 申言之,裁判者应当在裁判文书中对前述前提的成立予以论证,而非想当然地对法律原则直接运用。

最后是评价性论证。法官需要从结果层面再一次判断与衡量,这种对法律原则的援引是合目的的,达到了其应当达到的效果。除了诉诸原则之外,还需要进一步的评价性论证,如果没有这种论证,就难以对基于原则作出的判决结论给出充分的论证;或者,需要找到一些相反的评价性理由作为反驳的根据,不过所援引的这类理由对于所涉争议来说必须是具有决定性效力的。原则的存在为法官的判决划出了一个许可范围,至于原则所未涉及的,则应交由立法机关去决定。⑤

---

① [美]E. 博登海默:《法理学:法律哲学与法律方法》,邓正来译,中国政法大学出版社 2004 年版,第 483 页。

② Jerome Frank, *Courts on Trial*, Princeton, 1949, pp. 132 – 133.

③ 钱玉林:《公司法实施问题研究》,法律出版社 2014 年版,第 34 页。

④ 梁慧星:《诚实信用原则与漏洞补充》,载《法学研究》1994 年第 2 期。

⑤ [英]尼尔·麦考密克:《法律推理与法律理论》,姜峰译,法律出版社 2018 年版,第 161 页。

第二节　公序良俗原则在商事交易中的运用

——以"诉讼投资第一案"为视角

公序良俗原则是民商法领域的重要原则，"公序良俗在今日已为私法上之至高原则。我国素称礼仪之邦，而民法上特别重视此一观念，不仅能迎合世界之新潮流（20 世纪法律与道德破镜重圆），且对于固有道德之恢复，亦不无助力也"①。但是，公序良俗原则在商事交易中扮演何种角色，不无疑问。理性商事主体对自身权利与交易风险具有较强的商业判断能力，经磋商谈判而进行的交易行为是其对自身权利的处分与安排，此时意思自治原则和商事外观原则似乎具有更大的应用空间。对于商事主体的交易安排，尤其是一些新型交易模式，公序良俗原则能否介入，在何种情况下可以介入，这种介入的程度和边界如何把握，并非不可追问的问题。这个问题在笔者承办的一起关于诉讼投资协议的商事案件中体现得尤为明显。②

诉讼投资是本与诉讼无利害关系的投资方以被投资方作为一方当事人的诉讼案件为标的，通过为被投资方垫付诉讼费用的方式承担诉讼成本与风险，案件胜诉则投资方从被投资方所得案款中收取一定投资收益，败诉则投资方分文不取且无权要求返还已垫付诉讼费用的投资方式。诉讼投资源起于英美法系国家，于近年引入我国后发展迅速，但同时也带来了争议，最大的问题就是该种交易模式是否有违公序良俗原则，进而影响合同效力。故结合案件情况作简要探讨。

一、案件的基本情况

（一）基本案情

2017 年 7 月，就 A 公司诉 T 公司等服务合同纠纷一案（以下简称标

---

① 郑玉波：《民法总则》，中国政法大学出版社 2003 年版，第 335 页、第 472 页。
② 参见上海市第二中级人民法院(2021)沪 02 民终 10224 号民事判决书。

的案件),上海市崇明区人民法院(以下简称崇明法院)作出 T 公司支付 A 公司顾问服务费 7 684 950 元及违约金的判决。同年 11 月,上海市第二中级人民法院裁定发回重审。

2017 年 12 月,A 公司与 B 公司、C 律所签订诉讼投资合作协议,主要约定:B 公司是中国首家法律金融公司,为法律服务提供金融解决方案,以诉讼投资、不良资产处置为主要营业范围。B 公司投资 A 公司在标的案件中的全部诉讼费用,包括案件受理费、律师费等。根据标的案件生效法律文书,A 公司将其最终实际收到的 T 公司支付款项的 27% 作为 B 公司的投资收益。若 A 公司败诉或无法实际收到案款,其无须支付任何费用,B 公司自担投资损失。A 公司在标的案件中的代理人由 B 公司关联方 C 律所的律师担任。若发生律所及律师主体的变更,由 C 律所指派律师并征得 A 公司同意。A 公司有权跟进标的案件进展情况,对案件的调解、和解与诉讼行为,有权最终参与决策制定。B 公司可以参与商讨标的案件的诉讼策略、诉讼节点等问题。鉴于此项业务涉及不可预测的政策风险,缔约各方应尽最大努力做好保密与风控工作。

同日,A 公司与 C 律所签订委托代理合同,主要约定:由 B 公司向 C 律所支付律师费。律师费包括基础律师费 100 000 元和 T 公司支付案款的 15%(含基础律师费)。

2018 年 1 月 3 日,B 公司分别向 A 公司和 C 律所转账诉讼费垫资 65 595 元和律师费 100 000 元。同年 2 月,标的案件重审,崇明法院判决 T 公司支付 A 公司顾问服务费 3 045 000 元和违约金。后二审判决驳回上诉,维持原判。2019 年 7 月,T 公司向崇明法院交付标的案件执行款共计 5 482 835.34 元。

B 公司因向 A 公司催讨投资收益未果,向一审法院诉请 A 公司按约支付投资收益并赔付逾期付款违约金。A 公司辩称,B 公司超越经营权限从事金融业务,由专职律师担任法定代表人,诉讼投资合作协议违背法律、行政法规强制性规定,当属无效。

上海市静安区人民法院作出(2020)沪 0106 民初 2583 号民事判决:(1)诉讼投资合作协议无效;(2)A 公司应于判决生效之日起十日内返还 B 公司 131 190 元;(3)B 公司的诉讼请求不予支持。宣判后,B 公司上诉称,诉讼投资协议系各方真实意思表示,亦于法无悖,当属有效。A 公司逾期支付行为构成违约,故请求支持其一审诉请。上海市第二中级人民法院作出(2021)沪 02 民终 10224 号民事判决:驳回上诉,维持原判。

(二)生效裁判理由

二审法院经审理认为,本案的争议焦点为诉讼投资合作协议的效力认定问题。

1. 案涉协议的交易模式具有指向非实体经济领域的金融属性,应当谨慎认定其效力

案涉协议并非有名合同,涉及投资、委托等多重法律关系。因存在资金融通,故具有金融属性。投资对象和融资指向为标的案件和司法行为,系将资本投向非实体经济的诉讼领域,与国家倡导的金融脱虚向实的价值导向相悖,司法不应主动倡导。诉讼投资协议效力的评价应综合考量交易模式的金融属性、投资对象为司法案件以及我国诉讼投资领域规范和监管均为空白的现状,对案涉合同的订立目的和具体条款进行事实和价值层面的判断,审慎认定合同效力。

2. 案涉协议有损公共秩序

(1)B 公司和 C 律所高度关联,缺乏利益隔离设置,妨害诉讼代理基本原则的实现。当 B 公司与 A 公司存在利益冲突时,代理人独立性和最大化被代理人即 A 公司利益难以保障。通过利益共同体,B 公司可以借 C 律所进入特许经营的诉讼代理领域,C 律所亦可借 B 公司之名实质获取超出法定代理费之外的收益,从而规避诉讼代理的强制性规定并产生税务合规等衍生问题。

(2)B 公司过度控制 A 公司的诉讼行为,侵害其诉讼自由。A 公司的以下诉讼自由被剥夺:第一,自行委托律师的自由。A 公司意欲更换律所和律师时,只能接受 C 律所重新指派的新律师,C 律所实质上垄断了 A 公司的代理人地位。第二,行使诉讼处分权的自由。案涉协议将 A 公司法定的诉讼决策权以赋予的形式限缩至诉讼决策参与权的同时,赋予 B 公司参与商讨诉讼策略、节点的权利。B 公司成为标的案件的诉讼决策者,可干预和控制诉讼进程,实质性地限制了 A 公司的诉讼自由。

（3）设置保密条款，投资信息不披露，危害诉讼秩序。保密条款的设置可使相关制度失灵，如回避制度、诉讼两造对抗模式、法院保障当事人诉讼权利等。

3. 案涉协议项下的交易模式有违善良风俗

首先，有违司法的公共属性。投资方的私利目的或影响司法。其次，有架空多元化解纠纷机制的风险。通过过度控制条款的实施，当事人对争议解决的真实意思或被阻碍实现，不利于息讼止争的善良风俗的实现。

综上，案涉诉讼投资合作协议中的投资方与代理方深度绑定条款、过度控制诉讼条款、保密条款等内容因违背公序良俗原则而无效。因上述条款均为诉讼投资合作协议的核心条款，该协议整体无效。

本案判决引起了理论界与实务界的广泛关注与探讨，公序良俗原则的适用是否妥当，司法是否应当介入无明确禁止性规范的诉讼投资领域，若有必要，司法应当以怎样的规则与方式来作出决断，在关涉本案的讨论中被聚焦。

二、诉讼投资模式的本体与效力争议考察

诉讼投资引入我国后，当下尚处于发展初期，无配套规范进行专门规制。在此背景下，评价诉讼投资协议的效力，是国家公权力对私法行为的干预以及对意思自治边界的划分。通过剖析诉讼投资本质属性、全面了解诉讼投资发展历程、考察域外已有实践，才能进行利弊权衡，从而明确司法对诉讼投资模式应秉持何种态度。

（一）诉讼投资出现的原因："救济+ 投资"双面需求

诉讼投资模式最早出现在 20 世纪 90 年代初的澳大利亚，随后相继在诸如英国、美国、加拿大等英美法系国家以及德国、奥地利等部分大陆法系国家得以发展。[①] 这种自发形成的转移诉讼成本和诉讼风险的交易

[①] Marco de Morpurgo, *A Comparative Legal and Economic Approach to Third-party Litigation Funding*, Cardozo J. Int'l & Comp. L., 2011, pp.343 – 360.

模式,其产生是市场响应投资方和被投资方共同需求的结果。

1. 被投资方接近正义的救济需求

诉讼因个体的不当行为引起,由国家财政即全体纳税人承担个案诉讼所产生的成本明显不具备公平性,故当事人承担个案诉讼费用是世界通行标准。诉讼是以国家公权力背书实现公平正义的最后一道防线,司法机关因此承担起了保障实现人民基本权利的重要职责。对于权利遭受损失的受害人而言,司法的可获得性是其能否接近正义的首要问题。[①] 在服务型社会建设的背景下,接近正义运动在世界各地得以广泛开展。用国家财政支付特定情况下的诉讼成本,如法律援助、司法救助,使得部分无力负担诉讼成本的当事人以更低成本接近司法。

然而,国家财政的有限性导致诉讼成本转移机制无法覆盖所有类型的诉讼。接近正义现实需求的不减导致诉讼成本开始自发地转移为由市场主体承担。尤其是在英国,自 20 世纪 80 年代起,政府明显减少在法律援助方面的财政支出,并鼓励由私人资本帮助承担诉讼成本。[②] 诸如诉讼投资、风险代理、诉讼保险等满足诉讼成本转移需求的市场化手段应运而生。在澳大利亚,因为败诉方需承担胜诉方几近全部的诉讼费用,加上风险代理的禁止[③],诉讼投资得以快速发展。诸多专门从事诉讼投资的公司,如 IMF、Burford Capital Limited 等相继成立,投资案件类型从破产纠纷逐步扩大至人身损害、婚姻家庭等纠纷。[④]

2. 投资方获得超额回报的投资需求

市场主体甘愿承担诉讼成本和风险的前提必然为有利可获。即使是

---

① The Right Honourable the Lord Woolf, 'Access to Justice Final Report' (2006) Section 1 < http://webarchive. nationalarchives. gov. uk/20060213205513/http://www. dca. gov. uk/civil/final/contents. htm> accessed 5 March 2023.

② Lord Chancellor's Department, *Access To Justice With Conditional Fees* (1998)3.3.

③ Jasminka Kalajdzic, Peter Cashman and Alana Longmoore, *Justice for Profit: A Comparative Analysis of Australian Canandian and U. S. Third Party Litigation Funding*, AM. J. COMP. L., 2013, pp.93 - 98.

④ Marco de Morpurgo, *A Comparative Legal and Economic Approach to Third-party Litigation Funding*, Cardozo J. Int'l & Comp. L., 2011, p.343 and pp.361 - 366.

在社会主义市场经济条件下,资本要素同样具有逐利性、流动性和扩张性。[①] 在市场化筹措诉讼成本需求存在的同时,资本持有者对投资标的即诉讼案件进行客观评估,投资收益可能超过投资成本的情形会引发和刺激资金持有者对诉讼进行投资的意愿。此外,诉讼投资以诉讼案件为投资对象,裁判结果因法律评价的相对客观和稳定而具有一定的可预见性。在投资收益的可预期性方面,与纯金融性质的投资相比,诉讼投资直接受市场的不确定因素影响较小,市场仅对胜诉案款的执行产生一定范围的影响。尤其在全球市场受金融危机影响时,诉讼投资因以相对较为稳定的诉讼为投资标的而受到投资者的青睐。[②]

(二) 诉讼投资的内核:"法律+金融"双重属性

以当下诉讼投资的主要运行模式为例,诉讼投资的属性可以从以下角度分析:

1. 投资方为获取胜诉利益的风险投资

诉讼投资对于投资方而言具有收益偶然性和风险性。投资方在决定是否投资前,会对标的案件的胜诉概率进行客观专业的分析,评估投资回报率。投资方注入投资本金的方式为负担被投资方在标的案件中需承担的诉讼成本。只有被投资方在标的案件中胜诉且实际取得案款,投资方才能获得投资收益,故投资回报由不确定的诉讼案件结果决定,于投资方而言具有收益的不确定性。当被投资方在标的案件中败诉,投资方不仅无法取得投资收益,还不可追索已经投入的投资本金。与本金收回确定的诉讼借款相比,诉讼投资具有明显的风险性。

2. 被投资方的诉讼成本转移机制

从现有实践来看,被投资方大多为标的案件的原告。一般而言,存在以下两种类型的被投资方:其一,寻求资金支持类。此类被投资方可为个人亦可为公司,因无力承受诉讼成本而面临被迫放弃通过司法程序实现

[①] 参见胡怀国:《社会主义市场经济条件下的资本要素:特性、作用和行为规律》,载《经济学动态》2022 年第 9 期。

[②] Maya Steinitz, 'Whose Claim Is This Anyway? Third-party Litigation Funding' (2011) 95 MINN. L. REV.

合法权益的局面,诉讼投资以垫付诉讼费用的方式帮助其获得公力救济。[1] 其二,转移风险类。此类被投资方多为公司主体,对于诉讼费用,其自身虽然有能力支付,但是转移由投资方承担可以减少诉讼相关支出对其账面现金流和正常经营活动开支产生的影响。即使标的案件败诉,被投资方的诉请未获支持,投资方对已经投入的投资成本也无权追索,被投资方转移了全部的诉讼风险,实现了诉讼的零成本和零损失。[2]

无论出于何种目的选择诉讼投资,于被投资方而言,诉讼投资实现了诉讼成本从被投资方到投资方的物质性转移。转移的对价为让渡被投资方对标的案件的部分实体权利和程序权利。实体权利为具有财产属性的对胜诉收益的期待利益[3],即胜诉收益部分归投资方所有。部分情形下,被投资方会将其在标的案件中享有的诉讼权利即程序权利交由投资方控制,换言之,投资方可根据诉讼投资协议的约定,不同程度地控制诉讼进程。无须讳言的是,这种让渡的合理性与合法性颇存争议,后文将进一步探讨。

3. 具有公共属性的非典型金融

诉讼投资因在交易中包含以下金融因素而具备明显的金融属性:

第一,从资金流动的角度。金融活动的显著特征是资金融通。[4] 诉讼投资正是将投资方的资金融出并融入诉讼活动中的过程。如果投资方的投资本金并非自有资金而是源于资本市场融资,诉讼投资内部的资金融通实质上演变成通过资金流动将被投资方的诉讼成本和风险转移由市场运行负担和调节。

第二,从投资方的盈利模式角度。诉讼投资是一种以风险投资为内容的非正式金融。诉讼投资中融通的资金是私人所有。职能部门尚未专门许可投资者进行诉讼投资业务。[5] 与经过相关部门登记注册从事各种

---

[1] Victoria Sahani, 'Judging Third-party Funding' (2016) 63 UCLA L. REV.

[2] Centro Veljanovski, Third Party Litigation Funding in Europe, JL Eco & Pol'y, 2012, p.405 and p.412.

[3] 参见张雅萍:《期待权性质之法理学分析》,载《学术交流》2009 年第 8 期。

[4] 参见黄达:《金融学》,中国人民出版社 2019 年版,第 106 页。

[5] Joseph Stroble and Laura Welikson, 'Third-party Litigation Funding: A Review of Recent Industry Development' (2022) 87 DEF. Counsel J.1.4.

资金融通活动且受监管的正式金融相比[1]，诉讼投资目前属于金融监管体系之外自发形成的非正式金融。

第三，从投资标的的公共属性角度。与一般金融产品相比，诉讼投资因以诉讼为媒介而包含一定的公共属性。诉讼投资导致诉讼具有了一定的金融化趋势。诉讼本质上是由国家强制力背书，体现国家意志，为保障合法权益，由国家公权力进行垄断实施的纠纷解决机制。诉讼投资以诉讼案件为投资标的，将使得诉讼从纠纷化解机制扩大成为具有储藏价值、承载资金流转功能的投融资工具。[2]

正如样本案件的诉讼投资协议中，投资方将自身定位为中国首家法律金融公司，为法律服务提供金融解决方案。由此可见，合同当事人对合同所涉交易具备金融属性具有明确的认知。

综上，诉讼投资因需求而生，是同时具备公共属性和金融属性的意思自治行为。在无禁止性规范的前提下，司法是否应当介入诉讼投资取决于市场能否完全调节和规范诉讼投资行为，使其能够自发地顺应并维护其涉及的金融秩序和诉讼秩序。

（三）诉讼投资协议效力评价的域外考察

诉讼投资顺应市场产生，解决了当事人转移诉讼成本的需求，促进了接近正义的实现。[3] 此外，诉讼投资还可以在双方实力悬殊的标的案件诉讼中，通过投资弱势一方，平衡诉讼地位，帮助实现个案公平正义。[4] 诉讼投资因自身的诸多优势而得以快速发展。然而，交易中争议的发生无法避免。只要争议均能通过市场调节手段化解，且不损害合同主体、第三人及社会公共利益，司法就无须介入。然而，即使是在诉讼投资发展较为前沿的英美法系国家，长期实践也表明，诉讼投资事实上无法全然通过市场进行自我调节，司法通过对个案进行审查，成为维护诉讼投

---

[1] 参见郑学林、刘敏等：《新民间借贷司法解释的理解与使用》，载《人民司法》2021 年第 4 期。

[2] 参见张成恩：《普通商品金融化的形成逻辑》，载《中国人民大学学报》2021 年第 4 期。

[3] Arkin v Borchard Lines Ltd. ［2005］EWCA Civ 655.

[4] Mariel Rodak, 'It's About Time: A System Thinking Analysis of the Litigation Finance Industry and its Effect on Settlement' (2006) 155 U. Pa. L. Rev.

资市场秩序的重要手段。当前,英美法系国家对诉讼投资协议进行效力认定,已经形成了较为系统且严格的规范。

1. 诉讼投资协议效力评价的域外现状

时下,英美法系国家建立了以成文法和判例法相结合的认定诉讼投资协议效力的规范体系。

就成文法而言,中世纪英国普通法确立的禁止帮讼和包揽诉讼原则是直接关系到诉讼投资协议效力的规范。[①] 帮讼是指与标的案件无利害关系的第三人协助当事人进行诉讼。[②] 包揽诉讼是指第三人通过与标的案件当事人达成协议的方式,帮助当事人进行诉讼主张并收取部分判决收益。[③] 该原则具有鲜明的时代特点。当时的封建领主通过帮讼和包揽诉讼的方式扩大其土地范围。地方法院受制于领主,因此相关诉讼的公正被破坏。[④] 为了维护司法公正,禁止帮讼和包揽诉讼原则产生。后因封建制度瓦解,在英国、澳大利亚和美国的部分州,帮讼或助讼不再被认定为犯罪行为和侵权行为。[⑤] 但是,该原则仍然被明文规定保留成为公共政策的一部分,违背该原则的诉讼投资协议仍需认定无效。[⑥] 此外,在部分英美法系国家或地区,诸如爱尔兰、新加坡等,禁止帮讼和包揽诉讼行为构成犯罪和侵权的规定仍然未被废止,诉讼投资协议效力的有效认定更具难度。

就判例法而言,司法审查个案诉讼投资协议效力的关键之处在于,判断个案的诉讼投资协议的具体内容是否有违禁止帮讼和包揽诉讼原则。诸多判例显示,若协议的具体约定构成帮讼或包揽诉讼,该协议整体归于无效。[⑦]

我国当下存在对域外规范不同程度的误读,将因符合禁止帮讼和包

[①] Max Rasin, 'Maintenance By Champerty' (1935) 24 Cal L Rev.

[②] Black's Law Dictionary, Thomson West, 2009, p.973.

[③] Black's Law Dictionary, Thomson West 2009, p.262.

[④] Anita Dennis, 'The Law of Maintenance and Champerty' (1890) 6 Law Q Rev.

[⑤] *The Criminal Act 1967*, s.13(1) and 14(1).

[⑥] *The Criminal Act 1967*, s.14(2).

[⑦] Marco de Morpurgo, A Comparative Legal and Economic Approach to Third-party Litigation Funding, Cardozo J. Int'l & Comp. L., 2011, p.343 and p.395.

揽诉讼而认定协议有效的司法裁判结果扩大解读为域外司法完全采纳当事人意思自治内容，不免有以偏概全之疑。

2. 司法介入意思自治的必要

总结域外现有判例，诉讼投资协议具体约定以下情形的，已然产生了侵犯缔约主体与第三人权益或违背诉讼秩序维护的结果，故司法介入诉讼投资具有现实必要性：

（1）侵害被投资方的真实意思表示

以下判例中，诉讼投资协议的相关条款或并未反映被投资方的真实意思表示，或导致被投资方在标的案件中无法行使其权利。

第一，协议内容迫使被投资方放弃调解。诉讼投资协议中约定投资方投资 20 万美金，投资收益由 60 万美金的固定金额收益和一定比例的浮动金额收益组成。虽然标的案件的双方当事人均存在调解意愿，但如果被投资方取得的案款少于 120 万美金，其需自担部分投资收益，故被投资方被迫拒绝了 100 万美金的调解方案。[1]

第二，协议内容迫使被投资方尽快调解。诉讼投资协议中约定被投资方需支付的投资收益与纠纷解决时长成正比，即时间越长，需支付的投资收益越高。该约定导致被投资人为了减少投资收益的支出而在诉讼阶段尽早接受调解方案。[2]

第三，因缔约能力相差悬殊而接受高额投资收益条款。标的案件为机动车道路交通事故责任纠纷，受害方自然人签订的诉讼投资协议约定了高额计算标准的投资收益计算条款。此外，该案被投资方胜诉几乎可以确定，该投资收益条款实质上构成了高利贷。[3]

（2）侵害第三人的合法权益

当投资方提供诉讼投资存在主观恶意，如报复标的案件对方当事人，则该诉讼投资协议的履行会侵害第三方权益，甚至影响标的案件的公正

① Weaver, Bennett & Bland v Speedy Bucks, Inc. 162 F. Supp. 2d 448 (W.D.N.C. 2001).
② Rancman v Interim Settlement Funding Corp. 2003-Ohio-2721, 99 Ohio St. 3d 121, 789 N.E. 2d 217.
③ Bulan v Pre-settlement Finance, LLC (In Re Mine), 443 B.R. 282 (Banker. W.D.N.Y. 2011).

审理。

在美国一则判例中,标的案件一方当事人为数字出版公司,在媒体上曾公开过投资方的丑闻。被投资方起诉该数字出版公司侵权时,其有足够能力承担诉讼成本。但是,投资方为了达成其报复该公司的私人目的,通过诉讼投资协议,实质上控制了标的案件的诉讼,且通过保密条款的约定始终隐于幕后。受相关诉讼策略的一定影响,陪审团最终作出了针对该数字出版公司的高额惩罚性赔偿的裁决,直接导致了数字出版公司的破产。[①] 如果陪审团在审理中知晓投资方的存在,就会有降低惩罚性赔偿金额的可能性。[②]

虽然我国目前针对诉讼投资的司法实践样本稀少,但参考域外实践可以看出,诉讼投资相关纠纷无法完全通过市场手段进行自我调节,放任非真实的意思自治可能会导致诉讼投资协议的履行不但会侵害被投资方的利益,而且将对第三人的权益保护以及司法公正产生不利影响。针对我国司法是否应当介入诉讼投资领域以及介入的尺度,需要根据诉讼投资本土化的实际情况,依据我国法律规范作个案具体分析。

综上,诉讼投资源于市场自发需求,具备逐利的金融属性,投资标的为诉讼这一公共服务。借鉴域外诉讼投资模式较为丰富的实际运行情况,完全遵从合同内容,放任合同履行,可能会出现危害不特定第三人利益和社会公共利益的后果。我国司法审判秉持能动司法、积极审判的理念,对于立法空白但风险存在的新领域,在尊重当事人真实意思表示的基础上,应当通过个案裁判率先树立行业规则,引导新型行业健康发展,实现"办理一案,解决一片"的审判效果。不能因相关规范的空白而消极拒绝裁判,更不能简单以"法不禁止"为由,听之任之,甚至宽宥一些交易行为对国家、社会利益产生的冲击。

---

① Gawker Media, LLC v Bollea 129 So. 3d 1196 (Fla. Dist. Ct. App. 2014).

② Jeffery Grosholz, 'In the Shadow: Third-party Litigation Funding Agreement and the Effect Their Nondisclosure has on Civil Trials' (2020) 47 FLA. St. U. L. REV.

三、评价诉讼投资协议效力的章法

合同效力的评价结果决定了合同能否按照约定的内容产生法律效果。[①] 即使当事人未提出认定合同效力的请求,法院也应当依职权主动审查个案合同效力。[②] 故诉讼投资协议效力的认定问题是涉诉讼投资协议纠纷处理的首要问题。以样本案例的审理为引,虽然无专门性的效力规定,但司法作诉讼投资协议个案效力评价时,应当在查找可参照规范的基础上,秉持审慎认定的裁判导向,扬弃地参考域外司法经验,从而确定个案裁判规则。

(一)公序良俗原则具备适用空间

根据法律适用的基本规则,当有具体的法律规定足以涵摄待决事实或法律关系时,直接援引即可,应避免"向一般规则逃逸"的现象。公序良俗原则的适用具有谦抑性,其适用次序应当放在制定法具体规则、习惯法和类推之后。[③] 司法实践中,确实存在公序良俗原则适用泛化的现象,理论界不乏批评之声。[④] 当然,《民法典》实施后,公序良俗原则成为裁判意义上的民事补充法源已是不争的事实。[⑤] 实践中,避免滥用该规则的同时,亦应在需要其发挥作用时,当用则用。特别是针对一些新型交易模式,若没有具体规则可直接或类推适用,法官得援引一般规则。[⑥]

诉讼投资协议包含金融和法律的双重属性,并非有名合同。鉴于诉讼投资空白的立法现状,在确定效力判断标准时,应当首先分析是否存在

---

① 参见韩世远:《合同法总论》,法律出版社 2018 年版,第 194 页。
② 参见中华人民共和国最高人民法院:《全国法院民商事审判工作会议纪要》(2019 年),三(一)。
③ 参见于飞:《〈民法典〉公序良俗概括条款司法适用的谦抑性》,载《中国法律评论》2022 年第 4 期。
④ 参见蔡唱:《公序良俗在我国的司法适用研究》,载《中国法学》2016 年第 6 期。
⑤ 参见范忠信:《公序良俗原则确立与〈民法典〉的人文升华》,载《探索与争鸣》2023 年第 3 期。
⑥ 参见韩世远:《民法基本原则:体系结构、规范功能与应用发展》,载《吉林大学社会科学学报》2017 年第 6 期。

最相类似合同,如有则可类推适用规制该类合同效力的规范,如无则在一般规范、法律原则乃至法理中寻找合适的判定标准。

1. 最相类似合同的查找

如前所述,诉讼投资同时满足了投资方投资以及被投资方转移诉讼成本的需求。投资合同以及能实现诉讼成本转移的合同与诉讼投资合同存在一定程度的相似性。投资合同并非有名合同。能够实现诉讼成本转移的主要合同类型是风险代理合同和诉讼信托合同。

(1) 与风险代理合同的差异

从表面看,风险代理合同和诉讼投资协议存在相似性,然而其内在机理有所区别,故两者并不能简单等同。首先,合同主体在标的案件中的诉讼地位不同。风险代理合同中的律师在标的案件中为享有诉讼地位的代理人,但投资方在标的案件中为案外人。其次,获取胜诉利益期待权的对价不同。风险代理合同中,律师以提供法律服务为对价,但投资方以承担诉讼费等诉讼成本为对价。最后,承担义务的性质和内容不同。律师通过风险代理合同与委托人建立起代理关系,该法律关系受诸多法律制度规范,律师受法定义务和职业伦理准则规范约束。然而,诉讼投资中的投资方仅需在合同明确约定的情况下承担一定的义务。

(2) 对信托合同的参考

信托合同与诉讼投资协议在意思表示内容和权利转让方面存在差异。在意思表示层面,根据《信托法》第 2 条,信托必须以明确的意思表示将委托人的财产委托给受托人管理,受托人以自身的名义对委托财产进行管理和处分,使得受益人受益。诉讼投资中,在无明确意思表示的前提下,投资人垫付被投资人的诉讼费用不可当然解释为形成委托关系,被投资人亦无法定义务善意地管理投资方垫付的诉讼费用。在诉讼权利转让方面,诉讼信托中,有学说认为受托人因为可以以自身名义处分管理财产,当然取得诉讼法上的诉讼实施权,从而得以以自身名义参与诉讼活动,并且承受诉讼的实体结果。[①] 诉讼投资中,投资方在标的案件中并不是当事人,且仅承担败诉造成的投资落空的后果。然而,两者都将专项资

---

① 参见汤维建、刘静:《为谁诉讼,何以信托》,载《现代法学》2007 年第 1 期。

金用于诉讼,一方主体受益且受益存在不确定性,因此具备设立目的层面的相似性,故在法律评价方面亦可作价值导向方面的参考。基于诉讼信托是以诉讼为目的转移财产权,信托人可通过诉讼获益,为防止出现诉讼泛滥、诉讼欺诈[①],《信托法》第 11 条规定,诉讼信托合同为无效合同。该立法评价对诉讼投资协议效力认定具有一定的参考价值。

2. 一般合同效力评价规则的适用

在无特别规定且无直接类推规范的前提下,只能选择一般合同效力规定来评价诉讼投资协议效力。一般规范明确,当合同存在由无民事行为能力人订立、通谋虚伪、违反效力强制性规定、恶意串通损害他人利益或违背公序良俗情形之一的,合同无效。其中,公序良俗是合同效力评价的边界,即纵然合同体现了缔约方的真实意思表示,若合同内容违背公序良俗,亦需认定该合同无效。样本案件中,因为无证据证明诉讼投资合作协议存在除公序良俗之外导致合同无效的情形,所以选择适用公序良俗原则。

(二) 交易的金融属性使得裁判更应审慎

公序良俗本身具有不确定性、时间性和地域性等特点[②],适用该原则进行个案合同效力评价时,应当着眼于具体合同内容、动机、目的等因素,对照相应的秩序内容来判断合同效力[③]。诉讼投资协议对应的秩序范围应当以其"法律＋金融"属性为界限,即需兼顾法律秩序与金融秩序。其中,法律秩序因立法体系较为完备而相对有据可循。针对金融秩序,诉讼投资当下是无明确监管的非正式金融产品,无专门的金融秩序加以引导。自发产生的非正式金融本身就具有一定的粗放性、隐蔽性和无序性。[④] 以在我国得以长期发展的典型非正式金融——民间借贷为例,若任由其发展而不加规制,因逐利性的驱使,追求高额利率甚至是套路贷犯罪等行为会逐渐蚕食金融秩序的稳定。故纵使当下无任何针对诉讼投资

---

① 参见汤维建、刘静:《为谁诉讼,何以信托》,载《现代法学》2007 年第 1 期。
② 参见贺小荣:《意思自治与公共秩序——公共秩序对合同效力的影响及其限度》,载《法律适用》2021 年第 2 期。
③ 参见黄喆:《合同效力之判定与公序良俗》,载《南京社会科学》2014 年第 4 期。
④ 参见郑学林、刘敏等:《新民间借贷司法解释的理解与使用》,载《人民司法》2021 年第 4 期。

的金融监管政策,司法亦应当审慎考量个案协议内容是否会对金融秩序产生冲击。

在加强和完善现代金融监管,强化金融稳定保障体系,依法将各类金融活动完全纳入监管的大政策背景下[①],对诉讼投资协议效力进行评价,可以金融政策为参考背景,综合判断协议是否符合当下金融秩序的维护取向。具体而言,应当考量集中体现金融属性的资助及收益条款。

针对资助及收益条款是否符合金融秩序的维护取向,需要考量以下两方面内容:

第一,投资方投资本金的充足性和稳定性。在维护交易稳定和安全的金融监管体系建设的导向下,投资方的投资本金充足且稳定是保障诉讼投资协议安全的重要因素。首先,资金充足。[②] 若投资方在协议履行中无充分的现有资金,则会导致被投资人最根本的合同目的即诉讼成本转移无法实现。其次,禁止约定投资方任意撤资。[③] 若诉讼投资协议约定,投资方可任意解除合同,则投资方可能会在标的案件审理未朝其预期方向发展或败诉概率上升的情况下,为避免亏本而解除合同。这种约定同样会令被投资方的合同目的落空。

第二,投资风险性。诉讼投资与诉讼借贷最本质的区别在于,诉讼投资是可变回报,而借贷是固定回报。若诉讼投资协议的约定内容导致该合同名为诉讼投资,实为借贷,则其丧失了诉讼投资的基本风险性,应当受借款合同规范约束。域外的一则判例中,标的案件已经取得胜诉判决后签订的诉讼投资协议被认定为借款合同。[④] 该案中,在标的案件的对方当事人已经承认其应当承担侵权责任且陪审团已经作出了2700万美金的赔偿判决之后,诉讼投资协议订立。即使约定投资方收益具有偶然性,实际获取投资收益也已是必然,故该诉讼投资协议系借款合同,应根

---

① 参见习近平:《高举中国特色社会主义伟大旗帜,为全面建设社会主义现代化国家而团结奋斗——在中国共产党第二十次全国代表大会上的报告》(2022年10月16日)。

② Association of Litigation Funders of England & Wales, *Code of Conduct for Litigation Funders* (January 2018), s.2 and s.9.4.

③ Association of Litigation Funders of England & Wales, *Code of Conduct for Litigation Funders* (January 2018), s.13.1.

④ Lawsuit Fin., L.L.C. v Curry 261 Mich. App.579.

据收益金额来认定是否构成高利贷。然而，不能以案件胜诉概率较大这一因素来认定诉讼投资协议为借款合同。[①] 只要在标的案件悬而未决时进行诉讼投资，投资方就需要承担一定的风险，选择投资胜诉概率较大的案件是投资方的合理选择。风险规避不可直接等同于无风险。

样本案件中，投资方以自有资金垫付被投资方在标的案件中的诉讼费用，诉讼投资协议并未约定投资方的任意解除权。此外，诉讼投资协议缔约时间在标的案件发回重审后，投资方收益仍具备不确定性。故样本案件中的诉讼投资协议的资助及收益条款并未出现明显的有悖于其金融属性的内容，从而应集中考量协议内容与法律属性对应的法律秩序的适配度。

（三）客观辩证地看待和借鉴域外在先经验

诉讼投资在英美法系国家已经形成了较为成熟的规制模式和一定的行业规模，符合要求的诉讼投资协议效力得到了司法的肯定。由于国家间政治、经济、文化、价值观念等存在差异，合同效力评价机制自然有所不同，故不应简单地对域外经验全盘照搬。但兼听则明，考察并适度借鉴域外经验显然是有所裨益的。

域外诉讼投资的配套法律环境与我国存在诸多不同。首先，诉讼投资的规范体系不同。以英国为例，除前文所述的成文法和判例法对诉讼投资进行规制外，行业规范亦发挥了规范投资方投资行为的作用。其中，The Association of Litigation Funders 制定的 *The Code of Conduct for Litigation Funders* 系针对投资公司诉讼投资行为的行业规范。其次，诉讼费用转移的制度背景不同。英国的诉讼费用和时间成本均超过我国，并形成了较为成熟的诸如诉讼保险等其他诉讼费用转移机制。

因此，样本案件认定诉讼投资协议效力时，应当立足于我国的现实情况与本土实践，以我国公序良俗原则为依据进行认定。对于域外法，可以适度参考判定具体合同效力的裁判思路，发挥司法通过对个案合同效力予以认定，逐步规范诉讼投资行业发展的功能。

[①] Anglo-Dutch Petroleum Int'l Inc. v Haskell 193 S. W. 3d 87.

综上,评价诉讼投资协议效力应当从个案出发,查明具体适用的规范内容,审慎考量诉讼投资金融属性可能对金融秩序产生的影响,扬弃地参照国外司法经验,从而作出符合法律秩序和金融秩序的个案效力判断。

四、诉讼投资协议效力认定的路径

样本案例以公序良俗原则来判断效力的核心在于,认定协议是否与法律秩序相契合。法律秩序体现的是以宪法为中心的现行法律价值理念。其中,诉讼秩序是指以民事诉讼法为核心的公法体系规范和调整所形成的民事诉讼领域的一种有序状态。[①] 诉讼投资以诉讼为投资标的,协议内容应当与诉讼秩序的维护相符。

诉讼投资对诉讼秩序最大的影响源于投资方的引入。虽然投资方在标的案件中被定位为案外人,但其将标的案件作为投资对象并承担诉讼风险,必然以获取被投资方的部分权利作为对价。其中,胜诉利益期待权的获取由投资的金融属性决定,其他依据诉讼投资协议约定而享有的由被投资方让渡的权利,应当与投资方在标的案件中的案外人身份相适应,否则有可能与诉讼秩序相违背。以样本案件中的诉讼投资合作协议的具体约定为例,协议中相当部分约定事项存在不合理扩大投资方权利、限缩被投资方权利、影响裁判中立的现象,实践中可能被认定为损害诉讼秩序,进而引发对条款乃至协议整体效力的否定性评价。相关现象亦为我们展开效力评价的路径提供了线索,进而可为后续的规范方向提供参考思路。

(一) 投资方与律所高度关联

在规范的诉讼秩序下,律师和当事人间的关系受委托法律关系和律师职业道德的规范。律师应当忠实维护当事人权益,勤勉办理受托事项。然而,在诉讼投资模式下,被投资方和投资方可能存在利益冲突且律师费实际由投资方支付,一旦投资方与律所出现关联关系乃至利益绑定,被投

---

① 参见卓胜渊:《法理学》,法律出版社 2000 年版,第 214 页。

资方的律师能否一丝不苟地践行前述代理宗旨就不无疑问。

首先要认识到被投资方和投资方存在利益冲突的可能。总体而言，投资方为了最大限度地获取投资收益，通常与被投资方的宏观目标一致，即期望案件胜诉。但实践中，两者可能存在诉讼策略选择和赔偿金额认同等方面的分歧，进而产生利益冲突。例如，诉讼投资协议中约定投资方的投资收益与标的案件审理时长成正比，投资方为了获得更高收益，可能会用尽救济手段，如提起本不必要的上诉，拖延纠纷解决时长。[①] 此外，被投资方或因为顾及未来合作，或为了减少诉讼对自身商业声誉影响，选择在赔偿金额上让步，以促成调解，但此种选择会影响投资方的最终受益。当投资方目的包含了恶意的私人目的时，其与被投资方的诉讼目标会出现偏差，更容易引发利益冲突。为避免这样的利益冲突可能引发的道德风险，有必要引入独立于投资方之外的第三方律所为被投资方提供诉讼代理服务。被投资方有权自行委托其意欲聘请的律师，而非由投资方指定或由投资方控制该权利。事实上，在已有诉讼投资实践的域外地区，均对诉讼代理方与投资方的隔离设置进行了限制性规定，以规制上述投资方与被投资方的利益冲突问题。[②]

一般而言，投资方拥有专业的法律团队，可在决定投资前对目标案件的胜诉概率进行评估。诉讼投资协议订立后，该法律团队当然不可直接成为被投资方的代理人。但即便引入第三方律所，由于诉讼投资协议约定律师费由投资方支付，仍可能对律师的独立性产生负面影响。对此，域外有律师行业规范专门规定，即使律师费由投资方负担，律师也应当不受投资者的影响，作独立且职业的代理决策和判断。[③] 因此，如果在诉讼投资协议中，出现了投资方与律所高度关联的情况或将两者绑定的高度关联条款，则协议或者相关条款的效力有面临否定性评价的可能。样本案件中，投资方与被投资方的代理律所就存在高度关联，从而对外形成了利

---

① Houle v St. Jude Medical Inc., 2017 ONSC5129.

② *The* 2014 *Code of Conduct for Litigation Funders*, clause 9. 1 and 9. 2; American Bar Association, Commission on Ethics 20/20, *Informational Report to the House of Delegates 11* (Feb. 2012), 15ff.

③ New York State Bar Association, *Rules of Professional Conduct* (2021), rule 1.8.

益一致的捆绑体,律师坚守其代理准则的可期待性进一步降低。

此外,样本案件中的利益共同体还存在可能规避委托代理领域的强制性规范的风险。委托代理属于需相关机关审批的与资质相关的特许经营行业。若投资方和律所高度捆绑,实则一体,则投资方可以通过律所实际上参与到其本无资质的领域,破坏行业秩序。同时,代理费用的限度和风险代理的范围均有强制性规范明确规定。律所可以通过将投资方作为外壳来获取超过规定的收益,构成对相关法规的规避,此外还会衍生税务合规等一系列问题。

(二)投资方过度控制诉讼

样本案件中,根据合同,投资方不仅享有对部分胜诉收益的期待权,还被赋予了在标的案件中选择律师和决定诉讼策略的程序性权利。这些核心的诉讼权利本应由作为标的案件当事人的被投资方享有,虽然让渡于第三人即投资方体现意思自治,但可能导致投资方对诉讼的过度控制,有违适格当事人制度。而一些核心诉讼权利交由投资方行使,会造成对被投资方诉讼自由的侵蚀,甚或影响标的案件的公正审理。因此,此种将选择律师、决定诉讼策略等决策权赋予投资方的约定,可能会带来一系列问题,进而冲击到诉讼秩序,应当予以关注和探讨。

1. 诉讼权利让渡的动因

受获利目标的驱使,投资方会进行风险控制。投资前,投资方通过评估标的案件胜诉概率来控制风险。投资后,风险则主要来源于诉讼策略的制定和诉讼权利的行使,进行风控的方法是把控诉讼进程,从而让诉讼朝着有利于自身的方向发展。

然而,如前文分析,因投资方和被投资方存在利益冲突,故双方在诉讼策略和诉讼行为上可能会出现分歧。若失去对诉讼的控制,投资方难以实现诉中风险的主动控制。故投资方有足够的动因通过诉讼投资协议的约定来掌握一定的诉讼权利,从而控制诉讼走向,实现最佳收益。

2. 控制程度的划分

参考现有的域外司法实践,按照控制程度的不同,投资方通过诉讼投资协议享有的诉讼控制权可梳理为完全无控制、非核心控制、核心控制以及完全控制四种。

完全无控制即投资方在垫付诉讼费用之后抽身，与标的案件的审理完全隔离，等待胜诉收益或败诉无果。[①] 完全控制赋予投资方全部的被投资方诉讼权利，实质上构成了请求权让与。[②] 这两种情形在诉讼投资司法实践中比较少见，常见的是另外两种程度的诉讼控制。

非核心控制指的是投资方不涉及被投资方的核心诉讼权利的干预，实践中主要存在两种类型：第一，掌握对标的案件进程的知情权，即被投资方律师需要回应投资人合理地了解标的案件进度的要求。[③] 第二，享有投资本金使用监督权。由投资方出资的诉讼费用需遵守一定的规则进行使用，避免费用浪费。[④] 该程度的控制起因于对投资本金的合理使用，不涉及诉讼核心程序问题，故一般不存在效力问题。

核心控制是指投资者因享有被投资方的部分基本诉讼权利，从而可实质影响诉讼进程，实现对诉讼的实际控制。实践中通常包括提起诉讼、控制律师选择、许可律师直接对话被投资方、寻找证人、可决定争议解决等。[⑤] 若这些权利通过诉讼投资协议转让给投资方对诉讼秩序产生负面影响，则可认定为过度控制。

3. 过度控制与诉讼秩序的背离

诉讼投资协议赋予投资方以被投资方的核心诉讼权利是否构成对诉讼秩序的破坏，从而认定该权利转让条款无效，可以从以下几个方面进行分析：

（1）对适格当事人制度的违背

诉讼权利本质上是请求并获得公力救济的程序性权利，行使即意味着享受公共司法资源。诉讼权利的享有与诉讼主体资格的取得密切相

---

① Marco de Morpurgo, *A Comparative Legal and Economic Approach to Third-party Litigation Funding*, Cardozo J. Int'l & Comp. L., 2011, p.343 and p.396.

② Anthony Sebok, 'The Inauthentic Claim' (2011) 64 Vand. L. Rev.

③ Dugal v Manulife Financial Crop (2011), 105 O.R. (3d) 364.

④ Regina (Factortame Ltd. And others) v Secretary of State for Transport, Local Government and the Regions (No 8), [2008] EWCA (Civ) 932.

⑤ Abu-Ghazaleh v Chaul, 36 So. 3d 691(Fla. Dist. Ct. App. 2009); Campbell Cash & Carry v Fostify [2006] 229 CLR 386.

关,获得诉讼主体资格的前提是享有实体权利。"实体权利—诉讼权利—诉讼资格"相绑定形成了权利资格束,三者相互依存,互为因果,无法割裂。实体权利一旦转让,诉讼权利和诉讼主体资格一并转让,不应当出现三者中某一项权利或资格转让,其余权利或资格仍然归属于出让人的情形。

根据比例原则和权责一致原则,享有权利的代价是承担成本或风险,且两者之间应呈现等比例关系。若私法自治被处于强势地位的私法主体滥用,造成其权利义务失衡,法律关系相对人利益受限,则有违诚信原则。[①] 诉讼投资中,投资方固然承受一定的诉讼风险,但相对于被投资方来说仍属有限。投资方的风险在于垫付的诉讼费用成为"沉没成本",故其风险总体可控,而其余风险,诸如实体权利的终局性落空等,仍将由被投资方承担。因此,投资方通过协议取得对诉讼的核心控制权是超出必要限度的,将其能够取得的最大限度限制在胜诉利益期待权、对标的案件诉讼的知情权和对投资本金的使用监督权,用以保障其投入的资本不被任意处置,应属合理,而其余诉讼权利的转让均会使得对价失衡。

样本案件中,投资方通过诉讼投资协议取得的实体权利为27%的胜诉利益期待权,标的案件的实体权利本质上仍归属于被投资方。然而,投资方却根据协议享有了包含选择及更换律师、决定诉讼策略在内的核心诉讼权利,故实体权利和诉讼权利的转让明显不成比例,呈现出两者割裂的态势。在标的案件中,诉讼主体资格由被投资方享有,投资方因保密条款而始终隐于幕后,但实质上享有可操控诉讼行为的诉讼权利。一旦投资方在标的案件中实际控制诉讼进程,就会导致案件审理呈现出诉讼程序名实不一、权责分离的无序状态。

（2）对诉讼自由的侵蚀

有观点认为,基于专门法律队伍对标的案件作出的专业分析,投资方所提出的诉讼策略相对于法律专业度较弱的被投资方而言,客观上更有

---

① 参见郑晓剑:《比例原则在民法上的适用及展开》,载《中国法学》2016年第2期。

利于胜诉。① 但前文已述,胜诉取酬的目标并不足以为侵害诉讼秩序的权利转让提供充分的理由。即便在投资方控制下进行的诉讼更为专业,该控制权的让渡也直接导致了被投资方具有身份专属性的诉讼权利的实质性减损。除了样本案件中直接通过约定赋予投资者选择和更换律师权利以及诉讼决策权利外,即使投资方不享有核心诉讼权利,亦可通过约定投资方享有任意撤回投资权利的方式来实现对诉讼的控制。②

（3）第三方权益的侵害

过度控制行为除了可能伤及被投资方的诉讼权利,还可能发生溢出效应,侵害到协议外的第三方。当投资方与被投资方存在意见冲突时,投资方可能为了自身投资收益最大化,不顾及被投资方意思内容,拒绝调解、和解。此种做法同时侵害了被投资方以及标的案件对方当事人的争议解决自由。此外,当投资方存在恶意的私人目的时,可以通过控制诉讼的方式实现对第三人的侵害,亦会直接影响司法公正,域外已有类似案例。③

综上,投资方拥有选择律师、决定诉讼策略等权利的约定虽然体现意思自治,但因过度控制诉讼,显然破坏了诉讼秩序,有必要给予其否定性的效力评价。在域外诸多已有实践中,过度控制通常会直接引发合同无效的后果。④ 相关处理,不无参考价值。

（三）禁止投资信息披露

有观点认为,诉讼投资协议可以约定投资信息保密,若投资方对标的案件无控制权,则无公开的必要。⑤ 但如前文分析,控制风险是投资方的本能,因而难以杜绝其在诉讼投资中实施诉讼控制。尤其是被投资方与

---

① Jason Lyon, 'Revolution in Progress: Third-party Funding of American Litigation' (2010) 58 UCLA L. Rev.

② Metzler Investment GmbH v Gildan Activewear Inc. (2009), 81 C.P.C. (6th) 384, [2009] O.J. No.3315 (Ont. S.C.J.).

③ Gawker Media, LLC v Bollea 129 So. 3d 1196 (Fla. Dist. Ct. App.2014).

④ Trendtex Trading Corp. v Credit Suisse, [1982] A.C. 679, 683; Ahmed v Powell, [2003] P.N.L.R. 22; Regina v Secretary for State for Transport [2002] EWCA (Civ) 932; Odell v Legal Bucks, L.L.C., 665 S.E.2d 767 (N.C.Ct. App.2008).

⑤ Jeffery Grosholz, 'In the Shadow: Third-party Litigation Funding Agreement and the Effect Their Nondisclosure has on Civil Trials' (2020) 47 FLA. St. U.L. REV.

投资方在缔约能力存在明显差异时,过度控制条款时常被写入诉讼投资协议。当投资方的控制可对标的案件的程序正义甚至是实体正义产生负面影响时,投资关系披露对于法庭和对方当事人而言是维护标的案件公正审理的前提条件。故披露投资信息可谓解决诉讼投资相关问题的重要手段。[1] 事实上,即便不考虑诉讼投资协议中是否存在过度控制条款等可能影响当事人诉讼权利的内容,协议也应当予以披露,其机理在于:一旦存在投资方对一方当事人进行支持,或多或少就会对诉讼本身产生影响,而这种影响因素,理应被包括法官在内的全部诉讼参与者所知悉,以确保透明公正的审判环境。若投资信息在标的案件中不予披露,可能会造成诸多不利于诉讼秩序的后果。

其一,妨碍回避制度的运行。当投资方及其法律专业团队与标的案件的审判组织之间存在可能影响案件公正审理的关系时,若诉讼投资信息不披露,该关联关系隐于幕后,则标的案件的对方当事人申请回避或法院主动回避无从谈起,而应当回避却未回避严重违反民事诉讼秩序,甚至可能导致标的案件审理出现不公。

其二,打破两造对抗的平衡。投资方的加入,势必会一定程度增强被投资方的诉讼实力。例如,被投资方在无诉讼投资时可能因资金紧缺而选择不聘请律师代理诉讼,但当律师费由投资方承担时,被投资方极大可能会聘请律师,律师可以从提高专业度的角度来增加胜诉概率。更有甚者,投资方因私人目的进行投资,用尽应诉手段,导致对方当事人需承受无法合理预测和难以应对的诉讼风险,甚至导致法庭对案件事实的认定以及法律适用出现偏差。[2] 此种情况下,若投资信息保密,则无疑剥夺了标的案件对方当事人调整诉讼策略或权利处分的机会。例如,诉讼投资协议的订立可能表明被投资方胜诉概率较高,标的案件对方当事人知晓诉讼投资的存在,会更为客观谨慎评估诉讼走向,从而选择不同的应诉方法,甚至主动选择调解、和解。

其三,剥夺公权力维护诉讼秩序的机会。如前文分析,诉讼投资协议

---

[1] Louis Brandeis, *What Publicity Can Do*, Harper's Wkly., 1913, p.10.

[2] Anthony Sebok, 'The Inauthentic Claim' (2011) 64 Vand. L. Rev.

的约定可能违背标的案件的程序正义和实体正义。若法院知晓诉讼投资的存在,可以对诉讼投资协议进行必要的审查,减少或遏制诸如过度控制、高度关联、投资方同时投资双方当事人等约定可能对标的案件公正审理的不利影响。[①]

披露诉讼投资信息是诉讼投资发展较为先进的英美法系国家对诉讼投资进行规范的基本内容。立法方面,美国威斯康星州和西弗吉尼亚州分别在 2018 年和 2019 年立法规定关于诉讼投资协议的披露要求。[②] 司法方面,美国部分法院在标的案件审理中,要求当事人将诉讼投资的相关信息向法院披露。[③] 在加拿大,集体诉讼中的诉讼投资协议需要主动向法院披露,经由法院批准同意,才可实际履行。[④]

由于诉讼投资在我国尚属新生事物,当下并无强制披露诉讼投资信息的规范。作为司法机关,法院固然没有对此类交易的行政规制权,但面对合同具体条款,其具有通过效力评价来表达价值取向的权限。事实上,越是缺乏规制的空白地带,诉讼投资协议越是可能包含诸如过度控制、高度关联等明显有悖于诉讼秩序的内容,从而影响标的案件的公正审理。向法院进行投资信息披露,是充分发挥司法监督作用,保障诉讼秩序的应有之义。然而,样本案件中,投资信息不仅未实际上向标的案件审理法院进行披露,反而在诉讼投资协议中明确约定缔约各方应当对诉讼投资信息进行保密,该约定明显损害诉讼秩序,当属无效。

(四) 合同无效的认定及后果

1. 核心条款无效导致合同整体无效

前文已述及,样本案件中的高度关联、过度控制、禁止披露等条款均

---

① Advisory Committee on Civil Rules, *Memorandum from Patrick A. Tighe, Rules Law Clerk, Regarding Survey of Federal and State Disclosure Rules Regarding Litigation Funding* (February 7, 2018), p.215.

② WIS. STAT. s.804.01(2)(bg)(2018); W. VA. CODE s.46A-6N-1-6N-9(2019).

③ WFIC, LLC v LaBarre, 148 A. 3d 812, 819 (Pa. Super. Ct. 2016); Acceleration Bay LLC v Activision Blizzard, Inc., No.16-453-RGA, 2018 WL 798731 (D. Del. Feb.9, 2018).

④ Fehr v Sun Life Assurance Co. of Canada (2012), 25 C.P.C. (7th) 68, [2012] O.J. No. 2029 (Ont. S.C.J.).

有违诉讼秩序，进而根据公序良俗原则，应属无效。进一步需要讨论的是，前述条款的无效是否将导致协议整体归于无效，即《民法典》第156条的适用性问题。对此，宜从一体性与可分性来进行判断，需考虑经济上的紧密关联与相同当事人关联，从而判定协议是部分无效还是全部无效。① 综观前述无效条款，均是案涉诉讼投资协议的核心条款，且均是诉讼投资法律属性的集中体现。这些无效条款的内容是处分和安排被投资方在标的案件中的核心诉讼权利，或将直接影响标的案件的裁判结果，从而间接决定投资收益，故无效条款与诉讼投资的金融属性亦存在关联。此外，三种条款彼此之间亦存在关联，共同对被投资方利益与诉讼秩序产生反向作用力。高度关联条款使得投资方与被投资方的利益冲突加剧；正是以此为前提，过度控制条款应运而生，将担忧变为现实；而禁止信息披露条款则进一步雪上加霜，剥夺了被投资方、对方当事人乃至法院的介入权。三者彼此呼应，共同完成了对诉讼秩序的损害，存在一体性，且与整个协议密不可分。因此，前述条款无效将导致诉讼投资协议的整体无效。

2. 合同无效的法律后果

样本案件中，判定诉讼投资协议无效，是否会使违约方即不按约履行支付投资收益的被投资方反而受益，并非不可追问。违约成立的前提是合同成立且生效，当合同内容违法或损害公共利益时，法院作出合同无效的判定，使得合同不按照缔约各方的预期发生法律效果，并无包庇纵容违约行为之意。只有极其不诚信守约的当事人判断合同无效对其更为有利，在复杂的规则丛林中选择趁手的规定主张合同无效时，法院才需严格而审慎地进行权衡。② 由此将进一步产生财产返还、折价赔偿以及损害赔偿等合同无效的法律后果，合同各方可循相关规定，根据各自的过错承担责任，故合同无效并不意味着不诚信一方可以最终获益。因样本案件的纠纷发生于投资方与被投资方之间，不涉及律所，所以被投资方需要返还投资方已经垫付的诉讼费和律师费。至于事实履约所带来的利益返

---

① 参见陆家豪：《论法律行为的部分无效与全部无效》，载《东方法学》2022年第1期。
② 参见刘贵祥、吴光荣：《关于合同效力的几个问题》，载《中国应用法学》2021年第6期。

还、损失赔偿等相关问题，相关方仍可再作主张。经查，样本案件中的律师事务所已经就标的案件中律师费的返还另案起诉。

五、公序良俗视野下诉讼投资规制体系建设的展望

诉讼投资应市场需求而产生并发展。诉讼投资具备"金融＋法律"的双重属性，其运行必然涉及金融和诉讼这两类公共领域。我国虽然当前并无专门规范进行规制，但并不意味着诉讼投资可以任意运行。当意思自治触及第三人或社会公共利益时，司法应当根据具体合同的目的和内容进行审慎的个案判定，以维护金融市场的交易安全和诉讼制度的公平正义。

需特别说明的是，样本案件最终判定诉讼投资协议无效，是基于具体协议内容的个案认定，而非对诉讼投资这种交易模式和行业的终局性的全盘否认，这恰为诉讼投资的健康有序发展提供了颇有启发意义的指引。样本案件中的诉讼投资协议因违反公序良俗而无效，举一反三，自应将诉讼投资模式置入公序良俗的视野下进行规训。为了使诉讼投资更为有序地发展，可从以下四个方面进行规制体系建设：第一，司法进行审慎的个案判定。除样本案件中诉讼投资协议效力纠纷之外，还可能涉及标的案件中诉讼投资信息披露引起的司法审查和监督问题，以及就诉讼投资协议提起的损害赔偿纠纷问题等。第二，及时建立行业内部规范。诉讼投资方的相关行业组织可以在有条件的前提下，建立起保障投资方资金充足、诉讼控制禁止、停止资助限制、收益比例限额、被投资方机密信息保密等方面的行业规范体系。律师行业可以专门针对涉诉讼投资的案件代理，对律师提出保持独立性和专业性的要求。第三，行政部门建立监管机制。考虑到诉讼投资的金融属性与法律属性，针对从事诉讼投资的市场主体，应有相关行政部门设立市场准入标准或设立相关登记备案制度，并开展常态化的必要管理。第四，通过立法确立基本规则。可通过行政法规或规章对诉讼投资进行规范，以促进其健康发展。首先，应禁止投资方对标的案件的过度控制，明确过度控制造成损失的损失承担机制。其次，针对投资信息的披露，建立关于披露主体、披露时间、主动披露、法院要求披露、披露程度等内容的规范。

第六章

商事案件中的权衡

第一节　权衡何以运用

一、何谓权衡

通过司法三段论的方式,确认大小前提并进行涵摄是司法裁判作出的最常见方式,应不存在争议,但仅凭此方法显然不足以应对全部案件,这也是实践中被反复证明的事实。诚如学者所言:"将法官视为适用法律的机械,只对立法者所制定的法律作三段论的逻辑操作,遇有疑义时强调应探求立法者的意思,并以立法者的意思为准,否定法官的司法活动有造法功能。概念法学使民法思想陷于僵化保守,丧失了创造性,无法适应新的世纪的社会经济生活对法律的要求。"①

法律有时候会出现"空隙"或"漏洞",亦即出现了不受法律所调整的问题,立法者在立法当时并没有考虑到将来会有这种情况发生,这是法律所无法完全避免或消除的。② 可以说,它们既是法律的缺陷,同时又是法律的一种优点。作为缺陷,它们给法律的理解和适用增加了困难;作为优点,它们给法律带来了弹性的发展空间。③ 也正是基于此,与传统的以涵

---

① 梁上上:《利益的层次结构与利益衡量的展开》,载《法学研究》2002 年第 1 期。

② 参见孙海波:《越法裁判的可能、形式与根据》,载《东方法学》2019 年第 5 期。

③ 参见[美]布赖恩·比克斯:《法律、语言与法律的确定性》,邱昭继译,法律出版社 2007 年版,第 8 页。

摄为基本方法的法律适用方法截然不同的路径获得被运用的空间,即价值判断与利益衡量。价值判断侧重于以法律乃至社会经济制度的价值取向来为裁判的结果提供指向,而利益衡量则以利益作为判断的指向。利益不仅包括当事人利益,更应包括群体利益、制度利益乃至社会利益,故价值判断与利益衡量在本质上并不矛盾,也可理解为两者存在交叉、重合或部分的包含关系,在很多文献中存在互用的现象。正如学者的精辟总结:"利益衡量乃在发现立法者对各种问题或利害冲突,表现在法律秩序内,由法律秩序可观察而得之立法者的价值判断。发现之本身,亦系一种价值判断。"①基于本书的实践性取向,本章中,笔者以"权衡"的相对宽泛概念予以统合。有学者指出,"进行法的解释时,不可能不进行利益衡量。强调民法解释取决于利益衡量的思考方法,即关于某问题如果有 A、B 两种解释的情形,解释者究竟选择哪一种解释,只能依据利益衡量决定,并在作出选择时对既存法规及所谓法律构成不应考虑"。② 利益衡量论的首倡者加藤一郎教授指出,根据具体情形判断究竟应注重甲的利益还是应注重乙的利益,在进行各种各样细致的利益衡量以后,作为综合判断可能的获胜者。③ 换言之,以利益衡量为主要方法的权衡,实际上是先有结论,后找法律条文根据,以便使结论正当化或合理化,追求的是让法律条文为结论服务而不是从法律条文中引出结论。法院的最后判决依据的不是法律条文,而是利益衡量初步结论加找到的经过解释的法律条文。④

二、围绕权衡的争议及其本质

作为权衡的具体运用,理论界关于价值判断和利益衡量可能带来的恣意的检讨与批判之声从未停歇过。首先是关于权衡标准模糊的指责,有观点认为目前缺乏统一、明确、精准的标准,容易使法律论证陷入"明希

---

① 杨仁寿:《法学方法论》,中国政法大学出版社 1999 年版,第 175—176 页。
② 梁慧星:《民法解释学》,中国政法大学出版社 1995 年版,第 316 页。
③ 〔日〕加藤一郎:《民法的解释与利益衡量》梁慧星译,载梁慧星主编:《民商法论丛(第 2 卷)》,法律出版社 1995 年版,第 64 页。
④ 梁上上:《利益的层次结构与利益衡量的展开》,载《法学研究》2002 年第 1 期。

豪森的三重困境",即无穷地递归(无限倒退),循环论证,武断地终止论证。[1] 其次是关于论证框架缺失的指责,认为通过利益衡量的方式解决权利冲突,着眼于权利背后的利益的提取与比较,脱离了既有法秩序所形成的价值体系的约束,是一种超越了法律的方法,不免陷入"法权感的高级形态"与"方法上盲目飞行"之窠臼。[2] 总体而言,围绕权衡的争议主要是基于其具有的主观性、任意性和不确定性所带来的对法的安定性产生不利影响的忧虑。事实上,这些担忧和批判与权衡的自身功用及特点高度关联。

权衡最本质的底层逻辑就是"两害相权取其轻,两利相权取其重"。与机械地适用法律不同,权衡的特点在于灵活、以结果为导向、以主观判断为重要参照标准。因此,在商事案件中,权衡的功能即在于矫正机械司法所带来的过度刚性,防范利益显著失衡和价值偏差,从而避免明显不公正裁判结果的出现。进而可以看到,关于权衡的争议来源就是法的价值冲突。概念法学派主张应当以严格的涵摄范式运用法律并作出裁判,其法理来源就是法的安定性,如温德沙伊德所言,裁判者应"在法的严格轨道上徜徉"以保障正义。[3] 然而,利益法学派和评价法学派主张以权衡的方式进行裁判,其法理来源是法的公正。此时,法律适用不再是单纯地"运用概念计算",而是一种游走于不同利益之间的评价活动[4],最终是为了实现利益的平衡,避免显著的利益失衡导致的明显不公正。

应当意识到并尊重的一个基本前提是,尽管法的安定性是重要的法价值之一,但没有理由仅仅为了法的安定性而彻底牺牲其公正性——特别是当机械适用法律将带来显著的失衡,进而造成结果的不正义之时。依循这个逻辑,就可以得出结论:价值判断也好,利益衡量也罢,权衡作为

---

[1] 参见[德]罗伯特·阿列克西:《法律论证理论》,舒国滢译,中国法制出版社 2002 年版,第 1—2 页。

[2] 参见陈林林:《方法上之盲目飞行——利益法学方法之评析》,载《浙江社会科学》2004 年第 5期。

[3] 参见[德]米夏埃尔·马廷内克:《伯恩哈德·温德沙伊德——一位伟大的德国法学家的生平与作品》,田士永译,载郑永流主编:《法哲学与法社会学论丛(六)》,中国政法大学出版社2003 年,第 471—472 页。

[4] 参见[德]菲利普·黑克:《利益法学》,傅广宇译,载《比较法研究》2006 年第 6 期。

一种方法,是具备实践中的运用空间的,甚至在一些场合下是极为必要的。

当然,有时即便存在清晰的法律规定,裁判者通过价值判断,直接导入法律原则,从而得出与适用法律规定不同的结论,也并非全无可能。例如,2015 年最高人民法院发布的指导案例 67 号指出,有限责任公司的股权分期支付转让款中发生股权受让人延迟或者拒付等违约情形,股权转让人要求解除双方签订的股权转让合同的,不适用《合同法》第 167 条的规定。"从维护交易安全的角度,一项有限责任公司的股权交易,关涉诸多方面……社会成本和影响已经倾注其中……动辄撤销合同可能对公司经营管理的稳定产生不利影响。"这里就基于维护交易安全的价值判断,引入法律原则的考量因素,导致司法态度转向,该案的影响力演变为对一般股权转让合同是否予以解除应当考量的重要司法政策。[①] 但总体而言,权衡应当受到限制,应当以法律的空间为前提,仍是基本共识。事实上,即使是最忠实的利益法学派,也不否认司法三段论和涵摄理论的优先性。即便是法官所从事的法律续造,也必须符合整体的法秩序,而不得任意为之。[②] 因此,与其在权衡到底是否在司法裁判中具备运用价值与可能的问题上争执不休,不如更关注权衡这一方法运用的具体方式与边界。

三、权衡的展开方式

(一) 权衡的前提

在实践中,开展权衡是有前提的,即现行规范存在不尽如人意之处,"难以进行令人信服的涵摄",从而使裁判者获得了"一个针对衡量的授权"——这可以是来自规范的明文授权(如刑法中的量刑范围、违约金酌定),也可以是间接来自一般条款和不确定性法概念的适用。[③] 有时,权

---

① 参见钱玉林:《解除股权转让合同的司法克制与问题讨论》,载《法学杂志》2020 年第 6 期。
② 参见吴从周:《概念法学、利益法学与价值法学——探索一部民法方法论的演变史》,中国法制出版社 2011 年版,第 399 页。
③ 参见[德]托马斯·M. J. 默勒斯:《法学方法论》(第 4 版),杜志浩译,北京大学出版社 2022 年版,第 529—530 页。

利的构成要件欠缺清晰的界限,一些法律概念因缺乏明显的要素而富有弹性,权利与原则具有开放性和流动性,容易导致冲突的发生,"为重建法律的和平状态,或者一种权利必须向另一种权利(或有关的利益)让步,或者两者在某一程度上各自让步",裁判者据此可进行法益或权利上的衡量。[①] 换言之,如果现有法律规范已经足够清晰、无争议,则权衡的应用空间相对狭窄。而在法律解释(特别是在语言学解释层面无法得出准确结论而采用实质性解释方法时)、法律续造、法律原则运用、法律冲突(包括法价值冲突、法原则冲突、法规范冲突)解决等环节,权衡的应用空间大幅增加。

(二) 权衡的结论得出

权衡的过程是一个判断和取舍的过程。在诸多利益之间进行衡量时,应当先对诸利益的分量和优先程度进行估算;当价值之间出现冲突时,应当对价值进行判断,最终确定在待决案件中选择的价值取向。一旦对利益或价值作出取舍,几乎意味着裁判结论的确定,而之后的论证和进路选择都是为结果服务,亦即一种结果导向的法律运用方法。那么,在此过程中,查明基本事实并形成内心确信就显得尤为关键。这需要裁判者抽丝剥茧,全面厘清各方利益或价值冲突的全貌,而不能仅仅是一种浅层次的管窥。

利益可区分为不同的层次,即当事人的个人利益、群体利益、制度利益、公共利益。[②] 除了依次递增的保护顺位外,各层次内部也可能需要衡量利益。例如,公司人格否认规则的适用与否,就需要衡量公司有限责任制度与债权人保护制度的利益平衡;解读公司对外担保合同效力时,要判断债权人与公司股东利益孰重孰轻的问题。而价值取向判断亦应区分先后,如财产保护可能需要让位于人的生存权、缔约自由要受到公共安全的制约、社会主义核心价值观要优先于一般的风俗观念等。不仅如此,法律经济学分析也可能为权衡的判断作出重要贡献,即研究法律规则在结果

---

① 参见[德]卡尔·拉伦茨:《法学方法论》,陈爱娥译,商务印书馆 2003 年版,第 279 页。
② 参见梁上上:《利益的层次结构与利益衡量的展开》,载《法学研究》2002 年第 1 期。

预估与目标实现两个意义上的影响。[1] 如果要使某一个体的处境更优则必须同时损害另一个体，某一个规则可谓实现了"帕累托最优"，从而应当被优先考虑。[2] 若交易成本不过高于产权分配的效率利益，那就应当将产权分配给能够以最有效率的方式使用它的人。[3]

(三) 权衡结论的实现

在得出结论后就进入结论的实现阶段，由于权衡场景的多样性，其实现路径亦呈现出多样性和动态性的特点，即实现结论的方式是多种多样而非一成不变的。

首先应明确的是，不能不作论证地直接以权衡的过程作为全部理由，进而简单完成裁判结论的论证工作。尽管权衡的前提是涵摄不能，但并不意味着可以脱离一般的法律适用范式而恣意阐述结论，否则将彻底架空裁判结论的正当性。在此前提下，权衡结论实现进路大抵可分为以下几种类型：一是在法律规定语义不明或存在多种解释方法的情况下，通过带有导向的解释，对大前提或小前提进行修饰、调整或解读，从而回归到涵摄的路径中，达到结果的正义；二是在出现法律漏洞的情形下，用更贴近正义结果实现的漏洞填补方法，类推或援引原则完成续造，进而得出结论；三是在规则冲突的情形下，论证何种利益更应当受到保护，进而在对规则进行取舍后，运用于待决案件中；四是通过合理分配证明责任、动态把握证明标准的方式，使得裁判结论符合利益平衡或应然的价值取向。由于权衡方式、权衡对象、权衡层次的多样性，上述权衡结论的实现路径类型也未必涵盖全部可能，有时也需要各种方法互相结合使用，从而动态实现最终结果的正确。

(四) 权衡的限制

正如批判者所担忧的，裁判中过度运用权衡的方式必然带来法的安

---

[1] See Posner, *Economic Analysis of Law*, 9th ed. 2014, § 2.2, S. 31 ff.

[2] See Pareto, *Manual of Political Economy*, 1987.

[3] See Coase, 3 J. L. & Econ. 1, 19ff. (1960); Calabresi, 11 J. L. & Econ. 67, 68 (1968).

定性的缺失,故权衡的运用应当受到限制。一方面,权衡是有前提的,即必须在法律上拥有空间,前文已经提及。另一方面,权衡的运用往往意味着沉重的论证负担。裁判者不能简单罗列利益、堆砌碎片化的观点或事实,然后径直得出裁判结论。正如学者指出的,裁判者的宿命在于,要始终面临司法机械主义和司法后果主义之间如何求得妥当的利益衡量之拷问——既要对法律条文作灵活且具有适应性的(基于商业伦理、社会正义与政策/政治正确而生的)解释,又要承担深奥的论证说理义务,并选择妥当的优势利益选择机制,最终落脚到同案同判、类案类判的结果测量。[①] 裁判者必须充分阐释:个案中哪里存在利益或价值冲突? 这些利益或者价值的重要性体现在哪里? 基于怎样的考虑而作出本案中的取舍? 唯有如此,权衡的结论方具有说服力,同时还能避免规则效应的过度外溢,避免规则的冲突,避免同案不同判的出现。

第二节　国有资产场内交易的程序瑕疵及司法评价

——基于反垄断视角的价值判断

司法实践中,针对某种特定的事实要素或情形,经常会遇到颇具分歧的裁判观点。通常情况下,争执双方均能找到自身的理据与逻辑,此时就需要给裁判者更多的参照,有时更加宏观的价值判断就可能具有决定性的效果。笔者在本节中以国有资产场内交易的程序瑕疵所引发的司法评价难题为例,探讨不同视角下的价值判断是如何影响司法裁判的。

一、国有资产场内交易程序瑕疵引发的疑问

在世界各经济体制度竞争、经济竞争乃至政治角力愈发激烈的当下,构建良好的法治化、国际化营商环境是我国的重要战略。其中,国有企业

---

① 李建伟:《从异议股东回购请求权案裁判看商事法律的解释与利益衡量》,载《人民司法》2023年第 22 期。

扮演着殊为重要的角色。国有经济参与关系是经济法的调整对象之一，国有经济参与法是经济法体系不可或缺的重要组成部分。[①]

同样，国有企业是我国市场经济重要而独特的组成部分。作为经营性国有资产的主要载体，国有企业担负着经营、管理国有资产并使其保值、增值的重任。因此，对于国有资产的交易，我国设置了进场交易的程序性要求，其目的在于国有资产保值增值、防止国有资产流失。[②] 但是，这样背景下的"场"在实践中到底是否有助于市场资源的科学配置，是促进了还是阻滞了资本要素等市场要素的顺利流动，并非不可追问的问题。诚如诺思所提到的，产权得到更好界定，可在提升创新收益率的同时，使得创新成本得到根本性下降，从而联结了科学与技术，使新知识供给曲线富有弹性；也只有有效率的产权制度才会直接激励人们拥有企业家精神，进行创新。[③] 更有学者总结："包括富有绩效的各类产权制度及国家创新体系是国家必须进行的制度设计。"[④]

然而，从实际运行情况来看，当下的国有资产交易存在诸多负面现象，并未形成有效且充分的市场竞争。特别是作为交易场所的国有资产交易机构，在法律法规规定国有资产交易应当进场的同时，会为交易设置一系列程序性规则。这固然在一定程度上有规范交易、防止国有资产流失的作用，但同时也存在限制交易的倾向，部分规范甚至有僭越之嫌，进而有学者质疑国有资产交易机构的相关限定可能构成行政垄断。[⑤] 与此同时，正是基于交易机构的诸多限制性规则与资本要素交易市场的自由流动属性之间的抵牾，国有资产场内交易的程序瑕疵频现，而对于这种程序瑕疵带来的后果与相关合同效力的认定，相关司法裁判亦存在分歧。在此背景下，有必要进一步审视当下国有资产场内交易的规则体系、程序设置。在此基础上，对交易程序瑕疵以及相应司法裁判进行梳理，并据之

---

① 参见顾功耘：《经济法教程》，上海人民出版社 2013 年版，第 20—21 页。

② 参见郭建新：《国有产权转让操作指南》，经济科学出版社 2005 年版，扉页。

③ 参见［美］道格拉斯·C. 诺思：《经济史的结构和变迁》，陈郁、盛洪译，上海三联书店 1993 年版，第 179—191 页。

④ 肖国兴：《中国能源革命的法律逻辑》，载《政法论丛》2022 年第 5 期。

⑤ 参见霍玉芬：《民营企业平等参与国有资产权交易的正当性证成》，载《中国政法大学学报》2019 年第 4 期。

确定司法机关评价的价值取向与校正进路。

　　笔者对国有资产场内交易的关注肇始于参审的一起案件①，大致案情如下：甲公司、乙公司系丙公司的股东。2012 年 2 月，丙公司通过股东会决议，内容包括同意乙公司转让其所持丙公司的股权，甲公司不放弃优先购买权等事项，随后丙公司将股权公开转让材料报送产权交易机构。6 月 1 日，产权交易机构公告了股权转让的信息。7 月 2 日，甲公司向产权交易机构发函称系争股权权属存在争议，甲公司享有优先购买权，请求产权交易机构暂停挂牌交易，重新披露信息。然而，产权交易机构认为甲公司未申请参与竞拍，根据交易所制定的交易规则，属于放弃了优先购买权，故对甲公司的致函未予理会。7 月 3 日，乙公司与第三人签订产权交易合同，第三人于次日取得乙公司持有的丙公司股权。甲公司认为，乙公司侵害了其股东优先购买权，请求判令甲公司对乙公司与第三人转让的丙公司股权享有优先购买权，并以同等条件行使该优先购买权。

　　该案中，合议庭对甲公司未参与竞价的情况下，是否可以主张优先购买权，不无分歧。最终多数意见认为，具有优先购买权的股东提出异议后，在未被产权交易机构及时答复异议前，不知交易是否如期进行而不到场，不能视为其放弃优先购买权。产权交易机构并非司法机关，无权对甲公司是否享有优先购买权等作出法律意义上的认定，不应擅自判断标的公司其余股东提出的异议成立与否。遂判决确认甲公司对乙公司与第三人转让的丙公司的股权享有优先购买权。

　　该案中，产权交易机构设置了一系列的交易规则，其中有一条规则规定：主张优先购买权的股东应当参与竞价，如不按时参与竞价，则视为放弃优先购买权。该条款固然保障了遵循其规则的第三人与甲公司的利益，也有利于交易效率的提高，但这样的规定可能造成股东优先购买权的实质性落空，似乎与《公司法》相关规定存在冲突。《公司法》第 71 条第 3款规定，经股东同意转让的股权，在同等条件下，其他股东有优先购买权。

---

① 参见上海市第二中级人民法院（2014）沪二中民四（商）终字第 1566 号民事判决书，载《最高人民法院公报》2016 年第 5 期。

笔者认为,尽管理论界仍有争议,但优先购买权应为形成权。[①] 优先购买权的立法目的在于保障股东间的互相信赖及其他股东的正当利益[②],维护其他股东的人合性利益[③]。如果在第三人与出让股东商定价格之后,其他股东行使优先购买权还需要以竞价的方式进行,则将不存在所谓"同等条件"的概念,而且也在事实上架空了其他股东购买权的优先性,阻碍了优先购买权关于维护公司人合性的立法目的之实现。并非立法机构的产权交易机构能否作出这样的规则,让人颇为疑惑。事实上,无论是理论界还是实务界,对于产权交易机构的定位、作用,不乏质疑之声。从 1991年的《国有资产评估管理办法》到 2016 年的《企业国有资产交易监督管理办法》,25 年间,我国陆续颁布实施了诸多企业国有资产交易方面的法律法规和规章,确定了评估、审批和进场交易这三大企业国有资产交易原则,并配套了具体的操作程序,各产权交易机构在此基础上,又分别制定了各自的交易规程,"行使优先购买权的股东必须入场竞价"的规则便是其中之一。这不禁让人疑问:这种规则(包括产权交易机构自行制定的交易规则与作为其授权来源的行政规章)的性质如何界定? 是否可以理解为效力性强制性规定? 进一步衍生的问题是:如何判断违背该种规则的交易瑕疵行为效力? 这些问题的实质还是回归到一点,即应当以何种理念和姿态来评价产权交易机构设置的这些规则及其上位的行政规章,进而评价违反这些规则的交易瑕疵。

二、国有资产产权交易规则体系的梳理

评价违背了某种规则的法律行为的效力,就绕不开作为逻辑起点的规则本身。从实证法的角度看,以《民法典》及相关司法解释为基础,我国

---

① 尽管理论上对优先购买权的性质有诸如"请求权说""形成权说""期待权说"等多种学说,确有争议,但从司法实践的运用角度来看,"形成权说"的观点更加贴合实际,相关论述参见赵旭东:《股东优先购买权的性质与效力》,载《当代法学》2013 年第 5 期;赵磊:《股东优先购买权的性质与效力——兼评〈公司法司法解释四〉第 20 条》,载《法学家》2021 年第 1 期。
② 参见安建主编:《中华人民共和国公司法释义》,法律出版社 2013 年版,第 120 页。
③ 参见贺小荣、曾宏伟:《关于适用〈中华人民共和国公司法〉若干问题的规定(四)的理解与适用》,载《人民司法(应用)》2017 年第 28 期。

民法已经形成高度科学的合同效力制度,从而构建了较为复杂的合同效力体系。[①]司法机关在评判一项与现有规范相抵触的民事行为的效力时,应当秉持全方位、多角度的判断思路。首先是从规则本身出发的三段论逻辑推理与涵摄的过程,以确认行为与规范是否确实存在冲突。在此基础上是对规则本身的判断,确认规则是否为强制性规范,并分析该强制性规范是否为效力性强制性规范。因此,有必要对现行关于国有资产产权交易的规则体系进行必要梳理。

目前,国有资产进场交易的法规主要分为两部分:一是由国资委、财政部等部门特别针对国有资产交易而制定的法规;二是调整普通民商事交易的一般法规。

(一) 国有资产交易监管规定

针对国有资产的监管规定,主要围绕《企业国有资产法》展开,以《企业国有资产监督管理暂行条例》等行政法规、部门规章为主体,形成了丰富而细致的规定。根据效力层级,大抵罗列如下:(1)法律——《企业国有资产法》;(2)行政法规——《企业国有资产监督管理暂行条例》《国有资产评估管理办法》;(3)部门规章——《国有资产评估管理办法施行细则》《企业国有产权转让管理暂行办法》《国有股东转让所持上市公司股份管理暂行办法》《金融企业国有资产转让管理办法》《企业国有资产交易监督管理办法》《关于企业国有资产交易流转有关事项的通知》《上市公司国有股权监督管理办法》等。

上述规范性文件确立了三个基本原则:一是转让方应当对拟转让的标的或拟增资企业进行评估,转让或增资价格应当以经核准或备案的资产评估结果为基础确定;二是企业国有产权的转让或增资应当经过相关人民政府、国有资产监督管理机构或所出资企业的批准;三是企业国有资产交易原则上应当在依法设立的产权交易机构中公开进行。其中,《企业国有资产交易监督管理办法》(以下简称 32 号令)与《上市公司国有股权监督管理办法》共同对境内国有产权转让、国有企业增资等较具有普遍性

---

① 刘贵祥、吴光荣:《关于合同效力的几个问题》,载《中国应用法学》2021 年第 6 期。

的国有资产交易行为作出了较为体系化的规定,是目前实务中的主要参考依据。2022 年,国务院国资委发布了《关于企业国有资产交易流转有关事项的通知》(以下简称 39 号文),针对 32 号令进行了调整优化和补充完善。遗憾的是,国有资产交易最为全面、常用的规定却只是部门规章,较低的法规层级直接导致了司法实践中的众多争议,核心问题都是违反部门规章对合同效力的影响,本节还将展开具体阐述。

(二) 一般民商事规范

涉及国有资产交易的一般民商事规范主要为《民法典》《公司法》及相关司法解释。《民法典》《公司法》提供了常规民商事交易中的各项基本规则和制度,在国有资产交易监管规定未能涵盖之处,可以提供一般性的规则指导。值得注意的是,《民法典》《公司法》中的刚性法规,主要为可能影响合同效力及合同履行的效力性强制性规定。整体来看,对于实务操作而言,一般民商事规范主要提供的是一般框架和少量反面禁止性规定,监管规定则主要提供的是正面操作指引。

(三) 国有资产进场交易的基本流程

32 号令确立了国有资产进场交易的基本框架,各产权交易机构则根据其实践需要制定了更为细化的交流规则,以明确交易的基本流程。尽管笔者关注的是违反上述程序而导致的后果,并不涉及对具体交易流程和细节的讨论,但仍有必要对基本流程作大致介绍。

(1) 对应当进场交易主体的界定。参见下表:

层级	企业类型
第一层级	政府部门、机构、事业单位出资设立的国有独资企业(公司),以及上述单位、企业直接或间接合计持股为 100% 的国有全资企业
第二层级	由第一层级规定的单位、企业单独或共同出资,合计拥有产(股)权比例超过 50%,且其中之一为最大股东的企业
第三层级	第一层级及第二层级所列企业对外出资,拥有股权比例超过 50% 的各级子企业

（续表）

层级	企业类型
实际控制标准	政府部门、机构、事业单位、单一国有及国有控股企业直接或间接持股比例未超过50%，但为第一大股东，并且通过股东协议、公司章程、董事会决议或者其他协议安排，能够对其实际支配的企业

（2）对交易行为的界定。包括企业产权转让、企业增资、企业重大资产转让。（3）内部书面决议。由转让或增资企业按照企业章程和内部管理制度进行决策，形成书面决议。（4）批准。国资监管机构负责增资、转让的审批。其中，因增资或产权转让致使国家不再拥有所出资企业控股权的，必须由国资监管机构报本级人民政府批准。（5）审计。由转让或增资方委托会计师事务所对标的企业进行审计。（6）评估。转让、增资方应当委托具有相应资质的评估机构对转让或增资标的进行资产评估，产权转让、企业增资的价格应以经核准或备案的评估结果为基础确定。（7）进场。产权转让、企业增资原则上通过产权市场公开进行。（8）信息披露。信息披露包括预披露和正式披露两个环节，应当披露的信息包括转让、增资标的基本情况，股东结构，财务数据，交易条件和转让底价等。（9）意向受让方的审核与登记。（10）竞价、签订合同。

（四）场内交易规则的性质与体系

至此可见，国有资产场内交易的程序规则以"法律—行政法规—规章—产权交易机构自定交易规则"为不同层次构建了规则体系，四个层次的效力位阶依次递减；相应地，违反相关规则的程序瑕疵交易效力探讨难度则依次提升。其中，产权交易机构制定的交易规则之性质与效力颇值探讨。

产权交易机构作为一种中介组织，是买卖双方实现交易的平台机构，是产权交易各方的桥梁与纽带，其"交易"属性就决定了其需要将各个产权交易主体组织起来，通过构建一定的规则和规范来构建一个稳定、安全、公平的交易平台。[①] 依《企业国有资产法》第54条第2款，"依法设立

---

① 参见蒋言斌：《国有产权交易法律问题研究》，中南大学博士论文，2008年。

的产权交易场所"是国有资产转让的应然场地,其设立相关交易规则自是无可厚非。《公司法解释四》第 22 条第 2 款规定,在依法设立的产权交易场所转让国有股权的,适用《公司法》相关规定时,可参照产权交易场所的交易规则。不仅如此,交易双方在进场交易时,产权交易机构会将其所制定的相关交易规则明确告知双方,并要求其遵守。此时,不论是将这种告知后各方均明示或默示认可的交易规则理解为一种契约、交易习惯、自治规范,还是兼而有之,无可争议的是,这些规则已经对交易各方形成了一种"法的确信",这就意味着裁判者应当在个案中作为法源予以考量,而非无视。① 由此可见,产权交易机构制定的相关交易规则具备法源地位,不可仅仅因其层级位阶较低而予以忽视,应慎重对待。事实上,根据规则具体内容和制定目的之不同,产权交易机构制定的交易规则可分为具备上位法授权的交易规则和自行制定的交易细则。前者对程序瑕疵的评价影响较大,后者的影响则相对较轻,还需结合案情进行综合判断。因此,在对国有资产场内交易程序瑕疵的交易进行评价时,不仅涉及产权交易机构制定的交易规则,很多情况下更会涉及其上位的行政规章,从而应当在个案中予以综合一体考量。

三、司法裁判对交易程序瑕疵认定的现状考察

在梳理国有资产场内交易的规则体系时可以清晰见到,以规章与产权交易机构规则为主体的规则群构建了以三条线索为主体的程序要求,即进场、审批、评估。规则上的基本脉络必然以司法实践中的案件纷争为具象化体现。相应地,司法实践中涉及国有资产交易合同的讨论,同样主要集中于三个关键问题:一是应进场交易而未进场交易的合同效力;二是应审批而未审批的合同效力;三是应评估而未评估的合同效力。

(一) 未进场的国有资产交易合同

进场交易之所以能够成为国有资产交易中的一项核心制度,关键就

---

① 参见陈奕豪:《合同解释中的交易习惯运用规则研究——〈合同编通则解释(征求意见稿)〉第 2 条》,载《北方法学》2023 年第 4 期。

是因为其通过公开交易,避免国有资产被低价贱卖,从而造成国有资产流失。但不进场交易是否直接导致合同的无效,司法实践的认定思路存在一定区别。上海高院在巴菲特投资有限公司诉上海自来水投资建设有限公司股权转让纠纷的裁判文书中认为,《企业国有产权转让管理暂行办法》《上海市产权交易市场管理办法》虽然不是行政法规,但均系依据国务院的授权对《企业国有资产监督管理暂行条例》的实施所制定的细则办法,目的在于保证交易的公开、公平、公正,防止国有资产流失,避免国家利益、社会公共利益受损,故涉案股权转让协议因未按前述规定进场交易而归于无效。[①] 黑龙江高院在判例中亦持此观点,认为国有资产转让应当履行上报、评估、备案及公开挂牌交易等程序,上述规定属于强制性规定,而非任意性规定,案涉债权转让协议无效。[②] 值得说明的是,上海高院前述判决因登载于《最高人民法院公报》而具有一定权威性。但最高人民法院在此后却并未完全简单套用该案的全部观点,尤其是针对《企业国有产权转让管理暂行办法》这一部门规章的性质认定,与上海高院和黑龙江高院的判例之认定思路均存在不同。最高人民法院提出,上述行政和地方性法规,属于管理性规定(非效力性强制性规定),故没有认定涉案协议无效。[③]

　　除了管理性强制性规定与效力性强制性规定的分歧外,上海高院前述判决还提出了一个颇具影响力的观点,即规章的制定系基于上位法的授权,规范目的与上位法一致,故可以援引用来否定合同的效力。这一观点为解释规章能够成为否定合同效力的权源提供了一种思路,但因为"授权立法"本身存在一定的争议,最高人民法院在《九民纪要》中并未完全采纳,仅是在第 31 条将部分涉及金融安全、市场秩序、国家宏观政策等内容的规章纳入可影响合同效力的强制性规范。

(二) 未依法审批的国有资产交易合同

　　行政审批一直是公私法交界中较为敏感的话题,对于未经审批而进

---

① 参见上海市高级人民法院(2009)沪高民二(商)终字第 22 号民事判决书,载《最高人民法院公报》2010 年第 4 期。

② 参见黑龙江省高级人民法院(2015)黑高民申二字第 590 号民事裁定书。

③ 参见最高人民法院(2016)最高法民申 876 号民事裁定书、(2020)最高法民申 3269 号民事裁定书。

行的国有资产交易,往往都难逃低价交易、国有资产流失的指责。但公法
上的行政权在私法领域的表现形式并非一定是私法行为的生效条件,从
审批设立的目的而言,既可能是对意思自治的限制,也可能是出于公共利
益的管控或行政机关的内部管理。因此,对于裁判者而言,一方面需要准
确了解审批的目的和功能,另一方面则需要平衡参与交易者的利益。关
于未获审批而径行交易的合同是否因缺乏审批而无效,司法实践基本持
否定态度,即不当然以此直接认定合同无效,但在具体效力形态的认定上
仍各有侧重。最高人民法院在天津津海达矿业投资咨询有限公司诉天津
市福浩实业有限公司股权转让纠纷中指出,虽然涉诉股权转让必须经天
津市国资委批准,但因并无法律法规规定未经天津市国资委批准时涉诉
股权转让就无效,所以津海达公司主张涉诉股权转让因未报国有资产监
督管理机构批准而无效,亦缺乏法律依据,故合同有效。① 而在陈发树诉
云南红塔集团股份有限公司股权转让纠纷中,最高人民法院的裁判思维
更为精细化,在确认合同成立的前提下进一步指出,案涉股份转让协议依
法属于应当办理批准手续的合同,应由财政部进行审批,但因红塔有限公
司上级主管部门中烟总公司不同意本次股权转让,报批程序已经结束,股
份转让协议已确定无法得到有权机关批准,故应依法认定为不生效合
同。② 这一裁判思路在最高人民法院和部分高级人民法院的其他判例中
也得到了运用。③ 尽管有学者认为这一判决思路将行政审批视为生效要
件,可能与合同生效内涵有所冲突④,但事实上,成立要件是生效要件中
的最根本条件或正面清单,而其他要件只是"无效力阻却事由"或负面清
单⑤。随着《民法典》第 502 条第 1 款和第 2 款确立的"一般生效要件—特
别生效要件"合同生效要件区分体系的构建⑥,该案的裁判思路已经得到

---

① 参见最高人民法院(2017)最高法民终 734 号民事判决书。
② 参见最高人民法院(2013)民二终字第 42 号民事判决书。
③ 参见最高人民法院(2007)民二终字第 190 号民事判决书、(2016)最高法民申 474 号民事裁定
  书、江苏省人民法院(2016)苏 09 民初 15 号民事判决书。
④ 参见孟勤国:《司法裁判应维护成文法的核心价值——最高人民法院 2013 民二终字第 42 号
  判决书研读》,载《法商研究》2017 年第 2 期。
⑤ 陈醇:《法律行为的模型预设:意思表示与意思形成的区分与互补》,载《北方法学》2023 年第 4
  期。
⑥ 刘贵祥、吴光荣:《关于合同效力的几个问题》,载《中国应用法学》2021 年第 6 期。

理论与实证法意义上的印证。

前述两种裁判思路尽管都认为合同并非无效，但"有效"与"成立而不生效"之分，从结果意义来看，对合同的履行与最终走向的影响是不一样的。无论如何，司法观点并不倾向于直接认定合同无效，这体现了司法机关对否定合同效力的谨慎。合同的效力评价属于价值判断，体现着合同法承载的公共选择，是规范当事人与国家间关系以及在当事人之间分配利益与负担的核心机制。关于行政审批与合同效力的不同立场，折射出平衡私人自治与国家管制的不同技术路线，并深刻影响着国家关于良性社会秩序之整体构想以及当事人利益的实现。[1] 作为公权力对意思自治最强力的干涉，直接认定合同无效将完全推翻合同各方此前的所有付出，因此而导致的损失也只能以过错原则在各方之间进行分配，无论是交易层面还是社会效果层面都不是最好的选择。有学者提出，行政法上的比例原则在私法领域，包括在判断违反强制性规定的合同效力时，亦有适用余地。以"手段"与"目的"的二元均衡结构作为思考和分析工具，权衡相关强制性规定所保护的利益，在适当性满足且没有更佳替代方式的情况下，方得认定合同无效，这不失为一种更柔和的干预方式。[2]

（三）未依法评估的国有资产交易合同

评估程序和进场交易程序共同构成国有资产转让的价格发现机制，是确保交易标的价格公允、预防贱卖国有资产的一项重要制度。同时，评估的结果锚定了进场交易最低价，只有在进场交易的最低价格未能征集到意向受让方时，在经过国资监管部门的认可后，方能适当降低价格。如果将评估程序与审批、进场程序进行对比，评估作为由第三方完成的交易外事项，其"刚性"应比审批、进场程序更弱，但实践中仍不乏将其视为合同有效要件的判例。2008 年，最高人民法院在东风汽车贸易公司等与内蒙古环成汽车技术有限公司等侵权责任纠纷中提出，《国有资产评估管理办法》第 3 条关于资产评估的规定属于强行性规定，而非任意性规定，据

---

① 蔡立东：《行政审批与权利转让合同的效力》，载《中国法学》2013 年第 1 期。
② 参见郑晓剑：《比例原则在民法上的适用及展开》，载《中国法学》2016 年第 2 期。

此认定转让合同无效。①

此后,司法实践中的裁判思路随着认识的深化也稍有调整,最高人民法院不仅在四川省聚丰房地产开发有限责任公司与达州广播电视大学合作开发房地产合同纠纷案中认为,《国有资产评估管理办法》《招标拍卖挂牌出让国有建设用地使用权规定》《事业单位国有资产管理暂行办法》系行政规章,而《城市房地产管理法》《城镇国有土地使用权出让和转让暂行条例》等关于转让须经评估的规定,为法律、行政法规中的管理性强制性规定,均不能作为认定合同无效的依据②,更是在罗玉香与日本株式会社辽宁实业公司等案外人执行异议纠纷中直接定性,"从法律条文的文义和立法宗旨来看,都应认定关于国有资产转让须经评估的强制性规定是管理性的,而非效力性的"③。此后,类似的裁判观点在地方高院层面亦得到认同和应用。④

司法实践中另有观点进一步补充,不应当对未经评估的合同效力作非此即彼的评价,而应当结合案情,以是否损害国家利益为标准进行实质性判断。例如,黑龙江高院在中房鸡西房地产开发公司、鸡西市中浩建筑工程有限公司等返还原物纠纷一案中认为,虽然《国有资产评估管理办法》规定国有资产占有单位资产转让应当进行评估,但该法规并未直接规定未进行资产评估转让行为无效的法律后果,因此应当以未进行评估是否损害国家利益来作为转让行为是否有效的认定标准。⑤ 这一实质性判断标准在地方高院的裁判中亦被频频提及。⑥

---

① 参见最高人民法院(2008)民申字第 461 号民事裁定书,载《最高人民法院公报》2009 年第 2 期。
② 参见最高人民法院(2013)民一终字第 18 号民事判决书,载《最高人民法院公报》2014 年第 10 期。
③ 参见最高人民法院(2013)民申字第 2119 号民事裁定书。
④ 参见广东省高级人民法院(2016)粤民再 490 号民事判决书、山东省高级人民法院(2016)鲁民终 144 号民事判决书。
⑤ 参见黑龙江省高级人民法院(2016)黑民申 1027 号民事裁定书。
⑥ 参见北京市高级人民法院(2016)京民再 9 号民事判决书、广东省高级人民法院(2016)粤民再 175 号民事判决书。

（四）关于司法实践观察的小结

对比上述判例不难发现，关于程序瑕疵对交易效力的影响，尽管正逐步统一主基调，但在个案的认定中仍然存在思路上的区别。关于未进场合同效力，实践中存在"有效说"与"无效说"两种观点。《九民纪要》对规章导致合同无效的情形进行了限缩，但"进场要求"仍然具备被解释为"公共利益"乃至"国家利益"的空间，那么就仍有进一步统一适法尺度的空间。关于未审批的合同效力，"有效说"与"成立未生效说"如何进一步统一协调，仍有探讨空间。关于未评估的合同效力，尽管目前已经鲜见合同无效的观点，但仍然存在着"直接有效说"与"实质判断说"，两者在审查标准与裁判进路上亦有所不同。

司法机关对以上三种不同案型的处理结果与理由，一方面体现出司法对交易效力干涉的谨慎，上述案例中最终交易被认定无效的是相对少数；另一方面仍反映出司法对国有资产交易的干涉力度不小，不乏对交易效力作出否定性评价的案件。此外，如果以时间轴为线索展开，会发现直接否定交易效力的案件通常是较为早期的案件。这与司法实践逐步接受"负担—处分"行为区分原则有关，尤以 2012 年 7 月 1 日《最高人民法院关于审理买卖合同纠纷案件适用法律问题的解释》施行为重要分水岭。尽管该解释第 3 条仅为理顺无权处分与买卖合同效力之间的关系，但处理产权（包括资产、股权等）转让合同可参照乃至直接援引买卖合同的规定，从而在司法领域树立了将产权转让合同效力与合同履行相区分的裁判思路。① 然而，2012 年后仍然不乏司法机关在个案中否定产权交易效力的情况。裁判者更多地从规则本身出发，展开解释与涵摄，但有关价值取向与利益衡量层面的深层考量和关于价值取舍的有说服力的深度论证并不多见。或许将视线移出商事交易法本身的拘束范围，以更宽广的视野检视国有资产的场内交易问题，可为司法裁判提供一种有价值的参照方向。

---

① 参见钱玉林：《股权转让行为的属性及其规范》，载《中国法学》2021 年第 1 期。

四、产权交易机构及规则的垄断意味与裁判影响

司法机关对法律行为的评判,应当从价值衡量与制度利益衡量的角度对判断结果进行回溯,即确保裁判的结果合乎一定的价值取向。司法审判,特别是疑难案件审判,运用制度利益衡量极为关键。[①] 这时的价值取向,可能超脱了案件本身所涉及的具体法律规范。在判断国有资产产权交易的程序瑕疵是否影响交易效力时,固然需要考察国资交易、民商事合同、公司组织法相关法律规范,但还应当具有更广阔的视野。

(一) 另一维度评价视角的选取

社会现实的真实需求及复杂法律问题的解决,常常使超越法学固有学科界限成为必要,这就需要突破民商法固有的知识体系,借助其他部门法学科的知识或经验以透视法律现象,从而给出更加客观准确的民商法答案。[②] 因此,从其他法律部门的视角,从不同维度对这一问题进行观察,有助于更为精准地进行权衡判断。

视角的选取,必须秉持关联性原则,即探讨的问题与选取的视角必须具有一定关联性,否则视角的错位必然导致目标的偏离。国有资产场内交易的程序瑕疵问题所折射出的可能存在冲突的法制度利益,涉及的是产权交易市场的秩序与国有资产交易的管制合理性问题,都与经济法部门下的市场规制法有关,并可进一步归入竞争法的范畴。那么不妨以竞争法为一个参照系,将国有资产的交易瑕疵问题置入,寻找其重合处与连接点,进行价值对接比较,并观察可能的价值导向。

一旦采用竞争法的视角来审视本节所探讨的话题,则会产生一个此前在司法实践中并未被关注到的问题:产权交易机构乃至国有资产产权交易规则体系本身,可能存在垄断的倾向和意味。这一点在司法裁判的过程中不能无视,相反,这种情况恰恰可能为司法机关的取舍带来决定性

[①] 参见梁上上:《制度利益衡量的逻辑》,载《中国法学》2012 年第 4 期。
[②] 参见张平华:《构建中国特色民法学学科体系》,载《中国社会科学报》2022 年 7 月 20 日。

的影响。

(二) 32号令存在行政垄断的可能

国资委出台的32号令对国有产权交易行为的交易场所进行了明确的限定,从而将产权交易行为均框定在现有的产权交易机构或产权交易中心。这些产权交易机构或为事业单位,或本身即为国企,而民营经济参与经营国有资产产权交易平台的路径则处于封闭状态。这样的一种限制是否有其法理依据,值得商榷。事实上,此种限制行为可能会构成行政垄断。这种现象在39号文发布后,并未得到实质性的好转。

行政垄断亦被称为行政性垄断,是指行政机关和法律法规授权的具有管理公共事务职能的组织滥用行政权力,违反法律规定实施的限制市场竞争的行为。[①] 从行为表现看,行政性限制市场准入是行政性垄断的一种典型表现。[②] 根据《反垄断法》,行政机关不得滥用其行政权力,排除或限制竞争。《反垄断法》意义上的"滥用行政权力"可分为三种外在表现行为,即行政滥用职权、超越行政权力、行政不作为[③],其存在排除性、支配性、妨碍性的特点,对市场的公平竞争和交易产生阻碍[④]。由此可见,行政垄断至少存在两个构成要件:第一,排除或限制了竞争;第二,滥用了行政权力。关于要件一,从外观分析,32号令对市场的限制是不争的事实,同时存在了排除性、支配性和妨碍性的特点,对国有资产交易中介市场的潜在竞争的排除显而易见。故而问题的关键在于,对国有资产交易场地、行为、资质等各方面的限定,是否存在"滥用行政权力"之嫌。关于要件二,《立法法》对部门规章、地方政府规章可规定的内容作出了制度安排,在没有更高位阶法律法规授权的情况下,行政机关对某种平等主体间的产权交易行为及相关的中介市场准入进行极为严格的限制,实质性排除民营资产交易中介参与市场竞争的可能,有违"法无授权不可为"的基本行政法理;换言之,32号令的限制行为缺乏法律依据。后文另将谈及,

---

① 张守文主编:《经济法学》,北京大学出版社2018年版,第256页。
② 参见张守文主编:《经济法学》,北京大学出版社2018年版,第257页。
③ 参见魏琼:《行政性垄断新解》,载《政治与法律》2010年第6期。
④ 参见丁茂中、倪振峰:《竞争法实务》,中国法制出版社2012年版,第263页。

这种限制行为在事实层面上的必要性亦有所不足。法理依据和客观必要性均不足，此前提下进行的限制竞争，即对自身行政管理权限的滥用。综上可见，国资委发布的 32 号令乃至各地政府据此展开的限制国有资产交易场地、流程、对象等交易要素的行为，具有行政垄断之嫌。同理，各地产权交易机构各自配套建构的相关交易规则，亦可能受到此种负面评价的波及。

（三）国有资产产权交易设施限制的非必要性

产权交易机构同时作为产权交易中介市场的市场经营者，一旦居于较高的市场支配地位，滥用市场支配地位的现象将难以避免。这种市场支配地位的形成，如果不是通过市场竞争，而是自然垄断或者是政策壁垒所致，对其垄断行为的规制就将更为困难。[①] 对国有资产产权交易设施进行严格限制，不允许或限制民营资产交易中介参与产权交易的中介市场，必要性是存疑的。

在经济法理论中，产权交易机构属于社会中间层的范畴。社会中间层是独立于政府与市场主体，为政府干预市场、市场影响政府和市场主体之间相互联系起中介作用的主体。[②] 在国有资产产权交易中，交易行为均属于市场行为，交易标的亦是具有私权属性的财产权，没有理由将国有资产作为有别于一般财产的特别资产进行区别对待，以至于需要限制民营中介性服务机构参与此类平台业务的经营。从市场竞争与资金流通的角度考量，产权交易机构的设立目的在于提供一个公平高效的产权交易平台，同时为交易各方提供相关综合配套服务，其本质上具有服务属性。那么与其聚焦于如何限制设立产权交易机构的主体与资金来源，确保其国有属性[③]，不如在放开竞争的同时，着眼于如何更好地对交易平台进行监管，以确保其服务效果与国有资产的安全。更为悖论的是，很多国有资

[①] 参见张守文主编：《经济法学》，北京大学出版社 2018 年版，第 318 页。

[②] 王全兴：《经济法基础理论专题研究》，中国检察出版社 2002 年版，第 524 页。

[③] 当下我国产权交易机构的性质不一，有的是政府部门直接设立的事业单位，如上海联合产权交易所，有的是国企，如北京产权交易所、大连产权交易所就是国有控股的有限责任公司。但无论前述何种情形，都无法摆脱其国家背景和行政色彩。

产交易中,作为国有资产持有者或监管者的国资监管部门,恰恰同时具备监管者与交易者的双重身份,此时又让接受国资监管部门管理甚至直接设立的产权交易机构作为交易平台,很难不让人对交易的透明度、公允性产生怀疑。

于此情形下,国务院 32 号令将有关国有产权交易机构区分为监督机构、交易机构和社会中介服务机构,将国有产权交易的交易主体圈定在现有框架下的产权交易中心或产权交易机构,限制和排除民营企业参与国有资产产权交易的交易活动。这种限制和排除"实实在在地直接以无形的公权之手在国有资产处置机构的选择、处置方式、处置程序等方面设置了交易市场屏障,使得大批的依法设立的民营的资产交易中介、服务中介等被挤出了这个重要的市场服务领域"①,造成的结果就是不利于充分竞争,使得现有框架下的产权交易机构怠于提升服务质量和产品创新,最终受损的还是国有企业自身。由此可见,从竞争法的视角来看,目前的产权交易机构已成为国有资产处置、流通的垄断性交易平台,这是司法机关在个案裁判中所不得不考虑的因素。

(四) 司法评价程序瑕疵的价值取向——基于竞争法的视角

司法机关在对个案进行处置之前,应先将视野从案件本身移至相对宏观的有关领域,以更好地理解具体裁判可能面对的具体环境,使得裁判不出现方向性错误。与此同时,裁判者应当了解案件涉及法律规范背后所保护的法益与立法目的,并在可能冲突的法益之间两相权衡,证成价值取向的优先性,进而得出裁判结果。② 有时,道德因素也会进入裁判者考量范畴,可通过考量道德因素来主导裁判结果,以法伦理原则为根据裁判以及以道德理由强化释法说理。③ 产权交易机构及其制定的相关交易规则乃至于其上位规章的垄断意味则应当被充分注意,并在个案的权衡中予以考量。

---

① 参见霍玉芬:《民营企业平等参与国有资产产权交易的正当性证成》,载《中国政法大学学报》2019 年第 4 期。

② 参见陈绍松:《司法裁判中法官价值选择的证成》,载《南京社会科学》2019 年第 2 期。

③ 参见孙海波:《论道德对法官裁判的影响》,载《法制与社会发展》2022 年第 5 期。

正如前文述及的，无论是 32 号令还是 39 号文，包括各产权交易机构所自行制定的交易规则，在事实上排除了民营资产交易中介、服务中介参与竞争的可能性，而这样的排除缺乏法理依据。相关行政部门存在滥用权力之嫌，故相关产权交易机构的行为与制定的交易规则，在个案中亦应经过反垄断视角的审视——尽管相关司法案件本身并非反垄断案件。事实上，在非反垄断案由中嵌入反垄断审查的视野已经得到最高人民法院的认可。在最高人民法院 2023 年初公布的《人民法院反垄断典型案例》中，阿斯利康有限公司诉江苏奥赛康药业有限公司侵害发明专利权纠纷案被称为中国法院首起对"药品专利反向支付协议"作出反垄断审查的案件。尽管只是针对撤回上诉申请所作的反垄断初步审查，而且最终鉴于案件具体情况也未明确定性涉案和解协议是否违反反垄断法，但该案裁判强调了在非垄断案由案件审理中对当事人据以提出主张的协议适时适度进行反垄断审查的必要性。①

因此，在司法裁判涉及国有资产程序瑕疵交易效力的认定时，应当关注到前述垄断意味，并以个案裁判的方式进行评价。这样的评价目标，应与竞争法的立法目的同频共振，即以鼓励竞争、尊重市场的价值取向进行判断，是为司法评价的基本章法，也是前述垄断意味带来的在裁判意义上的影响。

五、程序瑕疵交易的司法评价方法

讨论国有资产交易的程序瑕疵，在目前法律背景下，几乎绕不过违反部门规章对合同效力的影响。这一问题背后的根本矛盾在于：一方面，立法、司法部门为克制司法权力对民商事交易的过多干预，始终严格将违"法"导致合同无效的法律层级限定为法律、行政法规；另一方面，法律、行政法规在立法实践中偏于原则化、抽象化，大量直接指导、规范社会生活实际的细节规定，都体现在负责相对应领域的部门规章中。就此而言，部

---

① 《人民法院反垄断典型案例》，https://www.court.gov.cn/hudong-xiangqing-379701.html，访问日期：2023 年 3 月 12 日。

门规章对合同效力的影响,是司法部门在立法部门制度供给不足的情况下,为维护交易秩序、社会稳定而不得不作出的回应。司法裁判在具体案件中大量地讨论相关规定属于效力性强制性规定还是管理性强制性规定,违背某一规定是否有损公共利益、违背公序良俗,实质上都是不同程度地在立法论层面去评判相关规定背后的立法导向和社会价值。在此背景下,两造中间的裁判者,所负担的就不仅是当事人双方之间的利益衡量,更需要将自己的定位、角色前移,在更宏观的层面以确立规则的谨慎态度思考判例所可能带来的影响,单纯以法律规定层级为判断依据的规则恐稍显简单。质言之,不宜简单以交易所违背的法律法规层级来判断交易的效力状态。

(一) 准确认知规章之上的"公共利益"

实务中,肯定规章中关于国有资产交易程序的规定具有强制性的理由主要有如下几条:第一,从法律权源分析,部门规章中有关国有资产交易程序的规定是国务院授权相关部委制定的,与相关行政法规同根同源、一脉相承。第二,从社会效果分析,国企改革的立法现状是我国经济转型期内特殊立法工作进程的结果,相关部门规章在国企改革过程中的实际作用毋庸置疑。对效力较低的规章"一刀切"地排除适用,将会使原本奏效的行政管理陷入难以运行的境地,并对该规章所维护的社会利益带来不利的后果。第三,从整体立法意图分析,部门规章中有关国有资产交易程序的规定属于强制性规范,其他相关法律文件对其进行了呼应与强化。对法律条文作出正确的理解与判断不应局限于法条本身,而应当将其放置在整体的法律框架中,联系其他相关法律文件,分析探究立法者的真实意图。

尽管大多数学者赞同违反规章可能导致合同无效的观点[①],但有学者仍对司法实务中的部分理由提出了批驳。首先,以规章系授权立法为由否定合同效力的思路不可取。授权依据究竟是上位法抽象性授权还是

[①] 参见王利明:《论无效合同的判断标准》,载《法律适用》2012 年第 7 期;朱庆育:《〈合同法〉第 52 条第 5 项评注》,载《法学家》2016 年第 3 期。

一种具体条文授权呢？如为前者，则很难认为任何一部行政规章没有授权依据，这会导致行政规章可能和行政法规无甚区别，可以直接作为影响合同效力的法律渊源，与现行私法的法源体系相悖；如为后者，又会因为其过高的要求而导致大量行政规章难以有效发挥效力，也与将行政规章引入合同效力评判的初衷不符。[①]　其次，公共利益具有不确定的特征，具体表现为模糊性、变动性、阐释性以及适应性[②]，任由法官依据社会公共利益条款进行解释，"社会公共利益"的模糊性将放大法律的不确定性[③]。

《九民纪要》重申了违反规章一般情况下不影响合同效力的原则，就金融安全、市场秩序、国家宏观政策等公序良俗阐明了例外。值得重视的是，在《民法总则》根本性地改变了原《合同法》第 52 条第 4 项关于避法行为的规定后，违反规章进而导致合同无效的裁判进路被《九民纪要》统一为公序良俗，即通过《民法典》第 153 条对具体行为进行评价。与合同无效之考察顺序相似，违反规章行为的评价一般从规范对象、交易安全保护因素、监管强度及社会影响等四个方面进行。[④]　在此逻辑下，公序良俗与之前的社会公共利益并无二致。在国有资产交易中，国有资产非公允交易的程序瑕疵将很容易被认定为有悖社会公共利益，进而得出合同无效的结论。但这样的裁判思路是有疑问的。事实上，涉及国有资产的交易就一定与公共利益挂钩，这样的推理本身即存在逻辑断层，司法不宜将国有资产简单等同于国家利益。"不加区分地将仅具有经验性的国有资产等同于具有规范性的《民法典》中的国家利益，有过犹不及之嫌。"[⑤]而程序瑕疵更是不能直接等同于结果的非公允，仅因场内交易的瑕疵就将交易的负面影响上升到公共利益，显然不妥。

总而言之，对程序瑕疵的考量，不宜简单以违反规章为由直接宣告交易无效，而需要重新以规章之上的公序良俗原则进行校准，以适应《民法

---

① 李建伟：《行政规章影响商事合同效力的司法进路》，载《法学》2019 年第 9 期。

② 参见梁上上：《公共利益与利益衡量》，载《政法论坛》2016 年第 6 期。

③ 参见谢鸿飞：《论法律行为生效的"适法规范"——公法对法律行为效力的影响及其限度》，载《中国社会科学》2007 年第 6 期。

④ 最高人民法院民事审判第二庭编：《〈全国法院民商事审判工作会议纪要〉理解与适用》，人民法院出版社 2019 年版，第 257 页。

⑤ 参见冉克平、谭佐才：《〈民法典〉中的国家利益表达及其效果》，载《社会科学战线》2022 年第 3 期。

典》的重大调整。

(二) 公序良俗视角下的程序瑕疵

从我国法制史考察,1911 年编撰完成的《大清民律草案》中,"公序良俗"这一概念首次出现,后又被南京国民政府所沿用。中华人民共和国成立初期,基于彻底废除"六法体系"的考虑,我国在立法上未沿袭"公序良俗"的概念,而是"另起炉灶"采用了"公共利益和社会主义道德"的表述。[1] 在 1986 年颁布的《民法通则》中,"社会公共利益与社会公德"的法律概念被进一步加以固定,并在 1999 年颁布的《合同法》和 2007 年颁布的《物权法》得到了延续。2017 年,《民法总则》先行出台,公序良俗首次出现在民法中,并取代了关于民事法律行为效力条文中"社会公共利益与社会公德"的表述。但在《民法总则》与《民法典》的其他一些条文中,"社会公共利益"这一概念仍然存在。社会公共利益与公序良俗在民法典中的并行,意味着二者存在区别而非简单的同语反复。

从内涵上看,公序良俗包括的是公共秩序和善良风俗两方面。对于可能导致合同无效的规章而言,其应纳入公共秩序而非善良风俗。进一步,违反公共秩序主要包括违反政治公共秩序和违反经济公共秩序,表现为违反国家公序行为、限制经济自由行为、违反公平竞争行为、违反消费者保护行为和违反劳动者保护行为等类型。[2] 显然,对于国有资产交易程序瑕疵,如果会导致经济不自由或竞争不公平,则能够通过援引公序良俗原则而认定合同无效。但问题在于,产权交易机构所制定的规则及其上位规章,在多大程度上是真的在保护经济的自由和竞争的公平,不无疑问;而违反这些规则的程序瑕疵,又能在多大程度上被定义为违反公序良俗,更是值得商榷。具有讽刺意味的是,恰恰是这些规则(包括产权交易机构自行制定的交易规则和上位规章),排除了国有资产产权交易市场的充分竞争,反而具有垄断之嫌。由此可见,在将场内交易的程序瑕疵归入

---

[1] 何勤华、李秀清、陈颐:《新中国民法典草案总览(上卷)》,北京大学出版社 2017 年版,第 175 页。

[2] 最高人民法院编写组编:《〈中华人民共和国民法总则〉条文理解与适用》,人民法院出版社 2017 年版,第 1018 页。

公序良俗原则规制时,必须极为慎重。前文述及的司法判例中鲜以违反公序良俗对交易的程序瑕疵进行定义,即有力印证。

对比立法者在《民法典》第 132 条和第 153 条的表述可以发现,与违反公序良俗不同,损害社会公共利益的法律行为效力判断,其根本落脚点在于利益的归属与衡量,其规制方法是从结果出发,从事后去评判结果的发生是否导致了社会公共利益的减损,而公序良俗则系从行为出发,直接对私法自治的部分行为予以限制。以合同为例,合同是一种手段,其目的是创设法律关系或产生法律效果,进而增减行为人之间的权利与义务,公序良俗原则作为民事法律行为效力的边界,其规制的是合同这一法律行为即手段,而社会公共利益所规制的是权利和义务增减的这一目的。① 很多情形下,违反公序良俗与损害社会公共利益会存在重合,但有时也未尽然,两种情形毕竟在内涵与外延上均有不同,故都应当被考量,不应偏废。当以公序良俗为判断标准时,对合同效力也应当从行为而非结果的角度进行衡量;而当标准转向社会公共利益时,判断程序瑕疵是否影响交易效力,则应当从这种程序瑕疵对社会公共利益产生多少结果意义上的影响来进行考量。这就要求裁判者不能仅仅将眼光局限在程序瑕疵及其所违背的交易规则本身,而应当进行事实上的推演,即此种瑕疵将带来何种实然上的影响(包括行为意义上的影响与结果意义上的影响),以及这种影响又需要在多大程度上进行何种强度的司法纠正。

(三) 技术意义上的适法思路与竞争法视野下的价值权衡

1. 适用法律的三个前提性思路

在裁断程序瑕疵交易效力时,司法机关应当对以下问题进行充分关注:

首先,国有资产交易与一般资产交易不应区别对待,参与的市场主体应当受到法律的平等保护。正如最高人民法院在甘肃省中国青年旅行社

---

① 杜一华、尹鑫鹏:《金融监管规章影响合同效力的公序良俗通道研究》,载《河北法学》2020 年第 11 期。

诉林嘉锋、陈国良房屋买卖合同纠纷案中所指出的:"在市场经济条件下,国有企业参与市场交易与其他市场主体地位平等,其资产利益不能等同于社会公共利益。"[①]社会公共利益视角下,司法机关关注的是交易结果,如前文提及的一些裁判观点以是否实质损害国家利益作为认定标准。虽然这一裁判方法客观上限缩了合同无效的范围,但其价值取向仍然是结果导向的,即从事后评价程序瑕疵的影响,从而确保了裁判结果的合理性。[②] 但从公序良俗的视角出发,应当重点考察的是行为本身而非结果,即违反公序良俗破坏的是市场中的基本交易秩序,这一基本交易秩序有必要以限制私法自治、取缔法律行为的效力来加以保护。不论是何种情形,交易涉及国有资产的特殊性,并非考察的重点。

其次,对于行为本身的考察,意味着应当对交易程序的相关规则本身进行评判,在此基础上才能决定是否通过某种方法去否定合同效力。[③] 理论界有时对司法裁判会存在不同意见,其中很重要的理由就是法律文书中往往回避对相关规则的评判,直接认定为有损社会公共利益或公序良俗,并且缺乏对为何认定有悖于社会公共利益或公序良俗的阐述。在适用公序良俗原则时,裁判者有必要针对规定交易程序的部门规章进行初步评价,从交易秩序的角度承认相关规定属于对经济自由行为的刚性限制,然后才能以违反部门规章或交易规则的程序瑕疵为由否定合同效力,否则不应轻易否定合同效力。在部分涉及程序瑕疵的案件中,即使不涉及效力问题,裁判者仍然需要对规则进行评价,才能得出结论。如开篇所举之案例,裁判文书对行使优先购买权的行权价格如何确定等关键问题进行了分析和认定,间接对上海联交所制定的相关交易规则的法律效力作出评价,判决和评价的核心就在于股东优先购买权的法益保

---

① 参见最高人民法院(2014)民提字第 216 号民事判决书。

② 参见北京市高级人民法院(2016)京民再 9 号民事裁定书。

③ 需要澄清的是,尽管关于法院是否有权对规则本身进行审查这一问题,理论界与实务界的探讨早已有之,但本书无意在此处论证司法机关对法律规范的审查权。一则此处涉及的评价对象并不包括法律、行政法规、地方性法规等,而是仅限于产权交易机构制定的交易规则(至多包含其部分上位规章);二则此处的评价并非指审查,遑论作出类似于合宪性审查的效力判断,至多只是为以结果为导向的价值判断提供参考思路。相关讨论可参见张桂龙、刘作翔、孔祥俊、张志铭、王洁、甘文、青锋、谢晖:《法律规范审查标准笔谈》,载《行政管理改革》2012 年第 3 期。

护目的。①

最后,国有资产的交易程序本身有着特定规范目的和功能,其对私法自治的限制并非一定要通过否定合同效力才能实现。在不同判例中,合同成立未生效、合同客观履行不能(法律不能)都是更为缓和的解决方式。更重要的是,程序的瑕疵可以被治愈。如有裁判观点认为,双方已按照补充协议履行各自义务多年,国有资产管理部门也未提出异议,此种知晓和默示同意,可理解为追认,进而治愈程序瑕疵。② 国有资产的交易仍然是市场行为,从法律行为的角度解释嵌入私法领域的公法规制,显然更符合市场的预期,也是对市场基本秩序的维护。

2. 价值权衡后的动态司法路径

对于司法实践中的三类程序瑕疵案件,背后所涉及的利益冲突是近似的,天平的一端是民商事主体的意思自治和合同效力的稳定性,进而与交易外观的可信赖性高度相关,而另一端则是行政机关所希冀的市场可控与管制、产权交易机构的交易秩序稳定。前文已经述及,从竞争法的视角来看,目前的产权交易机构已成为国有资产处置、流通的垄断性交易平台。那么如果在前述案件中片面强调"国资安全",强化"产权交易机构的管理性权利",就意味着纵容了这种具有垄断意味的模式与形态,巩固了产权交易机构的垄断地位,姑息了相关行政部门的行政垄断,漠视了相关规章、交易规则的失范。因此,应然的裁判思路是倾向于保障交易安全,尊重双方的意思自治,增进公平竞争,以达到抑制垄断、鼓励竞争和公平交易的效果。

在规则识别阶段,应适度弱化程序性规则的强制属性,尽量避免上纲上线,简单认定相关规则为效力性强制性规范,进而宣告程序瑕疵交易无效,也不宜将国有资产交易的程序瑕疵泛化地归入侵害公共利益、国家利益的范畴,而应当结合交易标的的特殊性、敏感性、特许性等多方面因素予以综合判断,严格把握,绝非一概而论。在判断交易是否违背公序良俗

---

① 张长丹:《国有股权进场交易中股东优先购买权行使规则的适用——兼评〈公司法解释四〉第22条第2款》,载《海峡法学》2018年第3期。
② 参见广东省高级人民法院(2016)粤民再175号民事裁定书。

时,更应当秉持商事审判思维,强调形式理性和目的理性[①],侧重保护当事人的缔约机会平等、形式平等,强调意思自治、风险自担[②],以维护交易安全为先,兼顾交易安全,不宜轻易否定交易效力。此种动态的司法进路,可以有效抑制产权交易机构的垄断行为,鼓励竞争和各类市场主体的公平交易。

具体而言,针对应进场而未进场和应评估而未评估的交易,应当结合交易标的的性质与程序瑕疵造成的影响及后果,对危害程度进行实质性判断和论证。如果这种瑕疵最终确实会对国家安全、公共秩序、国有资产造成不可挽回的损失与危害,则当然应对交易效力作出否定性评价;如没有达至前述后果,则不宜贸然对合同效力予以司法干涉。针对应审批而未审批的交易,一方面,根据现有规范,以"一般生效要件—特别生效要件"的分析范式对合同效力进行解析;另一方面,还需要审查相关审批要求的制度目的、保护法益以及效力位阶,区分行政许可、行政审批、行政备案、行政确认的不同,进行综合判断。只有在法律法规明确相关审批事项为生效要件的情形下,方可得出交易"成立而不生效"的结论,否则合同原则上仍应有效。针对违反产权交易机构自行制定规则的交易,应当秉持对垄断的遏制和对竞争的鼓励的价值取向。如交易所违反的规则系来源于上位规章的授权,则判断方式可参照前述方法;如交易所违反的规则仅系其自行制定的交易细则,则当然不影响交易本身的效力;如不涉及效力的判断,而是交易双方对规则本身的理解存在分歧,或交易规则与其他制度出现冲突,则应当以冲突规则的效力位阶为首要判断依据[③],若冲突规则位阶相同且存在复数种可能的合理解读,或冲突的法益难以取舍,则应当将产权交易机构及相关交易规则本身隐含的垄断意味纳入考量因素,作出有利于竞争和要素流通的方向性判断。

[①] 参见赵万一:《后民法典时代商法独立性的理论证成及其在中国的实现》,载《法律科学》2021年第2期。
[②] 李志刚:《略论商事审判理念之实践运用》,载《人民司法》2014年15期。
[③] 如开篇所引之案例,生效判决即认为产权交易机构对优先购买权的限制有违《公司法》相关规定和立法目的,直接认定产权交易机构无权作出这样的规定。

六、小结

　　裁判者在进行个案裁判时，往往会更关注案件直接涉及的法律法规，而对更深层次的法益比较、价值权衡乃至交易的市场、政治、国家背景有所忽视。秉持这样的裁判理念，如果相关规范能够明白无误、毫无争议地直接适用于案件事实，自是无可厚非。然而，成文法的局限性决定了有限的法律条文无法涵盖复杂而多变的社会实践，以至于出现法律漏洞，即法律体系对应予规范的却未规范，或者虽有规范却不完全或有矛盾，甚至有不妥当之处。① 面对法律漏洞，当然可以采用法律续造等方法予以填补。然而，此时到底采用何种方式填补？ 如果有多个可以考虑的视角，是采取何种路径？ 这就不免需要以更多维的视角来审视案件。国有资产产权交易的程序瑕疵，表面折射出的是交易双方对产权交易的程序性规则的违反，但从更深层次解读，如果当下交易模式本身即有一定的垄断意味，可能遭到竞争法规范上的否定性评价，裁判者理应对此有所回应。一旦有了更为宏观与开阔的视野，那么效力性规范与管理性规范之争、公序良俗的边界之争这些长期困扰司法实践的难题，可在个案中迎刃而解，甚至成为解题的抓手。这也让司法裁判推动市场进步，促进良性竞争，构建更为透明、公正、自由的市场化经济成为可能。

第三节　夫妻共债认定的裁判路径与价值取向

　　实践中，如何认定夫妻共债的问题是长期困扰裁判者的难点之一。这个问题不仅在普通民事案件中体现得特别明显，商事案件同样经常遇到。理论上，任何"自然人之债"在司法案件中都有可能演变为"夫妻共债"，债权人在一个合同纠纷中将债务人的配偶一并起诉，要求夫妻二人共同承担责任的情形屡见不鲜。在商事审判中，债务人所背负的债务往

---

① 参见张俊浩主编：《民法学原理》，中国政法大学出版社 1997 年版，第 51 页。

往来源于商事合同或商业经营,而非一般的家庭生活,所以在认定的过程中更容易产生争议和分歧。在商事案件中,夫妻共债的认定涉及债权人与非举债夫妻一方权益的平衡。认定一笔债务是否应为夫妻共债,应考量的因素是什么,应秉持何种价值判断与利益衡量方法,并非不可追问的问题。针对裁判者在个案中如何避免机械、僵化适用法律,以及如何结合具体情况,以衡平的司法理念把握裁判标准尺度,从而实现个案的实质正义,笔者以承办的一起案件为引,进行探讨。[①]

一、案件基本情况

2018 年 7 月至 2020 年 9 月,郁某与眭某、北方公司签订三份借款协议,出借人民币 80 万元并约定了利息,三份协议均载明用途为北方公司经营周转。协议签订后,郁某如约汇付了上述款项。但眭某、北方公司返还郁某借款本金 154 750 元后未再还本付息。郁某遂起诉眭某与北方公司,并要求在借款时仍与眭某是夫妻关系的金某承担连带还款责任。郁某向一审法院起诉请求:(1)眭某、北方公司共同偿还欠款本金 685 500 元;(2)眭某、北方公司支付利息;(3)金某对上述欠款承担连带还款责任。为证明其主张,郁某在一审中提供了借款协议、转账凭证,并提供了一份夫妻双方曾共同为北方公司借款 300 万元提供担保的合同。

一审法院认为,郁某与眭某、北方公司之间签订的三份借款协议合法有效。眭某、北方公司未按约还款,构成违约,除应当返还借款外,还应当承担逾期还款的违约责任。对于郁某要求金某对眭某、北方公司的还款承担连带责任的诉请,由于案涉借款协议明确约定借款用途为北方公司的经营,郁某亦未能提供证据证明眭某将案涉借款用于其与金某之间的家庭生活,金某提出的其不应当承担连带还款责任的抗辩理由成立,故对郁某的这一诉请不予支持。一审法院判决:(1)眭某、北方公司返还郁某借款 645 250 元;(2)眭某、北方公司支付郁某利息;(3)驳回郁某其他诉讼请求。

[①] 参见上海市第二中级人民法院(2021)沪 02 民终 913 号民事判决书。

一审判决以后,郁某对判决不服提起上诉,请求二审法院撤销一审法院判决主文第三项,改判金某对欠款承担连带清偿责任或发回重审。二审法院审理后认为,根据法律规定,夫妻一方在婚姻关系存续期间以个人名义超出家庭日常生活需要所负的债务,债权人以属于夫妻共债为由主张权利的,人民法院不予支持,但债权人能够证明该债务用于夫妻共同生活、共同生产经营或者基于夫妻双方共同意思表示的除外。涉案三份借款协议均写明借款用于北方公司经营周转,且借款金额较大,超出通常家庭日常生活所需要的范围,应属于排除在日常家事代理范围之外的大额举债。郁某认为眭某在北方公司的经营收益与其家庭生活在常理上有密切关系,其经营收益用于夫妻共同生活,所以因公司经营活动之借款也应为夫妻共债。但郁某并未就北方公司的收益情况、北方公司的经营收益是否用于眭某与金某的家庭生活等事实进行举证,故法院对前述主张难以支持。郁某称眭某与金某曾共同借款300万元用于周转北方公司经营,并据此主张金某参与北方公司经营活动,涉案借款应当被认定用于夫妻共同经营活动。经二审法院查明,郁某所称的300万元,借款及保证合同上分别列明金某与北方公司为不同保证主体,且据双方所述,金某为公职人员,并非北方公司的股东或实际控制人,也非公司职员。涉案借款虽发生在眭某、金某夫妻关系存续期间,但金某既未在借款协议上签名,又未有事后追认,难以认定涉案借款用于眭某、金某共同生产经营或者基于夫妻双方共同意思表示。郁某主张金某对眭某的债务承担连带清偿责任,理据不足,法院难以支持。最终二审法院驳回上诉,维持原判。

二、争论中的夫妻共债认定规则

本案争议焦点集中在夫妻共债认定这一问题上。夫妻共债的认定因为涉及债权人权益与非举债配偶一方权益平衡问题,故无论在理论领域还是实践领域长期存有争议。随着《民法典》的出台,我国对夫妻共债的认定标准趋于统一。但司法实践中,个案事实、举证程度的不同均会对裁判走向产生实质性影响。因此,裁判者能够根据不同诉讼情景与证据证明在个案中合理行使自由裁量权尤为重要。本案中,涉案借款能否认定为眭某、金某的夫妇共同债务，必须放在当前我国夫妻共债认定规则的背景下予以综合评价。

(一) 夫妻共债认定规则的演变

夫妻共债认定规则是一个历久弥新的问题，持续在理论界和实务界存在争议，在立法层面也有所体现。我国《民法典》出台之前，在法律规则设计层面上，这一问题存在着摇摆不定的情况。

2001 年修订后的《婚姻法》第 41 条在离婚财产分割场景下使用了"夫妻共同生活"的表述[①]，自此"夫妻共同生活"成为夫妻共债认定的核心标准并延伸到涉及夫妻共债的日常借贷中[②]。在司法实务中，需要由债权人对债务用于"夫妻共同生活"承担举证责任，但夫妻生活的隐秘性增加了债权人的举证难度，更出现夫妻利用债权人举证困难以假离婚逃避债务，损害债权人权益的情形。为了强化此类案件中对债权人合法利益的保护，2003 年最高人民法院出台的《最高人民法院关于适用〈中华人民共和国婚姻法〉若干问题的解释（二）》第 24 条提出了婚内推定标准[③]，并将举证责任完全转移至夫妻一方，该条规定也因引发社会问题和道德风险而遭受非议[④]，社会上甚至出现了"反 24 条联盟"[⑤]。即使最高人民法院于 2007 年就第 24 条增补了两条规定，但并未能解决所引发的种种现实问题。千呼万唤之下，最高人民法院在 2018 年专门出台《最高人民法院关于审理涉及夫妻债务纠纷案件适用法律有关问题的解释》（以下简称夫妻债务司法解释）提出了"共签共债"的原则[⑥]，这一规则此后也被

[①] 该条以离婚为背景场域，为夫妻共同债务的处理确立了基本规则，即离婚时，原为夫妻共同生活所负的债务，应当共同偿还。

[②] 任重：《夫妻债务规范的诉讼实施——兼论民法典与民事诉讼的衔接》，载《法学》2020 年第 12 期。

[③] 参见黄薇主编：《中华人民共和国民法典婚姻家庭编解读》，中国法制出版社 2020 年版，第 112 页。

[④] 参见叶名怡：《〈婚姻法解释（二）〉第 24 条废除论——基于相关统计数据的实证分析》，载《法学》2017 年第 6 期。

[⑤] 参见《"反 24 条"联盟：近百妻子因前夫欠款"被负债"，结盟维权》，https://www.thepaper.cn/newsDetail_forward_1527334，访问日期：2022 年 3 月 19 日。

[⑥] 彭诚信：《〈民法典〉夫妻债务规则的应然理解与未来课题》，载《政法论丛》2020 年第 6 期。

《民法典》第 1064 条所采纳①。该条文立场鲜明地采纳了"共债共签"原则,将关于争议债务夫妻共债的主要举证责任分配给了债权人,关于夫妻共债认定规则的争议似乎终于随着《民法典》的一锤定音而尘埃落定,但实践中仍然有困惑需要厘清。

(二) 裁判视角下的规则解读——关于"1+3规则"

《民法典》第 1064 条所确立的规则看似清晰无比,但剔除该条文中几乎已彻底消弭争议的"夫妻双方共同签名"和"夫妻一方事后追认"这两种情况②,"家庭日常生活需要"成为债权人是否需要举证的重要分水岭,符合该标准的债权可直接推定为夫妻共债,反之则需由债权人举证。对于超出"家庭日常生活需要"的债务,《民法典》提供了债务"用于夫妻共同生活""用于共同生产经营""基于夫妻双方共同意思表示"三条举证进路。由此,可以归纳出该条规定在司法应用场景下的裁判路径,笔者称之为"1+3 规则",如下图所示。"1"即为一道分水岭——"家庭日常生活需要"标准,"3"即"夫妻共同生活""共同生产经营""共同意思表示"三条债权人的举证进路。

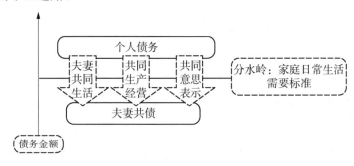

---

① 为阅读方便,此处将法条原文予以列明,该条规定:"夫妻双方共同签名或者夫妻一方事后追认等共同意思表示所负的债务,以及夫妻一方在婚姻关系存续期间以个人名义为家庭日常生活需要所负的债务,属于夫妻共同债务。夫妻一方在婚姻关系存续期间以个人名义超出家庭日常生活需要所负的债务,不属于夫妻共同债务;但是,债权人能够证明该债务用于夫妻共同生活、共同生产经营或者基于夫妻双方共同意思表示的除外。"

② "夫妻双方共同签名"是典型的"共债共签"场景,但审判实践中鲜有如此规范和典型的夫妻共债出现,因为假若借贷双方都如此规范和谨慎,也不至于发生讼争。至于"夫妻一方事后追认"债务,更难以发生争议。唯有"夫妻一方在婚姻关系存续期间以个人名义为家庭日常生活需要所负的债务",是真正长期困扰司法实践的难题。

具体到本案,根据"1+3 规则",需要判断涉案款项 80 万元是否已经超出睚某与金某的日常家庭生活需要;如若超出,郁某则需进一步举证涉案款项是基于睚某与金某两人共同意思表示或者用于两人共同生活或生产经营。

(三) 规范理解的弹性与举证强度的模糊

如前所述,司法裁判可依循"1+3 规则"展开审查和认定,但法律的生命在于实施,在将上述规则具体应用于案件时仍然存在争议。

1. 关于"1"的不确定性

"1+3 规则"中的"家庭日常生活需要"是一个极富弹性的概念,为裁判结果带来极大不确定性。最高人民法院虽在就夫妻债务司法解释答记者问时对"家庭日常生活需要"作出了相应的说明,并提供了一定的参考标准[①],但不同地区、不同家庭的生活水平千差万别。即使生活水平相近的群体,不同的生活习惯乃至兴趣爱好都有可能导致对"家庭日常生活"的不同理解。

2. 关于"3"的不确定性

在债权人的三条举证进路中,"共同意思表示"可以理解为《民法典》第 1064 条第 1 款前段关于"共签"外观的复述。而"夫妻共同生活"或"共同生产经营"同样是抽象的概念,对其进行进一步的具象化十分困难。债权人往往只能知道钱给了谁,可能用于什么目的,至于借款最终是否确实用于夫妻共同生活或者共同生产经营,债权人作为婚姻家庭的外部人员无从知晓。有观点将"用于夫妻共同生活"进一步界定为"夫妻双方获得

---

① 最高人民法院民一庭负责人指出:"国家统计局有关统计资料显示,我国城镇居民家庭消费种类主要分为八大类,分别是食品、衣着、家庭设备用品及维修服务、医疗保健、交通通信、文娱教育及服务、居住、其他商品和服务。家庭日常生活的范围,可以参考上述八大类家庭消费,根据夫妻共同生活的状态(如双方的职业、身份、资产、收入、兴趣、家庭人数等)和当地一般社会生活习惯予以认定。"参见《妥善审理涉及夫妻债务纠纷案件依法平等保护各方当事人合法权益——最高人民法院民一庭负责人就〈最高人民法院关于审理涉及夫妻债务纠纷案件适用法律有关问题的解释〉答记者问》,https://www.chinacourt.org/article/detail/2018/01/id/3177599.shtml,访问日期:2022 年 2 月 16 日。

利益"[1],但客观获益是否必然意味着用于共同生活,进而造成一种拟制主观认可债务为夫妻共债的法效果,是存在疑问的。首先,"获得的利益"是否应当有一个最低标准?如果没有,则很难在严格意义上说夫妻某一方的任何举债不使得双方"均获益";如果有,则判断标准是什么,是唯金额论还是需要结合其他因素,看到收益的同时是否还要兼顾家庭精力等其他领域的付出,这些都将成为实践中难以克服的命题,最终使得"获益"这一事实的证立变得空洞与虚化。其次,"获益"是一种结果意义上的客观事实推演,完全忽视了非举债配偶一方的主观状态。这与"共债共签"所体现出的对主观态度的探查背道而驰,以客观的"获益"来论证主观的"共签"缺乏足够的逻辑严密性。最后,"获益"程度的判断本身是一种"或多或少"的定量判断,其更适宜的应用场域是进行利益平衡时的权衡。以"获益"来认定夫妻共债,是一种"全有或全无"的定性判断,缺乏一种全面的衡量思维,结果恐易失之偏颇。正如学者所言:"将基于夫妻共同受益的夫妻内部债务以连带责任的方式'外显',有不当厚待债权人之嫌,无益于交易安全而有损于婚姻保护。"[2]

关于"夫妻共同生产经营",具体到不同的家庭构成与不同的企业形式,不同的经营模式也会有不同的表现,在司法实践的认定中同样会存在较大的不确定性。如本案中,郁某主张夫妻共同经营北方公司,而夫妻双方共同参与公司经营的基本表现形式通常是经营的合意及共同参与的行为。最高人民法院更是提出"要根据经营活动的性质及夫妻双方在其中的地位作用等综合认定"[3],有学者提出可将"夫妻共同生产经营"类型化为"双方参与型"和"一方授权型",同时指出面对"一方授权型"应秉持更审慎的态度[4]。由此可见,裁判者对法律条文的理解不同,对三条进路的认定标准与类型区分的把握思路亦有可能产生不同的理解,从而给司法

---

[1] 参见叶名怡:《〈婚姻法解释(二)〉第 24 条废除论——基于相关统计数据的实证分析》,载《法学》2017 年第 6 期。

[2] 贺剑:《夫妻财产法的精神——民法典夫妻共同债务和财产规则释论》,载《法学》2020 年第 7 期。

[3] 程新文、刘敏、方芳、沈丹丹:《关于审理涉及夫妻债务纠纷案件适用法律有关问题的解释》的理解与适用,载《人民司法》2018 年第 4 期。

[4] 叶名怡:《论生产经营型夫妻共债的认定》,载《法律科学》2023 年第 4 期。

审判中的夫妻共债问题带来极大的不确定性。

3. 举证导致的不确定性

除了"1+3"自身的诸多弹性与模糊，诉讼中的举证效果也会影响案件结果。债权人需要举证到何种程度才能证明该债务"用于夫妻共同生活、共同生产经营或者基于夫妻双方共同意思表示"，不无疑问。依据《民诉法解释》第 108 条[①]，高度盖然性标准可作为债权人之举证标准。然而"高度盖然性"是否达至，一方面取决于证据本身，另一方面亦不可避免地受到裁判者主观认知的影响。本案中，郁某虽推论睦某是北方公司实际控制人，其在北方公司的经营收益由夫妻共同受益，则涉案债务用于北方公司即等同于涉案债务用于夫妻共同生活，但能否支持仍取决于其能否提供相应的证据予以证明。

综上可知，尽管《民法典》第 1064 条已经建立了较为完备的夫妻共债认定规则，但"1+3 规则"中无论是一道分水岭还是三条举证进路，或由于规范理解的弹性，或由于举证强度的模糊，仍具有极强的不确定性，需要更具有指引性的判断方法加以补充。

三、夫妻共债认定的实质与价值取向

（一）夫妻共债问题的实质：利益衡量

回顾既往变迁的法律规范，从一个极端走向另一个极端直至现行法律规则出现，皆以证明责任的分配来表达其立法取向。但事实表明，无论将证明责任单纯赋予哪一方，都难以消除有违公正的裁判结果。一方面，债权人抱怨对债权保护不力，放任债务人动辄以假离婚等方式转移责任财产，在"共债共签"的立法表达背景下尤其如此；另一方面，债务人的配偶则竭力声讨债权人和债务人虚构债权侵害弱势群体的权利，"反 24 条联盟"的存在就是最好例证。可以看出，这里涉及两个群体、两种法

---

① 该条规定："对负有举证证明责任的当事人提供的证据，人民法院经审查并结合相关事实，确信待证事实的存在具有高度可能性的，应当认定该事实存在。对一方当事人为反驳负有举证证明责任的当事人所主张事实而提供的证据，人民法院经审查并结合相关事实，认为待证事实真伪不明的，应当认定该事实不存在。"

益之间的利益冲突,而夫妻共债认定的实质就是债权人之债权和债务人配偶之财产权两者间的平衡问题。长期以来,立法、司法的摇摆和犹疑,也正是对前述两种存在矛盾的法益之间的艰难取舍与调和过程的客观反映。既然命题的实质是利益的冲突,那么破题的路径必然在于利益衡量。[①]

(二) 夫妻共债问题的裁判价值取向:个案的实质公平

在通常的权衡方法论下,裁判者可在个案考量中按照"公共利益—制度利益—群体利益—个体利益"的位阶依次权衡双方的利益大小轻重,最终作出合适的裁判。[②] 夫妻共债问题的矛盾双方利益,实际上恰是债权人和债务人配偶这两个群体的利益。债权人利益可以上升为债权保护制度利益,突出体现在对交易安全、交易效率的保护;而债务人配偶利益则可引致为婚姻共同财产保护制度利益,其深层次的法律脉络指向我国婚姻法中夫妻财产制度对经济上处于弱势的夫妻一方的保护。[③] 从利益衡量的角度来看,两个群体都是社会发展所必不可少的重要角色,其构成的利益很难说孰轻孰重,而两项制度又均是我国法律体系中针对财产权益的重要保护制度。如果从跳出个案的宏观角度来看,权衡的双方一时之间确实难分伯仲,这也是立法与司法长期摇摆的重要原因。

"法律是一种理性、客观、公正而合乎目的的规范,如为维护法律的安定,而将法律的理想加以牺牲,亦必然使法律的解释沦为形式的逻辑化,自难促成正义的实现。"[④]现实社会的婚姻家庭生活千变万化,果真有一种放之四海皆准、可直接套用的简单规则来认定夫妻共债吗?恐难言乐观。笔者认为,既然夫妻共债的认定规则在本质上是债权人与债务人配偶之权益平衡,且两造的宏观利益轻重接近,那么就应当以衡平司法的立场,对个案进行实质审查,并在此基础之上,适用现行的"1+3规则"框架衡平地进行司法判断,从而在微观上把握个案的公正,而不应拘泥于固化

---

① 关于利益衡量的介绍与讨论,可详见本章第一节。
② 梁上上:《利益的层次结构与利益衡量的展开》,载《法学研究》2002 年第 1 期。
③ 参见缪宇:《夫妻共同财产制规则蕴含的价值判断》,载《中德私法研究》第 22 卷。
④ 杨仁寿:《法学方法论》,中国政法大学出版社 1999 年版,第 97 页。

保护某一方利益的价值取向。

　　所谓衡平,其源于英国在解决法律一般性与社会特殊性的矛盾过程中所形成的机制——衡平法体系。[1] 相较于将衡平法称为一种法律,将其视作一种法律矫正的方法或手段更为合适,其并不是对既有法律的脱离,而是通过赋予裁判者自由裁量权,实现对普遍性法律规则不完善之处的弥补,避免僵化适用法律规则造成不良后果,即依靠裁判者的"良心""公正"对个案进行审判,从而实现个案正义。[2] "让人民群众在每一个案件中都感受到公平正义"的背后也包含着司法衡平的理念。而我国《最高人民法院关于民事诉讼证据的若干规定》第 85 条规定,裁判者在法律法规的总框架下,应当依循立法的价值取向,运用自己的理智和日常生活经验,依据良好的职业素养,达到内心确信后再作出客观判断。这亦有司法衡平之意。当然,司法裁判必须符合合理性逻辑和社会基本价值观念,如果最终得出与之相左的裁判结果,显然有违法律的公平属性。最高人民法院于 2020 年 1 月 19 日发布了《关于深入推进社会主义核心价值观融入裁判文书释法说理的指导意见》[3],提出将社会主义核心价值观作为检验自由裁量权是否合理行使的重要标准。社会主义核心价值观作为公众普遍认同的价值取向,代表着全体社会的共同追求,建立其精神内涵与夫妻共债认定规则的内在关联,将之作为该类案件强化说理的资源,可以有效增强司法裁判的可证成性和正当性。[4] 总体而言,社会主义核心价值观表现在夫妻共债规则设计中,既有维护家庭稳定,减少道德风险的家庭伦理价值,也包含着保护交易安全,防止市场主体失信的效率与安全价值,更蕴含着实现二者平衡的公平正义观念。

---

[1] 王亚军:《论英国的衡平法——个案特殊性的正义思维》,载《甘肃政法成人教育学院学报》2007 年第 1 期。

[2] 参见胡桥:《衡平法在中国的研究:现状、问题及展望》,载《华东政法大学学报》2009 年第 5 期。

[3] 最高人民法院印发《关于深入推进社会主义核心价值观融入裁判文书释法说理的指导意见》的通知。

[4] 于洋:《论社会主义核心价值观的司法适用》,载《法学》2019 年第 5 期。

四、夫妻共债的衡平裁判方法

在夫妻共债认定的问题上,由于规则表述的弹性与举证标准的模糊,"1+3规则"充满着不确定性,而这些"弹性"与"模糊"恰为裁判者衡平司法的应用提供了空间。裁判者要充分考虑夫妻共债认定在个案中的特殊性,并借助其自身生活经验、审判经验,以及对法律规则和利益平衡的理解来准确把握"1+3规则",使得抽象性的法律规则更加灵活地适应个案的需要,充分发挥裁判者的自由裁量权以实现个案正义。[1]

在裁判之前,法院应当跳出"举证责任分配"的思维定式,先行充分审查案件相关事实。这既包括债务的产生、借贷合同的履行及效力等与债权本身有关的事实,还应当包括债务人家庭条件、家庭成员组成、生活工作状况等与债务人婚姻家庭有关的事实。在调查的过程中,应当特别甄别两种情形:(1)夫妻双方是否存在借离婚的形式逃废债的情况,通常表现为签订"一方承接债务,一方享有全部财产"的离婚协议等。(2)是否存在债权债务双方构建债权不当转移夫妻共同财产,侵害配偶利益的情形。上述情况的判定必须综合全面考察案件证据材料,不能一概而论。因此,裁判者应结合具体案件事实及经验法则,并结合当事人的证明手段、证明程度、与案件的联系程度等综合因素求得心证。[2] 这是作出衡平裁判的基础。

衡平司法并非为了追求实体公正而抛弃既有规则率性而行,但"1+3规则"本身的弹性赋予裁判者充分空间。"家庭日常生活需要"的界定并非存在当然的金额标准,双方对此均负有举证义务,裁判者应责令双方各自对该标准的界定提出己方观点并尽力举证。至于债权人的三条举证进路,亦是债务人配偶一方的抗辩举证路径。为确保裁判公正且符合法律规范,裁判者在夫妻共债案件中,可以通过从紧或从宽把握"家庭日常生活需要"这"1"道分水岭的标准,同时适当提高或降低"共同生活、共同生

---

① 参见汪家元:《我国民法典夫妻共债规则评析》,载《东方法学》2020年第5期。
② 参见叶名怡:《〈婚姻法解释(二)〉第24条废除论——基于相关统计数据的实证分析》,载《法学》2017年第6期。

产经营、共同意思表示"这"3"条举证进路的举证要求来平衡债权人一方与非举债一方权益保护,从而以动态平衡的形式实现个案的实质性公平。一些案件中,债权人举证强度可能稍弱,但如有充分理由怀疑存在夫妻以假离婚形式逃废债务之情形,则可以通过考察负债期间夫妻家庭的消费和收入,在适用"1+3"规则时适度放宽对"家庭日常生活需要"的解释,或者在债权人举证涉案债务用于夫妻共同生活、共同生产经营或共同意思表示时适当降低证明要求,借助是否存在夫妻共同收益进行间接判断[①];而对于极可能恶意损害举债人配偶一方利益的情形,则应当坚持"债务的个别判断原则",对"家庭日常生活需要"作出较为严格的解释,并可就债权人"用于夫妻共同生活或生产经营"的主张适当提高举证要求,以保障非举债一方对夫妻生活重大事项的决策权和财产权。

就本案而言,根据查明事实情况,较高的借贷金额、协议载明的"公司经营周转"用途以及金某未曾参与经营等诸多事实均指向了涉案债务并非夫妻共债的方向。于此情形下,一、二审裁判认定涉案债务超出"家庭日常生活需要"的标准,更符合我国现阶段社会发展水平以及社会对夫妻家庭关系的普遍认知。而对于债权人提出的"债务用于夫妻共同生活"和"债务用于共同生产经营"这两种举证进路,笔者作为裁判者,选择了较为严格的举证标准,且郁某作为债权人也未作充分举证,故涉案债务最终未被认定为夫妻共同债务。

五、小结

在夫妻共债认定问题上,债权人之债权与非举债方之财产权在天平的两端不断摇摆,而与交易有关的各类事实导致现有法律规则难以为裁判者直接提供利益平衡之方法。因此,裁判者唯有在认清夫妻共债实质

---

① 对于此类情况,还可能涉及夫妻以虚伪的离婚意思表示规避债务问题,所以该等离婚行为的效力如何,并非一个不可追问的问题。如果对此进行充分查明,直接在案件中认定离婚无效,不失为另一种司法境界,但囿于审查成本的高昂和离婚无效的后果牵一发而动全身,司法必须审慎看待这个问题。笔者认为,如果能够以动态适用现行规则的方式得出妥善的裁判结果,或许是相对更优的实践选择。

的前提下,充分运用自由裁量权对规范背后的多种目的价值进行权衡,并以法律规则之弹性为砝码进行合理解释,方能实现债权人保护与非举债方保护的动态平衡,从而实现个案的实质正义。最后,不妨以詹姆斯法官的经典表述来结束本节的讨论,尽管该案讨论的是另一个商法界饶富争议的话题:"公正的诉求最终会克服任何技术规则产生的困难而被找到。"①

第四节　公司集团资金池的解构与规制
——基于资本要素流通的取向

在商事司法实践中,由于商业需要,商事主体在长期的经营、交易过程中会根据其商业模式和市场需求,通过嵌套、叠加等方式建构各种不同类型的交易模型或商事组织架构。这本身无可厚非,然而随着资本商业市场的不断快速发展和国内外资金的涌入,商业市场中涌现出的这些模型和架构可能产生其被创设之初所未被预料到的风险。那么当裁判者在实践中遇到这些交易模式或架构,秉持何种态度和价值取向,就可能成为一个问题。

以笔者在案件中实际碰到的公司集团资金池为例,实践中不少公司集团特别是一些大型公司集团,通过归集各集团成员公司现金的方式,构建一个集团资金池,对集团资金进行统一集中管理。这种集团资金池同时面临着商界对其"提高资金使用效率"的赞誉和法律界"加剧风险传导"的忧虑,不妨在本节展开讨论。

一、公司集团资金池何以成为问题

(一) 三个案例引发的思索

2018 年,宁夏知名民营企业宝塔石化集团爆发债务危机,宝塔石化

---

① Foss v. Harbottle(1843)2 Ha 461;67 E.R.p.202.

集团及其实控人孙珩超因涉嫌票据诈骗等罪被提起公诉。根据检方指控,在 2013 年出现大规模亏损后,宝塔石化集团为解决资金短缺,利用该集团的财务公司信用,开出大量的承兑汇票,帮助集团融资,然而到期无法兑付,最后资金链断裂,以至于演变为票据诈骗。这些无真实贸易背景的电子银行承兑汇票票据达到 49522 张,票面金额 284.60 亿元,至案发,未兑付银行承兑汇票 27064 张,未兑付金额达 171.29 亿元。目前,宝塔集团已经严重资不抵债,财务公司如今涉及多起诉讼,破产清算只是时间问题。

2019 年,上市公司康得新(＊ST 康得,股票代码:002450.SZ)在公司账户尚有 122 亿元存款的情况下,却无法兑付 10 亿元的到期债券,震惊了整个 A 股市场。根据后续上市公司公告和证监会行政处罚决定书披露的信息,康得新的大股东康得集团通过现金管理协议,得以实时划拨所有集团成员公司的账户资金,从而构建了一个资金池,统一"管理"包括上市公司康得新在内的所有集团成员公司的资金。而康得新债券到期时,因集团账户未能如期下拨资金予以兑付,债券违约随之发生。

上述两个案例是资本市场中真实发生的两个案例,都产生了很大的负面影响,对相关投资人或债权人造成重大损失,个中缘由,颇值反思。两案的共同点是,均为大型公司集团通过财务公司或现金管理协议的方式,建立集团资金池,实现集团内部资源的整合与利用。此后,身边的一个案例进一步引发了笔者对集团资金池的关注。

2020 年 8 月,笔者所在的合议庭收到一起借款合同纠纷,原告系上海市某大型国企集团公司财务管理中心,被告为该集团内部的一家成员公司,第三人为该集团财务公司。原告诉称:原告、被告、第三人曾签订集团系统内借款合同,原告委托第三人向被告发放贷款 2 亿元,但后续被告未如约还款,故诉至法院。被告对原告的诉请几乎不持任何异议,仅对违约金的计算标准提出过高的抗辩,第三人对原告的意见予以认可。鉴于案件三方当事人均属同一国企集团,且诉讼两造没有形成有强度的对抗,合议庭对双方是否存在"手拉手诉讼",是否可能通过司法裁判对抗外部债权人或其他利益相关人的权益,不无疑虑。后经深入调查,直至国资管理部门介入协调,将相关情况进行了完整介绍与披露,合议庭才打消这种顾虑,判决支持了原告的诉请。

尽管案件得到了解决,但从该案的案卷材料可以看出,集团公司通过内部协议,对其成员公司的现金账户具有高度控制权。在此情况下,成员公司的人格独立性是否完整,外部债权人的安全边界是否有被突破之虞,并非不可追问的问题。

(二) 集团资金池的问题——基于资本要素流通的视角

1. 概念的厘定

集团资金池(Cash Polling),是指企业集团基于资金集中管理的目的,对集团成员公司的账户资金进行统一调拨和管理,在企业集团内部形成的财务资金集合。在财务管理学中,集团资金池属于公司营运资本管理范畴,是集团企业司库管理的一种形式。实务中,集团资金池具有将日常借款需求最小化、降低对银行的风险敞口、让贷方余额的利息最大化、透支账户的利息最小化等优点。[①] 目前,定时现金池、实时现金池、虚拟现金池等模式在国内已经得到普遍的应用。[②] 需要说明的是,集团资金池与资管、债券业务中的资金池完全不同,后者以滚动发行、集合运作、期限错配、分离定价为特征,采取多对多的运作方式[③],是金融监管机构重点清理、整治的对象,甚至可能涉及刑事责任评价问题,该类资金池并非本节展开探讨的对象。

2. 资本要素市场中的集团资金池

集团资金池的大行其道,是由资本自身的特性所决定的。所以在进一步解构集团资金池这一交易模式之前,有必要将其置入资本要素流动的背景下予以分析和阐释,这将有助于理解其本质上的产生机理,从而使得后续的规制方案更符合资本流动规律,进而取得良好的效果。

诚如马克思关于资本的经典论述:"资本不能从流通中产生,又不能

---

① ［英］罗伯特·库珀:《企业司库与现金管理:工具、案例与方法》,张庆龙、王增业译,北京大学出版社 2016 年版,第 179 页。

② 范臻:《企业司库现金池构建模式探究——构建"超级现金池"》,载《财资中国》2017 年 5 月刊。

③ 钟维:《资金池理财产品的法律规制》,载《银行家》2018 年第 4 期。

不从流通中产生。它必须既在流通中又在不流通中产生。"①资本要素最大化逐利的本性和规避风险的特性会引导其进行流动,资本要素流动与经济发展存在高度关联关系,即使是在社会主义市场经济条件下,资本要素同样具有逐利性、流动性和扩张性。② 如何在新时代更好发挥资本的作用,无疑是当下的时代之问。对此,习近平总书记明确指出:"在社会主义市场经济体制下,资本是带动各类生产要素集聚配置的重要纽带,是促进社会生产力发展的重要力量,要发挥资本促进社会生产力发展的积极作用。同时,必须认识到,资本具有逐利本性,如不加以规范和约束,就会给经济社会发展带来不可估量的危害……在社会主义制度下如何规范和引导资本健康发展,这是新时代马克思主义政治经济学必须研究解决的重大理论和实践问题。"③2022 年 4 月我国发布《中共中央国务院关于加快建设全国统一大市场的意见》,提出应尽早实现要素和资源市场的统一,使得人力资源、资本、技术、数据信息等生产要素充分自由流动起来。④ 由此观之,如何"正确认识和把握资本的特性和行为规律""发挥资本作为生产要素的积极作用,同时有效控制其消极作用"⑤,实谓至关重要。

作为部门资本要素微观流动的一种形态,企业或企业集团内部的纵向资本要素流动并不鲜见,且经常与集团外部的横向流动相结合,进而形成一种企业部门的混合流动。⑥ 这为集团资金池的出现提供了理论基础,即集团资金池是以企业部门间的资本要素流动特别是内部纵向流动为基本前提的。在此基础上,集团资金池聚合了某一个公司集团内各个独立公司法人的本应由其自身支配的资金,即形成了一个相对规模较大

---

① 《马克思恩格斯全集(第 44 卷)》,人民出版社 2001 年版,第 193 页。
② 参见胡怀国:《社会主义市场经济条件下的资本要素:特性、作用和行为规律》,载《经济学动态》2022 年第 9 期。
③ 《习近平谈治国理政(第四卷)》,外文出版社 2022 年版,第 219 页。
④ 参见余淼杰、季煜:《构建全国统一大市场的价值意蕴及路径探析》,载《新疆师范大学学报(哲学社会科学版)》2022 年第 6 期。
⑤ 《中央经济工作会议在北京举行》,载《人民日报》2021 年 12 月 11 日。
⑥ 参见邹璇:《资本要素流动机理分析》,载《重庆工商大学学报(社会科学版·双月刊)》2004 年第 1 期。

的资本要素集合,可谓"汇小流而成湖泊"。而该种集合中的资金,本可基于其自身所属企业的经营情况自由地对外进行流动。这可以理解为企业内源性融资的一种形式,亦是实体经济横向金融系统的有机组成部分。[①] 但公司集团资金池的模式在实践中的运用效果如何,并非一个不可追问的问题。如果资金的内部拨转与外部兑付能够毫无阻滞地丝滑进行,自然是理想状态,甚至可以发挥规模效应,使得资本利用效率得到提升。然而,理想模型与现实的差别毕竟存在,资金转轨的摩擦成本在其彻底消弭之前,注定将阻滞其流动自由性与流动效率。笔者合议庭所办的前述案件就是其中例证,资金的流转甚至需要以司法裁判为依据,其效率可想而知。随着流转阻力与摩擦成本不断累积叠加,危机也就随之出现,"康得新案"与"宝塔集团案"就是有力证明。

此外,集团资金池作为一种制度性的关联交易,似乎为大股东的"隧道挖掘"带来了便利。在集团资金池的交易架构下,大股东的控股权溢价得以充分释放,小股东却不能在公司框架内分享相应收益,进而引发大股东与小股东之间的利益冲突和代理问题。另一方面,由于集团资金池的构建缺乏约束,其负外部性不仅容易蔓延至集团成员公司,还会在金融杠杆的放大效应下对外部市场造成冲击,影响国际化、法治化营商环境的构建。

事实上,对于集团资金池的风险,监管部门并非没有意识。对于财务公司,银监会(后调整为银保监会,现其职能由设立后的国家金融监督管理总局行使)制定了《企业集团财务公司管理办法》《企业集团财务公司风险评价和分类监管指引》等一系列规范性文件,中国注册会计师协会更是在康得新事件后修改了针对货币资金审计的问题解答,重点针对资金池业务列举了需要特别考虑的审计事项。[②] 但问题在于,财务公司只是构建集团资金池的一种形式,不论对财务公司设定多么严格的要求,集团完全可以通过资金管理协议的方式另行构建资金池,从而绕过对财务公司

---

① 参见王国刚、罗煜:《论国内大循环中的实体经济横向金融系统》,载《中国社会科学院大学学报》2022年第2期。

② 参见中国注册会计师协会2019年12月31日修订发布的《中国注册会计师审计准则问题解答第12号——货币资金审计》。

的监管,具体的构建方式容后详述。故相关部门的这些举措效果如何,不无疑问。更为遗憾的是,集团资金池及其带来的问题似乎并未引起法律界的广泛关注,个别学者提及这一现象,也并未针对性地展开探讨。[①] 故有必要以现行法为框架,以资本要素流通市场为视角,对集团资金池的具体架构进行解构、诠释与评价,并据之对其规制的进路与范式的构建展开探讨。

二、公司集团资金池的解构与评价

(一) 集团资金池的通常建立方式

集团资金池主要通过两种路径建立:一是通过持有金融机构牌照的财务公司,如前文提及的宝塔集团与笔者合议庭所办案件中的某大型国企集团,就是以集团成立的财务公司为中心,构建了集团资金池;二是依托商业银行提供的现金管理服务,如前文提及的康得集团。而无论在何种架构下,委托贷款这一交易形式将成为无法绕过的话题。

1. 财务公司

财务公司,指以加强企业集团资金集中管理和提高企业集团资金使用效率为目的,依托企业集团、服务企业集团,为企业集团成员单位(以下简称成员单位)提供金融服务的非银行金融机构。[②] 根据中国财务公司协会数据,截至 2018 年末,全行业法人机构数量 253 家,表内外资产总额 9.50 万亿元,实现营业净收入 1 413 亿元。[③] 根据今年 10 月最新数据,下降为 249 家。但作为中国人民银行批准设立的非银金融机构,财务公司在注册资本、金融监管等方面都有着极高的要求,一般企业

[①] 施天涛、杜晶:《我国公司法上关联交易的皈依及其法律规制——一个利益冲突交易法则的中国版本》,载《中国法学》2007 年第 6 期。

[②] 参见《企业集团财务公司管理办法》(2022 年 10 月 13 日中国银行保险监督管理委员会令 2022 年第 6 号公布自 2022 年 11 月 13 日起施行)第 2 条对财务公司之定义。

[③] 中国财务公司协会:《中国企业集团财务公司行业发展报告(2019)》,载 http://cnafc.org/cnafc/front/detail.action?id=234B1082FE4C4D87B21D7B0DECE381D1,访问日期:2022 年 11 月 2 日。

难以达到。① 针对无法设立财务公司的中大型企业集团的客观需要,商业银行纷纷推出了新型资金池产品,以满足客户集团内部各级账户之间资金调拨的需求。财务公司作为一类非银金融机构,有其单独的监管体系。

事实上,银保监会在监管过程中发现大部分财务公司运行良好,但部分财务公司则存在问题。一是部分财务公司设立后,在经营管理方面存在严重的大股东操纵问题,毫无独立性;二是一些财务公司定位不准确,通过同业合作帮助集团融入资金,沦为集团的融资工具;三是集团经营不善,产业风险向金融领域扩散,造成较大的负面影响;四是个别银保监局在机构设立方面把关不严,导致一些原本资金并不充裕的集团设立财务公司。基于上述问题的存在,银保监会加大了财务公司准入审查力度,遵从宁缺毋滥的原则,通过审查的数量大幅减少。2022 年 10 月 13 日,中国银保监会正式发布《企业集团财务公司管理办法》。办法修订了设立门槛,重申严格准入;强调专注于服务集团内部;此外,充分吸取近一年来一些财务公司风险教训,增设监管指标和加强风险监测预警;加强公司治理和股东股权监管;同时完善风险处置和退出机制,明确财务公司破产的前置审批规定,以及避免破产重整期财务公司风险扩散外溢的相关监管措施。

2. 现金管理协议

集团资金池第二种建立方式,即商业银行提供的现金管理服务。一般而言,现金管理协议的合同主体双方为商业银行和集团母公司。集团母公司可以选择定期或实时将成员公司的账户资金进行归集,或将成员公司超过一定数额的资金自动归集至集团母公司账户中,进行统一管理、使用。具体操作中,当成员公司的账户发生收款时,该账户资

---

① 《企业集团财务公司管理办法》要求:(1)资本充足率不低于银保监会的最低监管要求;(2)流动性比例不得低于 25%;(3)贷款余额不得高于存款余额与实收资本之和的 80%;(4)集团外负债总额不得超过资本净额;(5)票据承兑余额不得超过资产总额的 15%;(6)票据承兑余额不得高于存放同业余额的 3 倍;(7)票据承兑和转贴现总额不得高于资本净额;(8)承兑汇票保证金余额不得超过存款总额的 10%;(9)投资总额不得高于资本净额的 70%;(10)固定资产净额不得高于资本净额的 20%;(11)银保监会规定的其他监管指标。

金会实时（或定期）向上归集至集团母公司账户，并记录累计的上存资金余额；当集团成员公司账户发生付款时，集团母公司向下划转资金以完成支付，同时扣减该集团成员公司账户的上存资金余额。集团母公司根据记录的上存资金余额，按照约定的利率，向集团成员公司支付借贷的利息。纳入现金管理协议的集团成员单位，需向银行提交服务协议参加函，以授权集团公司或其他上级公司对其参加主协议（集团公司与银行签订的现金管理协议）的各类账户进行操作。简化的集团资金池架构，如下图所示：

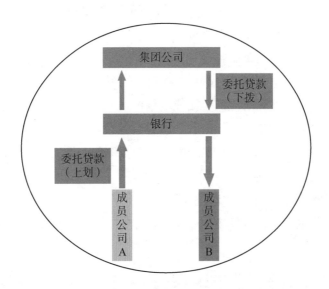

事实上，财务公司数量有限，资质亦难以取得，即便取得并成立财务公司，其仍面临极为严苛的监管压力。目前，越来越多的公司集团倾向于现金服务协议这一模式。

（二）委托贷款资金池及其实质上的双层委托结构

通过上述分析不难发现，无论是通过财务公司还是通过银行提供的现金服务协议，在具体归集、拨付资金时，都会采用委托贷款的方式，两者唯一的区别在于受托放贷的是银行还是财务公司。事实上，银行与财务公司都作为金融机构，接受银保监会的监管，几乎可以等同视之，一些优秀集团公司的财务公司比很多中小银行从评级到资质都更好。[1] 对于没有财务公司的集团来说,以银行作为中间方,集团成员公司之间通过委托贷款的方式实现公司间借贷就成为唯一的选择。[2] 然而,委托贷款本身就同样是饱受争议的一种交易模式,必须对其进一步展开介绍。

1. 委托贷款资金池的架构

《商业银行委托贷款管理办法》对集团资金池中的委托贷款进行了定义。[3] 在委托贷款资金池模式下,公司集团通常会指定一个账户为资金汇总账户(主账户),加入资金池的成员账户资金均向该主账户进行归集上拨。平时成员账户余额一般为零,待成员账户有对外付款义务时,则在成员账户向主账户归集上拨资金余额内,从主账户下拨资金至成员账户。如果成员账户对外付款金额超出其可用额度,此时可以通过资产池下委托贷款解决其资金短缺,以履行其对外付款义务。

委托人为主账户对应的集团成员单位,一般为集团母公司,也可能是母公司下设的分支机构。[4] 对于已设有财务公司的企业集团,它们一般会选择财务公司作为主账户对应的集团成员单位。借款人为成员账户对应的子公司。[5]

2. 委托贷款资金池的深层诠释

委托贷款不足以概括集团资金池的全部,其整体的交易架构也不能

---

[1] 例如,中国人民银行和中国银行保险监督管理委员会 2022 年 11 月 11 日共同发布的《商业汇票承兑、贴现与再贴现管理办法》中,首次将承兑汇票分为银行承兑汇票和财务公司承兑汇票,此前这两者都被称为"银票"。

[2] 尽管海外市场多采用企业间的直接借贷作为资金池的法律基础,但中国人民银行《贷款通则》第 61 条明确禁止企业间的借贷,因此从合规性出发,委托贷款框架设计是境内资金池产品的主流。参见熊毅:《上市公司参与集团资金集中管理的合规要点》,载《中国外汇》2019 年第 12 期。

[3] 《商业银行委托贷款管理办法》第 3 条第 3 款规定:"现金管理项下委托贷款是指商业银行在现金管理服务中,受企业集团客户委托,以委托贷款的形式,为客户提供的企业集团内部独立法人之间的资金归集和划拨业务。"饶有意味的是,该办法第 3 条第 1 款恰恰将第 3 款所规定的现金管理项下的委托贷款排除出了该办法的适用范围,这一排除直接导致了委贷资金池中的委托贷款不受该管理办法的规制,后文对此还将有所涉及。

[4] 例如,笔者前文列举的合议庭承办案件,委托人即该集团公司下设的财务管理中心。严格来说,该中心并不具备独立法人地位,但依据诉讼法相关规定可以作为诉讼主体参与诉讼。

[5] 参见《委贷资金池为何崛起?》,https://baijiahao.baidu.com/s?id=1746542183961490983&wfr=spider&for=pc,访问日期:2022 年 11 月 20 日。

简单套用民间借贷加以解释。[①] 监管部门已经清楚地指出，委托贷款与集团资金池的归集管理并不相同，因此没有将银行的现金管理服务纳入委托贷款范畴加以规范。[②] 事实上，集团资金池真正的关键并不在于资金上划或者下拨的过程，而是在于资金归集后的分配和使用。因此，委托贷款仅仅是对资金池进出口处流动方式的一种描述，但并不涵盖和诠释更为重要的集团母公司的运作和决策。站在集团的宏观视角下，除了银行作为受托人，以委托贷款的形式完成资金的划转外，集团资金池中还隐藏着第二层次的委托关系。集团母公司作为全体成员公司的受托人，也是集团资金池的实际管理人，负责将部分成员公司的资金调配给集团母公司或其他成员公司使用。因此，集团资金池其实存在着双重委托结构：第一层委托的受托人为商业银行或财务公司，是形式上、外在的企业间借贷，反映的是具体交易内容；第二层委托的受托人为集团母公司，负责整个集团资金的归集和分配，反映的是交易结构背后的经济实质。

然而，这样的一种隐藏委托关系却蕴含着利益冲突风险。集团母公司不仅是资金管理方，负责向提出支付申请的成员公司下拨资金，同时也可能是借款人，在自身的经营中占用成员公司的资金。在资金总量一定的情况下，势必出现集团母公司和成员公司对存量资金的博弈。在这样的博弈关系中，成员公司处于显而易见的弱势地位，集团母公司同时扮演着受托人与交易对手的角色，这一身份冲突明显有违基本的市场原理与商业伦理，给集团造成额外的风险。

中国公司治理的主要矛盾是控股股东与中小股东之间的矛盾，基于委托代理关系而产生的信义义务不仅存在于管理者与所有者之间，也存在于控股股东与小股东之间。[③] 控股股东作为代理人，受托于小股东直接负责公司的经营管理，但信息的非对称性与契约的非完全性为代理人

---

① 理论上，委托贷款属于民间借贷还是金融借款仍有一定争议，但这一争议与本节主题关联不大。本节暂采司法裁判中的主流观点，认为委托贷款应属民间借贷。参见(2016)最高法民终124号裁判文书，载《最高人民法院公报》2016年第11期。

② 《商业银行委托贷款管理办法》第3条第1款规定："本办法所称委托贷款，是指委托人提供资金，由商业银行(受托人)根据委托人确定的借款人、用途、金额、币种、期限、利率等代为发放、协助监督使用、协助收回的贷款，不包括现金管理项下委托贷款和住房公积金项下委托贷款。"

③ 参见赵旭东：《公司治理中的控股股东及其法律规制》，载《法学研究》2020年第4期。

的道德风险问题和机会主义倾向提供了土壤,代理问题因此产生。集团资金池的建立,完美契合着代理理论对公司控制的描述。集团母公司以其优势地位,推动集团成员公司加入资金池,取得了对集团成员公司资金的支配,集团成员公司的小股东只能作为委托人,期待控股股东勤勉尽责、谨慎经营。可以说,集团资金池中的第二层委托关系,正是代理理论下控股股东与小股东关系的体现。当然,绝对的权力必然辜负善意的期待,没有约束的控股股东同样也不会放弃对利益的极致追求。

(三) 对公司集团资金池的评价

1. 对成员公司少数股东的利益侵蚀

世行在解释"保护少数投资者为什么重要"时指出,公司治理中最重要的问题之一是自我交易,关联交易是"世界上违反良好公司治理的最严重行为之一"。[①] 应当强调的是,包括《公司法》在内的各项商事组织法与交易法并未排斥或禁止关联交易,关联交易的存在也有其合理性与必然性,需要规制的是侵害公司股东或其他利益相关人权益的关联交易。因此,真正的问题在于,集团资金池作为一种关联交易,是否侵害了小股东的利益? 集团母公司通过委托贷款归集资金时向集团成员公司支付的利息,真的是借用资金的合理对价吗? 对关联交易的审查,主要存在两种方法:一是交易的价格客观上是否公允;二是控股股东的目的和手段是否合理。[②] 鉴于第二种方法一般用于个案考察,笔者从交易对价的角度分析集团资金池中的关联交易。

从集团成员公司的角度出发,作为资金借出方,至少存在以下几项成本:(1)公司的发展战略机会成本。对于资金借出方而言,将账户现金实时或定期划转至集团母公司,意味着除非获得集团母公司的支持,否则基本只能维持现有业务,放弃了增加资本投入、扩张业务或开拓新领域的可能。即使在公司的正常经营中,由于需要顾及集团公司账户的资金调度,集团成员公司也可能因收付款受到制约而错失市场中的交易机会。简言

[①] 汪青松:《关联交易规制的世行范式评析与中国范式重构》,载《法学研究》2021 年第 1 期。

[②] 参见周淳、肖宇:《封闭公司控股股东对小股东信义义务的重新审视——以控股股东义务指向与边界为视角》,载《社会科学研究》2016 年第 1 期。

之,除非有集团母公司特别支持,集团成员公司只能在集团内扮演资金供应方的角色,沦为集团母公司的"提款机",可以说被剥夺了公司的"发展权"。集团成员公司的战略成本、发展空间,是其隐性但最重要的一项成本。(2)借贷市场上的成本。即使集团成员公司放弃了其他发展机会,决定将自有现金出借以获取利息,集团母公司所提供的利率在民间借贷的市场中通常也不具备优势。资金借出方完全可以借给市场中的第三方,以争取更高的利率。当然,该项成本是否存在取决于集团内部的约定,如果银行的现金管理协议中已按照民间借贷利率的上限约定资金占用补偿,那么该项成本可能并不存在。(3)债权实现成本。如上所述,集团资金池的法律基础是委托贷款,一般都没有保证、抵押等增信措施,属于真正意义上的信用借款。尽管这种信用是基于关联公司之间的了解,但在集团资金池陷入流动性危机时,资金借出方将不得不承受更高的风险,付出更高的债权实现成本。作为市场主体,集团母公司增信措施的缺乏本应导致资金成本的上升,但通过集团资金池,集团母公司却以更低的成本吸收了更多的资金。最重要的是,这种成本的降低不是通过效率的提升,而是通过风险的转嫁。

综上可见,集团母公司支付的利息充其量只能补偿资金的占用,集团成员公司的发展战略成本、债权实现成本则只能自行消化。

2. 对法人独立人格的冲击

集团母公司对资金池具有归集调配的权限,这意味着成员公司对自身的资金账户失去了控制权,这往往意味着成员公司独立性的缺失,实践中甚至存在被刺破公司面纱的风险。

集团将诸成员公司的资金予以聚集,其实质是资本要素的归集,与一般审判实践中"混同"的概念已经极为接近。实务中,部分使用集团资金池的企业直言不讳地总结道,资金池管理依赖于一些高要求,"集团对成员企业的控制力度,直接影响着'资金池'管理效益的发挥"[1]。所谓的"高要求""控制力度",恐怕只是集团母公司视角下的措辞,对于集团成员

---

[1] 王雪梅:《"资金池"模式与银企直联在重庆高速集团资金集中管理中的结合应用》,载《现代经济信息》2016 年第 18 期。

公司的小股东而言,这些"高要求"都是不经济的负担。更让人担忧的是,这些措辞与《九民纪要》中关于人格否认类案件中"过度控制"的相关规定十分接近。事实上,无论是实务界还是理论界,对集团公司背景下公司的人格独立性问题关注已久,对这种过度控制行为更是不乏批评之声。关联公司因其特殊治理结构以及有限责任对其的局限性,更易出现人格否认的情形。① 有学者对 2006—2015 年我国公司集团背景下刺破公司面纱的 312 个案件进行实证分析后发现,公司集团下的刺破公司面纱案件数量增长明显,经济不发达地区的刺破率更高,混同是最常用的刺破理由,财产混同和过度控制是此类案件中的重要判断因素。②

司法实践中,关于集团资金池的构建是否必然直接导致公司人格的否认,尚存争议。③ 事实上,人格否认制度的运用是动态的,即综合考量个案中的各项情节来判断公司人格独立性,而资金池可能成为重要的一个被考量的不利因素。诚如最高人民法院在"康得新案"中否认康得新公司人格时所言:"康得新公司因康得集团公司的控制行为,使得其在经营和财产方面丧失独立法人人格,康得新公司不再具有独立意志和独立利益。"④此时,公司面纱的刺破就成为大概率事件。因为,在集团资金池下,集团母公司与集团成员公司的财务边界不复存在,一定程度上已经可以理解为不遵守公司程式或过度控制,这些理由都很有可能导致成员公司在个案中被认定为丧失独立人格,进而被刺破其公司面纱。⑤

3. 成为避债工具的可能

集团资金池构建完成后,一个突出的问题就是成员公司的偿债能力可能出现大幅度下降的情况。以某央企集团的经营为例,该集团借鉴应用司库管理理念和实践,建立了集团资金池后,各级单位资金实现"大集

---

① 石一峰:《关联公司人格否认动态判断体系的构建》,载《环球法律评论》2022 年第 3 期。

② 参见黄辉:《公司集团背景下的法人格否认:一个实证研究》,载《中外法学》2020 年第 2 期。

③ 实践中,也有部分法院认为公司集团对成员企业的资金归集进行财务记载,能够清晰反映各成员企业与集团公司之间的往来、债权债务明确的,不必然认定为财产混同,还必须结合案情综合判断。参见天津市高级人民法院(2019)津民终 258 号民事判决书、江苏省高级人民法院(2019)苏民终 1285 号民事判决书。

④ 参见最高人民法院(2021)最高法民申 1965 号民事判决书。

⑤ 参见朱锦清:《公司法学》(修订本),清华大学出版社 2019 年版,第 171 页。

中、零余额、广调度""做到资金应归尽归、全时段实时集中",各级单位结算实现"由付款变为记账",集团内部单位之间通过内部集团账户实施交易封闭结算,做到"只记账、不动钱、无备付"。[①] 央企作为我国经济的压舱石、定海针,具有强大的抗风险能力,但这样的模式复制到其他集团中,效果如何,不无疑问。在如此模式下,集团成员公司基本处于"零余额"的状态,那么如果有心逃废债,这样的成员公司就成为完美的债务中心,集团母公司所控制的资金池账户则成为完美的资金避风港,债权人在常规债权请求权项下,将难以实现其债权。在此情况下,债权人或只能寻求前文述及的刺破公司面纱之诉,才能保全其债权,徒增维权成本,效果亦难言理想。

4. 风险传导性的倍增

从集团母公司和集团整体的角度出发,集团资金池也存在风险,特别是会引发财务风险的传导与扩大。(1)外部风险的聚合。集团资金池固然实现了将外部融资成本内化的功能,但也同时将融资风险内化为集团的整体风险。作为集团母公司,其管理的风险由单一变为庞杂,不仅包括财务风险,还有经营风险、法律风险,甚至是道德风险。集团母公司疏于其中任一风险的防范,都会对整个集团的经营管理造成不同程度的影响。本质上,集团资金池与浙江温州、山东邹平曾经爆雷的关联公司担保链并无不同,一旦集团资金池内发生资金链的断裂,其风险将迅速蔓延至集团所有成员公司。(2)清偿责任的集中。委托贷款最核心的特征是,委托人不是真正的借贷关系当事人,不对贷款承担任何责任与风险。[②] 但在集团资金池业务中,风险存在中心化的特征——集团母公司需面向所有集团成员公司,承担无法清偿借款的责任。举例而言,任一成员公司发生贷款违约时,只能由集团母公司对其追偿,而实际提供资金的成员公司也只能向集团母公司主张债权。(3)风险的多向传导。由于集团资金池,母公司和诸成员公司被绑定成事实上的利益共同体。当母公司出现对外债务时,特别是当母公司自身的资金和财产难以清偿债务时,资金池中所谓的

---

① 参见方剑华等:《国家电网司库管理体系建设时间》,载《财务与会计》2021年第23期。
② 贺绍奇:《委托贷款的治本之道——〈商业银行委托贷款管理办法〉评述》,载《银行家》2018年第4期。

归属于成员公司的资金将面临被强制执行用于偿债的风险,这里即出现了风险的下行传导。当成员公司面临债务危机时,债权人如发现成员公司账户金额不足,势必向集团母公司或其他成员公司追索,这里就出现了风险的上行传导与平行传导。

5. 税务问题

委托贷款交易所构建的集团资金池模式下,会涉及一系列的税收,而这些税负要求往往为交易各方所忽视甚至回避。例如,委托贷款涉及由银行作为受托人对外签署借款合同,需缴纳印花税。作为集团母公司的委托人,通过银行等金融机构向借款人发放委托贷款并收取利息,属于增值税征税范围内的"销售贷款服务",应缴纳增值税。受托银行或财务公司作为通道中介收取的服务费、手续费等收入,则需按照"经纪代理服务"计算缴纳增值税。值得一提的是,2019 年以来,财政部和国家税务总局对部分增值税实施免征优惠政策,其中包括"对企业集团内单位(含企业集团)之间的资金无偿借贷行为"实施免征增值税优惠。① 故对于集团资金池业务而言,如果采用零利率方式,则成员公司和集团母公司均可免除增值税,但收取委托手续费的银行,则不享受该优惠。按照《企业所得税法》第 6 条第(5)项及《所得税法实施条例》第 18 条,委托贷款人收到的委贷利息收入,应计入应纳所得额,征收所得税。一些集团会依托国家税务总局《关于全面推开营业税改征增值税试点的通知》(财税〔2016〕36 号文)的规定,以"统借统还"的架构形式试图避免或减少增值税和所得税。② 然而,公司集团的组织形式及其天然的资金流动便捷性放大了公司独立人格被滥用的情形,集团内的公司成员通过关联交易和资本弱化手段,可以利用公司法人格和控制权规避税收之债,这增加了税务机关税收风险防治工作的难度。③ 资本要素追求利益最大化的属性会使得其具

---

① 参见《财政部 税务总局关于明确养老机构免征增值税等政策的通知》第 3 条和《财政部 税务总局关于延长部分税收优惠政策执行期限的公告》的相关规定。
② 参见贺宁坡、陈颖:《企业集团资金池模式下涉税问题分析与对策》,载《新理财》2022 年第 1 期。
③ 参见宋朗:《集团情境下的税收风险及防治——基于法人格滥用的视角》,载《税收经济研究》2021 年第 1 期。

备逃避前述税负的倾向,其行为结果就是国家税收的流失。[①] 不仅如此,公司集团资金池模式在税负方面不可避免的支出,再一次印证了,在资本要素流通视角下,公司集团资金池架构中的资本出入摩擦成本是必然存在的,这种成本将阻滞资本要素的自由流动。

综上可见,目前实践中的公司集团资金池模式存在侵蚀小股东倾向、动摇公司独立人格、沦为逃废债工具、放大系统性风险等诸多弊端和风险,更是会带来税务等一系列企业合规问题,徒增资本要素流通的摩擦成本,阻滞了资本要素的自由流通。有学者的实证分析指出,基金持股比例高、董事和独立董事持股比例高及市场化程度高的非国有上市公司更不倾向于签订金融服务协议(即加入集团资金池),签订金融服务协议的上市公司价值显著更低,并且这种价值减损在国有上市公司中更加严重。[②] 显然,如果不能有效规范集团资金池中的风险,那么这种关联交易的隐患将远大于益处。

三、公司集团资金池的规制进路

证券监管部门对上市公司向关联方拆借资金一直持否定态度[③],但基于市场的强烈需要,即使上市公司也并未被禁止参与集团资金池[④]。相反,通过制度的细化,监管部门引导上市公司在公司治理的层面对集团资金池进行规范[⑤],这一监管导向无疑值得肯定。但是,前述行政监管措

---

① 张守文主编:《经济法学》(第七版),北京大学出版社 2020 年版,第 161 页。

② 窦欢:《企业集团及其内部资金交易的影响因素及经济后果研究》,中国经济出版社 2019 年版,第 274 页。

③ 《关于规范上市公司与关联方资金往来及上市公司对外担保若干问题的通知》(证监发〔2003〕56 号)第 1 条第 2 款规定:"上市公司不得以下列方式将资金直接或间接地提供给控股股东及其他关联方使用:1. 有偿或无偿地拆借公司的资金给控股股东及其他关联方使用;2. 通过银行或非银行金融机构向关联方提供委托贷款……"

④ 证监会在对康得新进行处罚时,主要针对康得新年报披露的银行存款余额存在虚假记载,并未直接认定康得集团与北京银行签订的现金管理业务合作协议违反证监发〔2003〕56 号的相关规定。参见中国证监会行政处罚决定书(康得新、钟玉等 13 人)〔2020〕71 号。

⑤ 如鞍钢股份(股票代码:000898)曾两次在股东大会上提出拟与鞍钢集团财务公司签订金融服务协议(内容包括加入集团资金池),但均被否决,不得不搁置。

施还停留在上市公司领域,对于不包括上市公司的集团资金池的规制问题,仍属空白。况且,行政监管毕竟不能完全代替法律,如何更好地规范公司集团资金池,使得其在促进保障资本要素流通、聚合集团流动性、减少企业融资成本、服务实体经济的同时,减少其自身的风险与问题,是值得进一步探讨的话题。

(一) 公司集团资金池规制的展开章法——以世行方法论切入

尽管世界银行在 2020 年取消了营商环境(Doing Business,简称 DB)报告,但在世界各经济体制度竞争、经济竞争乃至政治角力愈发激烈的当下,构建良好的法治化、国际化营商环境是我国的重要战略。2022 年 5 月,世界银行发布了宜商环境(Business Enabling Environment,简称 BEE)评估体系的项目说明,拟替代原有的营商环境评估。[①] 虽然有所调整,但原有评估体系特别是"保护少数投资者"这一指标仍是考察包括集团资金池在内的企业关联交易的重要参照。该指标旨在考察各经济体规制上市公司关联交易的力度,系基于《自我交易的法律经济学》这一经典文献而设计。该文指出,关联交易可以用如下方法加以规制:一种方法是强制私人进行善意行为,包括运用广泛的披露、交易的审批程序,以及质疑自我交易时的私人诉讼等;另一种方法则是依靠公共执法,包括对自我交易行为人进行罚款以及判处刑期,即以公权力对不法行为施加违法成本,从而达到阻遏违法的效果。[②] 但两种方法比较而言,公共执法并不利于股票市场的发展,法律制度的私人执行是成功规制自我交易的关键,私人执法最终会促进股票市场的成功和经济的发展。因此,在公司治理层面,通过为关联交易设置更严格的程序、赋予控股股东更高的义务,可以帮小股东争取更大的博弈空间。在现行法框架下,可以分别从公司法、金融监管法的不同面向出发,以提升对中小投资者的保护和对金融安全、营商环境的保护为导向,对公司集团资金池予以规制。

---

① 参见《世行开启新的营商环境评估,明年发布首份 BEE 报告,DB 项目已停》,https://export. shobserver. com/baijiahao/html/488005. html,访问日期:2022 年 10 月 25 日。

② 罗培新:《世行营商环境评估之"保护少数投资者"指标解析》,载《清华法学》2019 年第 1 期。

(二) 基于公司决策机制展开的规制进路

《公司法》第 67 条规定了公司董事会的职权,指出公司的经营计划和投资方案由董事会决定。若将加入集团资金池理解为一项公司的经营计划,则意味着加入集团资金池应当在董事会决议批准后方可施行。同时,作为股东知情权的一部分,形成的董事会决议应当允许股东随时查阅。这一解释路径的目的在于,借助公司自治的程序,将披露和批准运用于集团资金池的设立,使小股东可以通过私人执法在事前或事后介入,维护自身的权益。

1. 董事会职权的刚性规定

《公司法》第 67 条以正面的方式列举了董事会的职权,并指出董事会可以行使其他公司章程赋予的职权。从文义解释的角度看,这意味着"经营计划"属于董事会的法定职权,公司章程只能在法定职权的基础上增加其职权范围,而不能减少或转授他人。这一强制性规范的属性固然削弱了公司自治的范围,但也保证了公司管理格局和运行机制的稳定。因此,公司加入集团资金池,应当在董事会中进行及时披露,并在得到职权机构的批准后方可进行。

2. 披露义务对集团资金池的约束

强制披露使利害关系方能够及时了解公司的重大决策或变更,并降低了小股东或其他利害关系方维护权益的信息成本。尽管在封闭公司中,控股股东与小股东之间并不存在,也不应存在实质性的对等和公平,但强制披露保证了在控制股东与少数股东之间实现关于利益冲突交易的形式上的信息平衡。[1] 当集团成员公司加入集团资金池时,银行的现金管理协议中只需要提供成员公司参加集团资金池的书面函件,但这一书面函件大概率是控股股东径自使用公司公章,直接交给银行。不参与公司经营的小股东,很可能只有在发生资金困难时,才会知晓这一情况。因此,及时的事前披露对于集团资金池而言是正当性的基础,小股东通过其

---

[1] 参见施天涛、杜晶:《我国公司法上关联交易的皈依及其法律规制——一个利益冲突交易法则的中国版本》,载《中国法学》2007 年第 6 期。

委派的董事席位投出反对票,也可以选择"用脚投票",还可以选择通过博弈获得控股股东在其他方面的补偿。退一步而言,在小股东不能忍受利益遭到侵蚀,提起进行交易实质审查的诉讼中,披露至少能确保小股东获得初始的证据。

3. 批准程序对集团资金池的约束

封闭公司中的批准或同意通常不能实质性地阻挡大股东的意志,但批准这一程序仍可以在以下两方面起到约束作用:一是需要职权机构的批准意味着控股股东不能绕过董事会,直接以公章对外作出意思表示,否则将构成越权而丧失合法性;二是董事的信义义务要求董事在处理与关联企业的关系中,谨慎判断交易的内容,避免偏离忠实义务规则,至少将利益冲突降低到最低或可接受的水平。[①] 在我国上市公司的治理中,甚至已经出现股东大会不予批准加入集团资金池的实例[②],证明了批准这一程序控制的有效性,类似的私人执法实践应当在司法中得到延续和支持。此外,在法律解释层面,将加入集团资金池这一决策视为公司重大决策,或者理解为对公司资金或财产的重大处置,或者可能成立股东压迫,进而为小股东另辟蹊径,中小投资人将得以从《公司法》第 89 条取得异议股东回购请求权,通过诉讼回收其投资。

(三) 基于对控股股东的规制进路

2023 年《公司法》对控股股东的规制力度较之前有所加强。《公司法》第 21 条禁止控股股东利用关联关系损害公司利益,否则应当承担赔偿责任。同时,《公司法》第 21 条禁止股东滥用权利的规定具有一般性条款的指引价值,通常作为控股股东对中小股东承担信义义务的法律依据。[③] 由于集团资金池中的权益侵害是控股股东通过关联交易实现的,因此《公司法》第 21 条与第 22 条均可以用于对集团资金池的

---

① 叶林:《董事忠实义务及其扩张》,载《政治与法律》2021 年第 2 期。

② 即前文述及的鞍钢股份(股票代码:000898)两次在股东大会上提出加入集团资金池但遭到否决的事例。

③ 傅穹:《我国控股股东信义义务的司法续造》,载《上海政法学院学报(法治论丛)》2021 年第 3 期。

规范。

控股股东的信义义务遵循"义务违反—责任承担"的逻辑,通过事后的损害赔偿保障合法权益,旨在赋予法官在个案中的裁量权,将公平、正义和良心等人类社会共同价值准则引入《公司法》,以应对控股股东在公司治理中引发的各类问题。[①] 封闭公司中,几乎所有的权力统合于控股股东,造成公司治理主体与法定主体的脱节。[②] 控股股东可以忽略少数股东的意愿而自行行动,少数股东则只能期待多数股东会为了其利益而善尽责任。根据《公司法》第21条,推动成员公司加入集团资金池的控股公司负有对中小股东的信义义务,处于实际行使控制权地位的股东在行使权利时,应该顾及其他股东的权利和利益。[③] 参考美国公司法中的一项规制关联交易的判断方法,即母公司的决策可能会限制子公司的发展,限制得合理与否,判断标准之一是子公司的少数股东能否在这一限制中按比例获得利益。[④] 显然,在目前的实务中,大部分成员公司在参与集团资金池时,少数股东都没有能够按比例获得利益。封闭性公司中,因人合关系的特征更为强烈,控股股东需要承担的信义义务应当比开放性公司的控股股东更为严格,封闭性公司的股东之间要互负最大忠实义务和善意义务。[⑤] 不仅如此,信义义务的功能之一是遏制公司关联关系主体榨取公司潜在价值的交易行为,为公司治理确立了道德规范,也为阻却公司关联关系主体获取非法利益的机会主义行为提供了路径选择。[⑥] 因此,针对包括控股股东在内的关联关系主体的信义义务,对于规制集团母公司不当利用现金管理协议、损害成员公司利益,具有很大的运用价值。

另外一个值得关注的方向是通过对董事、高管施加必要的信义义务约束,从而更好地维护中小股东权益。一方面,董事与高管的任命往往与作为大股东的集团母公司的意志息息相关;另一方面,加入集团资金池这

① 参见邹学庚:《控股股东信义义务的理论反思与类型化》,载《比较法研究》2023年第4期。
② 赵旭东:《公司治理中的控股股东及其法律规制》,载《法学研究》2020年第4期。
③ 张学文:《封闭公司中的股东信义义务:原理与规则》,载《中外法学》2010年第2期。
④ 朱锦清:《公司法学》(修订本),清华大学出版社2019年版,第693页。
⑤ 王建文:《论我国构建控制股东信义义务的依据与路径》,载《比较法研究》2020年第1期。
⑥ 参见杨志壮:《公司关联关系主体信义义务的衡平规则解析》,载《政法论丛》2023年第3期。

一行为在操作层面往往正是董事、高管实际经办的。因此,如果能够通过信义义务规则对大股东、董事、高管主导加入集团资金池的行为进行规制,势必将会使得他们更为慎重,也为小股东维护权利提供了抓手。[①] 将加入集团资金池纳入重大商业交易之范畴,以信义义务中的勤勉义务对董事进行评价,并辅之以商业判断规则,在实践中充分考虑董事的实际地位,在董事违反信义义务责任的法律适用过程中,以相对谨慎的态度认定董事过错[②],从而体系化地维护中小股东和债权人权益。

(四) 基于金融监管角度的规制进路

前文述及,公司集团资金池的构建通常有两种模式,即通过财务公司或现金管理协议,且在资金流动环节都会用到委托贷款这一工具,从而形成了集团资金池"2+1"的构建模式,可分路径予以规制。

对于财务公司而言,监管部门将其作为非银金融机构进行监管,强度一向不低,而《企业集团财务公司管理办法》进一步提高了准入门槛并加强监管,同时完善了退出机制,规范要求已经较为完善。事实上,资本市场早已通过行动表明了态度。根据公开披露的信息,2020 年以来,已经有 8 家财务公司被批准破产或解散,另有 3 家被其他财务公司吸收合并,财务公司的数量持续下降。与财务公司的路径相比,公司集团越来越倾向于通过现金管理协议构建资金池,其背后意蕴和原因,可谓不言自明。这也从另一个侧面证明,强有力的金融市场监管对集团资金池的乱象从来都是一剂良药。

对于现金管理协议模式来说,尽管公司集团绕过了财务公司这一金融机构,似乎避免了金融监管的规制,但金融监管手段并非没有适用的空间,因为财务公司的替代者——提供现金管理服务的银行——仍处于金融监管之下。事实上,监管部门对作为银行具体行动机制的委托贷款业务的关注由来已久。委托贷款这一业务模式在 2008 年随着 4 万亿经济

---

① 根据 2023 年《公司法》第 180 条、第 190 条、第 191 条、第 192 条,确实存在解释与适用上的空间。

② 参见王建文:《我国董事信义义务制度的扩张适用:一般规定的确立》,载《当代法学》2023 年第 1 期。

刺激计划的实施而发展,不断创新,进入了野蛮生长期。根据 2020 年 12 月《金融监管研究》发布的《中国影子银行报告》,2009 年初,委托贷款规模不到 3 万亿元,而到 2016 年底,委托贷款的规模已暴增至 13.97 万亿元,而其中相当一部分委托贷款已经异化为银行规避信贷标准的通道,而非真正的委托。[①] 随着银保监会等监管部门 2017 年发布的《关于规范银信类业务的通知》、2018 年发布的《商业银行委托贷款管理办法》等监管规定之出台,针对委托贷款业务的监管得到大幅度加强,委托贷款的规模显著下降。其中最引人关注的就是《商业银行委托贷款管理办法》,其强调了银行的中介作用,限制了委托资金的来源和用途,对委托贷款业务的规范起到颇为积极的效果。

　　然而问题在于,《商业银行委托贷款管理办法》第 3 条特别强调其规制对象并不包括现金管理项下的委托贷款,且在该条第 3 款专门定义了何为现金管理项下的委托贷款,从而使得公司集团资金池模式中的现金管理协议并不受到该管理办法的规制,进而为公司集团资金池逃脱金融监管视野预留了后门。这样的监管思路值得商榷,也反映出监管部门对银行通过现金管理服务为企业构建资金池的监管力度的不足。相比之下,更适宜的方式是将资金管理协议项下的委托贷款业务置于监管之下,对银行施加必要的管理人义务,以防止金融风险的传导,确保集团资金的安全与流转合规。

四、结语:公司集团资金池的范式构建期望

　　无论是在资本要素的流通市场还是在一般商事交易中,对交易架构的选择体现着商事主体对交易内容、交易目的之理解,但交易架构本身不是为了给新的交易类型套上成熟、完善的外在形式,而是为了保障各方当事人的权益在交易中不受损害,这也应当是合规工作的终极目标。集团资金池的存在,是基于企业内部的经营管理需要,本身无可厚非。但以委

---

① 参见尹威、赵启程:《中国影子银行委托贷款风险管控政策模拟与仿真研究》,载《金融经济学研究》2022 年第 4 期。

托贷款的形式实现资金的归集、管理和分配,未能反映集团资金池的关联交易本质,也未能平衡集团成员公司控股股东与小股东之间、集团母公司与集团成员公司之间、集团内部公司与外部债权人之间的利益。实务中,集团资金池完美演示了代理理论中委托人与受托人的利益冲突。集团母公司作为集团成员公司的控股股东,同时扮演着整个集团公司资金的受托人角色,在降低资金成本、盘活资金效率的同时,也让集团成员公司付出了高昂的代价、承担了额外的风险,小股东因此承担了巨大的代理成本。因此,在架构的设立层面与规制的进路层面,都应当构建良好的范式,从而更好地发挥集团资金池对资本要素流通市场的积极作用,从而助力国际国内统一大市场的建立与完善。

在架构设立层面,具备财务公司的集团设立资金池,通过财务公司构建资金池应当是首选,集团应当致力于完善财务公司的管制制度与风险控制,而非寻求绕过金融监管。对于没有财务公司的公司集团,选择通过银行现金管理服务,以现金管理协议为依托,以委托贷款为形式,构建资金池是唯一选择。然而,亦应当注意归集与拨付资金的手段合规性,保障中小投资方的知情权和决策参与权,避免过度控制,不要让"尊重成员公司独立性"成为一句口号。

上述这些都以合适的规制为前提保障。借鉴世行营商环境评估对关联交易的规范进路,在"公司治理层面通过私人执法+金融监管层面通过公法规制"对集团资金池进行规制无疑是更好的选择。

私人执法层面,通过对《公司法》第 67 条的解释运用,小股东可以在公司决策机制中借用强制披露、审批等程序缓冲大股东的多数表决权。同时,通过扩张解释《公司法》第 20 条,初步建立控股股东的信义义务,能够给予小股东必要的事后救济。实现的具体路径则存在多样性,应具体问题具体分析,这种方式可能是股东派生诉讼、股东直接诉讼,抑或异议股东回购请求权乃至强制分红之诉等。

金融监管层面,在维持与完善对财务公司的强监管基础上,继续查漏补缺,防止财务公司沦为集团的融资工具,防止其经营业务的泛化、异化。在此基础上,应将现金管理服务及其项下的委托贷款业务纳入有力的监管视野下,对银行施加必要的管理人义务,以期减少风险并制约公司集团规范运营。如此才是彻底解决公司集团资金池的各种负面问题，使其更好地促进资本要素流通，在安全边际内更好发挥金融功能的应然之举，并且也对构建资本丰沛的国际国内统一大市场大有裨益。

第七章

商事案件中的证明问题

第一节　关于证明规则的迷思与拨正

如果说本书前六章的内容主要是围绕商事案件裁判的宏观意义上的"道"（即应当秉持的商事审判思维与商法价值理念）和中观意义上的"术"（即面对具体案件的方法论意义上的路径与方法），那么本章与第八章所欲探讨的则是关于如何将前述理念与方法进一步落实到具体案件中的更为微观的"式"，是将前述理念、方法进一步具象化至个案中时所无法绕过的裁判步骤或方式。

一、"举证责任""证明责任"辨

无论是通过司法三段论还是权衡所作出的裁判，必然以清晰的法律事实查明为前提，否则任何裁判方法都无从谈起。事实需要由证据来证明，而证据则由诉讼参与方提供，裁判者最终将根据证据的提供情况、证明力大小等因素来决定案件事实的认定状态，并根据实体法相关规定来作出裁判。换言之，一切法律规则、原则、理念，最终都还是落实到证据，并映射到裁判之中。由此可见，证据、证据规则对裁判的重要性不言而喻。然而，司法实践对"举证责任"的认识与应用存在模糊不清的情况，以至于在认定事实和适用法律环节出现偏差。

笔者常在庭审时对双方当事人明确，对于某件待证事实，双方均负有举证责任(义务),进而要求双方共同尽力举证,以求还原双方所争执的事实,此时往往看到双方当事人共同投来或困惑或讶异的目光。这反映出不少实务工作者将举证责任视为某一方的责任,对于某一件待证事实,其举证责任是非此即彼的,这样的观点在很多裁判文书中亦有所提及,可见在司法实践中,很多裁判者亦是秉持这样的认识。① 事实上,"举证责任"是一个迷惑的概念,理论界对其内涵和运行规则长期存在讨论,实践中的应用也多有分歧。"举证责任"到底是什么,一些近似的称谓如"证明责任"和"举证责任"是否意义相同,在诉讼中应当如何使用这一责任及相关配套规则来处理案件,并非没有讨论的价值与空间。

在德、日等国民事诉讼理论界,现代证明责任被誉为"民事诉讼的脊梁"②,也是我国诉讼法学研究中的一个核心问题③。我国《民事诉讼法》几经变更,但"当事人对自己提出的主张,有责任提供证据"这一条款几乎未曾发生变化,也被归纳为"谁主张,谁举证"这一广为流传的表达方式。由此,对于当事人应当就其主张提供必要证据的义务要求,被归纳为"举证责任"。但理论与实践中另有"证明责任"的表述,司法实践中这两者的混用现象十分普遍。④ 从理论界的讨论和实务的实践来看,确实存在两种不同意义的"举证责任",而这两者被统合在了立法语境的同一条文的"举证责任"中,这一认识即学者提出的举证责任"双重含义说"。⑤ 这双重含义极易引发实践中的混淆,应当进行准确分别。一种是主观意义上

---

① 参见最高人民法院(2022)最高法民终 208 号民事判决书、新疆维吾尔自治区高级人民法院(2022)新民再 138 号民事判决书等。

② 参见[德]莱奥·罗森贝克:《证明责任论》,庄敬华译,中国法制出版社 2002 年版,第 64 页;[德]罗森贝克等:《德国民事诉讼法》,李大雪译,中国法制出版社 2007 年版,第 858 页;[日]松本博之:《证明责任之分配》(新版),信山社,平成 8 年,第 9 页;[日]村上博已:《民事裁判中的证明责任》,判例时代社,昭和 55 年,第 201 页以下;[日]松冈义正:《民事证据论(上册)》,张知本译,中国政法大学出版社 2004 年版,第 30 页;[日]高桥宏志:《民事诉讼法制度与理论的深层分析》,林剑锋译,法律出版社 2003 年版,第 421 页。

③ 胡学军:《四十不惑:我国证明责任理论与规范的协同演进史综述》,载《河北法学》2022 年第 4 期。

④ 不同的表述可参见最高人民法院(2022)最高法民申 716 号民事裁定书、最高人民法院(2022)最高法民知终 1024 号民事判决书、北京市高级人民法院(2022)京民申 3180 号民事裁定书、河南省高级人民法院(2022)豫民终 7 号民事判决书等。

⑤ 参见李浩:《我国民事诉讼中举证责任含义新探》,载《西北政法学院学报》1986 年第 3 期。

的责任,也是行为意义上的责任,就是当事人要对自己的主张提出证据,这是一种行为上的要求,其实只要是诉讼参与人,都应当负有这种责任,其有必要协助裁判者还原事实,不论是对自己主张事实的证立,还是对对方主张事实的否定,都要尽力搜集并提供证据;另一种是客观意义上的责任,也是结果意义上的责任,即如果出现了事实无法查清之情形,尽管事实处于真伪不明的状态,但依裁判者不得拒绝裁判的法理,则势必需由一方承担不利后果。前者通常被表述为"举证责任",而后者则为"证明责任"。《民事诉讼法解释》则提出了"举证证明责任"的表述,似乎是将两种表述合二为一,实际上仍未彻底解决实务界关于提供证据的前述两种责任区分的困惑。行为意义上的"举证责任"和结果意义上的"证明责任"虽然关系密切,"却是两个不同领域的问题,所谓'分配'规则也不相同,'举证证明责任'概念不仅无法做到有效区分,甚至会产生取消这种区分的误导效果"[1]。这也体现了我国司法解释上对证明责任理论的矛盾态度,即"证明责任"概念所指一直徘徊在行为责任与结果责任之间。[2]

两种责任的理解分歧源于"责任"二字的两种含义:一则为"分内应做的事";二则为"没有做好分内应做的事,因而应当承担的过失"。[3] 前者是一种行为意义上的责任,后者是一种结果意义上的责任;前者是主观意义上的,后者则是客观意义上的。笔者认为,将具有双重意义的"举证证明责任"直接区分为主观意义上的"举证责任"和客观意义上的"证明责任"是有必要的,因为这两者是如此不同,却又如此容易混淆。事实上,如何称呼一种责任或义务并不重要,重要的是能否确立某种规则,厘清不同的责任范围和边界,从而构建起两种不同的概念,让诉讼参与者和裁判者能够清晰识别,不至于在认识论与实践论上出现混为一谈、各说各话的现象。"证明责任中隐含很多相对独立的概念,这些概念的模糊性已经影响证明责任的长足发展。"[4]因此,笔者常要求诉讼两造共同担负起"举证责

---

① 霍海红:《举证证明责任概念的三重困境》,载《法制与社会发展》2023 年第 5 期。
② 参见周成泓:《证明责任:徘徊在行为责任与结果责任之间——以民事诉讼为视角》,载《河南财经政法大学学报》2015 年第 1 期。
③ 《现代汉语词典》(第 7 版),商务印书馆 2016 年版,第 1637 页。
④ 白迎春:《证明责任内涵的重新定位》,载《河北法学》2015 年第 6 期。

任"，而在事实出现真伪不明状态时，采用"证明责任"的表述进行说理论证。

二、证明责任的应用场域与分配规则

证明责任(客观的、结果意义上的举证责任)的作用前提与其说在于待决事实的"真伪不明"，毋宁说"避免真伪不明恰恰是证明责任规范的任务"[①]。此时，证明责任的分配就显得尤为重要。

作为一般性规则，"不适用特定法律规范则其诉讼请求就不可能得到支持的当事人，承担法律规范的特征在实际发生的事件中已实现的证明责任，或者简单地说，对拟适用的法律规范的条件承担证明责任"，而"如果有明确的证明责任规范或法律推定对证明责任分配已经予以明确的，则另当别论"。[②] 前述规则系来源并承袭自德国学者罗森贝克的"规范说"，亦被我国理论界和实务界普遍采纳。然而，"规范说"是以相对完备的《德国民法典》为立论根基，意旨在于"法官通过对实体法文意和构造的分析来确定举证责任(证明责任)的分配"[③]。正如学者所言："任何一条民事实体法规定都包含着证明责任的预制，此乃一项无可争议的事实。"[④]从这个意义来说，实体法在对权利发生、产生障碍或消灭等规范进行规定的同时也暗含了证明责任分配法则，裁判者则通过对实体法规范语言结构的解析来"发现"进而分配举证责任。[⑤] 由此可见，证明责任的分配与其说是一个纯粹的诉讼法命题，不如将其归入到实体法所需要解决的问题中去，至少也是实体法与程序法所应当共同回应的话题。

以公司人格否认为例，应当由谁来承担结果意义上的证明责任，即如

---

① ［德］莱奥·罗森贝克：《证明责任论》，庄敬华译，中国法制出版社 2018 年版，第 17 页。

② 参见［德］莱奥·罗森贝克：《证明责任论》，庄敬华译，中国法制出版社 2018 年版，第 14—15 页。

③ 李浩：《民事证据规定：原理与适用》，北京大学出版社 2015 年版，第 33 页。

④ 陈刚：《证明责任法与实定法秩序的维护——合同法上证明责任问题研究》，载《现代法学》2001 年第 4 期。

⑤ 安晨曦：《举证责任倒置：一个迷思概念的省思——以知识产权侵权诉讼的举证责任分配为中心》，载《湖北社会科学》2015 年第 11 期。

果最终各方都尽力举证,但公司的人格独立状态相关事实仍处于真伪不明的状态,则应由谁来承担不利后果?囿于外部债权人的举证能力,理论界与实务界对公司人格否认的证明责任并非没有讨论,有学者主张此处应适用"举证责任倒置"。① 笔者以为,主张否认被告公司人格的原告债权人,应当为其认为拟适用的《公司法》第 23 条第 1 款的要件成立承担证明责任。因为从实在法看,无论是作为实体法的《公司法》还是作为程序法的《民事诉讼法》及相关司法解释,都得不出由被告承担证明责任的结论,证明责任的归属应无异议。唯一的例外是一人公司,根据《公司法》第23 条第 3 款,由被告公司承担证明责任,这也进一步从体系上印证了非一人公司人格否认的证明责任在于原告,也表明实体法对证明责任分配的决定性作用。② 因此,如果原告证据不足,自然无法支持其关于否认被告公司人格的请求。不过,作为公司外部人员的债权人确实举证能力有限,此时是否应当缓解及如何缓解债权人的举证困难,是可探讨的另一话题,或许证明标准动态调整、表见证明、摸索证明、事实推定、事案解明义务、举证妨碍等制度是更值得探讨的切入角度。③ 从实践来看,证明责任倒置和构成要件推定是直接减轻证明责任的可行方法,但作为一般分配规则的例外,通常需要实体法规范上的明确。④

　　我国实体法的健全完善与体系化是正在并将继续的一段历程,在这

---

① 相关探讨参见朱慈蕴:《公司法人格否认:从法条跃入实践》,载《清华法学》2007 年第 2 期;张磊:《认缴制下公司法人人格否认规则的司法适用新探》,载《法律适用》2018 年第 8 期;高旭军:《论〈公司法〉第 20 条第 3 款的适用要件》,载《同济大学学报(社会科学版)》2015 年第 3 期。

② 关于一人公司人格否认的证明问题,本章第二节还将结合案例进行探讨。

③ 囿于篇幅和主旨,本节对此不再展开,相关探讨可参见周翠:《侵权责任法下的证明责任倒置与减轻规范——与德国法比较》,载《中外法学》2010 年第 5 期;周翠:《从事实推定走向表见证明》,载《现代法学》2014 年第 5 期;占善刚:《证据协力义务之比较法分析》,载《法学研究》2008 年第 5 期;占善刚:《证明妨害论——以德国法为中心的考察》,载《中国法学》2010 年第 3 期;吴泽勇:《不负证明责任当事人的事案解明义务》,载《中外法学》2018 年第 5 期;陈杭平:《"事案解明义务"一般化之辩——以美国"事证开示义务"为视角》,载《现代法学》2018 年第 5 期;纪格非:《我国民事诉讼中当事人真实陈述义务之重构》,载《法律科学》2016 年第 1 期;纪格非:《〈民事诉讼证据规定〉中的推定问题》,载《证据科学》2020 年第 2 期;包冰锋:《多元化适用:证明妨碍法律效果的选择路径》,载《现代法学》2011 年第 5 期;包冰锋:《间接反证的理论观照与适用机理》,载《政法论坛》2020 年第 4 期。

④ 参见吴泽勇:《论环境侵权诉讼中证明责任倒置的实现》,载《东方法学》2023 年第 5 期。

一背景下,严格适用实体法规范,重塑以权利保护说为内核的民事诉讼目的论,贯彻实体法的目的与宗旨,也是司法的必然逻辑。① 随着《民法典》的颁行,以实体法规范体系为基础的"规范说"的适用就有了更为坚实的基础,证明责任分配的任务在请求权基础的检索过程中即可同步完成。"证明责任及其分配作为实体法问题的定位也使民事证据法得以从这一问题中脱离,专注于解决案件事实证明与认定领域的问题,从而使配套证明规则得以开始建立并逐步趋向完善。"②裁判者应当遵循实体法和证明责任理论构建起来的证明责任分配方法,不能轻易以自由裁量权对结果意义上的证明责任进行恣意分配。同理,客观意义上的"证明责任",也不存在所谓"在当事人之间动态流转"的解释空间。这种责任的转换,只能是本节语境下的主观意义上、行为意义上、结果意义上的"举证责任"。

三、证明规则的运用——基于"真伪不明"的判断展开

(一)一般规则:证明责任方承担"真伪不明"的不利后果

裁判者应当根据不同案件类型的证明标准,考察当事人的举证情况,综合判断在案证据的证明力是否达到相应的证明标准。如果达到,则意味着待证事实摆脱了真伪不明的状态;如果不能达到,则意味着需要由负有证明责任的一方承担不利后果。即使负有证明责任的一方能够构建起达到证明标准的证据链,其诉讼相对方也可以通过举证来进行反驳,以达到减弱或消解对手证据的证明力的效果,从而将待证事实"打回"真伪不明的状态。这也是主观意义(行为意义)上的举证责任存在的价值——举证绝不是仅由预设的一方承担责任,而另一方只需要躺平进行口头反驳即可——诉讼双方都应当尽力举证,形成一种动态的对抗,从而使得居中的裁判者能够更为全面地看清案件事实。

---

① 参见任重:《民法典的实施与民事诉讼目的之重塑》,载《河北法学》2021年第10期。
② 胡学军:《四十不惑:我国证明责任理论与规范的协同演进史综述》,载《河北法学》2022年第4期。

(二) 证明标准：高度盖然性及例外

我国民商事审判中通常的证明标准是高度盖然性标准，即当事人只需要举证证明待证事实的存在具备高度可能性即可。[①] 高度盖然性或者高度可能性大抵是指法官能够根据现有证据得出"极有可能如此"的心证，虽尚不能完全排除其他可能性，但能得出"待证事实十之八九是如此"的结论。[②] 达不到这一标准，待证事实就处于真伪不明的状态。当然，"高度可能性"是一个具有弹性解释空间的词语，这与裁判者的个人认知不无关联。这意味着，裁判者在认定在案证据能否充分证明待证事实时，是具有一定的自由裁量权的。

作为高度盖然性标准的例外，在一些情形下，证明标准为排除合理怀疑标准[③]，即裁判者对要件事实的确信达到不允许相反事实存在的程度，这实际上是要求作为判决根据的要件事实最大限度地接近客观存在的自然事实（即案情的本来面目）。[④] 另有一些情形下，证明标准为优势证据标准[⑤]，一般用于需要及时救济的、需要快速处理的程序性事项，其证明标准要求与英美法系的优势盖然性标准类似。[⑥] 相较于高度盖然性标准，优势证据标准对要件事实（或者争点事实）真实性要求低一些，只需要法官的信任度达到或超过51％即可。[⑦]

(三) 证明力：一个重要的不确定因素

如何综合判断在案证据的证明力，是另一个实践中的难题。证明

[①] 相关规则参见《民诉法解释》第108条。

[②] 参见李浩：《民事诉讼证明标准的再思考》，载《法商研究》1999年第5期。

[③] 相关规则参见《民诉法解释》第109条、《证据规定》第86条第1款，主要适用于欺诈、胁迫、恶意串通事实的证明，以及对口头遗嘱或赠与事实的证明。相关案例探讨可参考本书第二章第四节。

[④] 邵明、李海尧：《我国民事诉讼多元化证明标准的适用》，载《法律适用》2021年第11期。

[⑤] 相关规则参见《证据规定》第86条第2款，主要适用于与诉讼保全、回避等程序事项有关的事实。

[⑥] 参见邵明、李海尧：《我国民事诉讼多元化证明标准的适用》，载《法律适用》2021年第11期。

[⑦] See Rosamund Reay, *Evidence*, OLD Bailey Press, 1999, p.96.

力指证据对待证要件事实的证明作用大小或程度。[①] 从概率论的视角看,证据与待证命题是否相关,取决于证据能否改变法官对命题为真的概率评价,证明力的大小则取决于这种改变的程度。[②] 然而,证据的证明力很大程度上依赖于法官的自由心证。由于案件类型、证据种类、证据瑕疵类型与程度等多种要素的不同,很难有一种放之四海而皆准的评判标准进行系统化的评判,这为裁判增加了不确定性,自然也为裁判者决定是否将待证事实引入真伪不明地带提供了一种可能的选择进路。

有一些学者主张将人工智能算法引入到证明力的评判方式中[③],并对数字化证明力的概率评价进路进行了有意义的创新性探讨[④],但从司法实践的可落实性来看,相关探讨还有随着科技进步而进一步深入的空间,这也许在未来能够为裁判者就证据证明力大小作出准确判断提供一个有效的路径。

四、真伪不明状态的克服

(一) 危险的"真伪不明"

尽管当案件的要件事实进入真伪不明状态时,裁判者可以通过证明责任规则来确定不利后果的承受方,进而看似轻松地得出裁判结果,但这实则是一个危险信号。表面上看,案件的处理确实没有问题,但这往往意味着可能陷入事实认定不清的"陷阱"。这主要基于两点考量:其一,由于要件事实处于真伪不明状态,一旦在裁判后出现新证据,或二审(包括申诉、再审等其他程序)裁判者对证明标准、证据证明判断的观点与一审不相一致,则势必导致裁判结果被推翻;其二,"真伪不明"的表述本身与我

---

① 郑飞:《证据属性层次论——基于证据规则结构体系的理论反思》,载《法学研究》2021年第2期。
② 杜文静:《证据证明力评价的似然率模型》,载《华东政法大学学报》2017年第1期。
③ 参见周慕涵:《证明力评判方式新论——基于算法的视角》,载《法律科学》2020年第1期。
④ 参见熊晓彪:《"发生优势":一种新证明力观——狭义证明力的概率认知与评价进路》,载《交大法学》2020年第2期。

国传统"去伪存真"的价值取向相悖,而证明责任裁判扩大化适用倾向与我国民众观念上对实质正义的追求之间的冲突也逐渐显现,越来越多的学者也意识到证明责任的功能应为促进案件事实的查明,而绝不是为了作出以真伪不明事实认定为前提的"证明责任裁判"。[①] 因此,通过将要件事实打入"真伪不明"而采用证明责任规则来对案件进行判断,只能理解为无奈之举和权宜之计,尽力查清案件事实方为上策。将要件事实认定为"真伪不明",实属没有办法的办法,应尽量避免。

事实上,除了固守于"中立"的法台之上,秉持"汝给吾事实,吾予汝法律"的消极谦抑思维,裁判者以相对主动的司法态度,积极对案件事实予以查明,是有效避免案件事实进入真伪不明状态的有效方式。这里需要厘清和回应的一个质疑是,裁判者积极主动查明案件事实,是否有违司法中立。

(二) 主动查明与司法中立关系之辨明

有学者认为,能动司法是指人民法院在尊重司法规律和现行宪制的基础上,积极履行宪法和法律所赋予的职权,有担当、负责任地依据法律裁判争议、维护公正。[②] 该观点具有一定现实意义。裁判者在案件事实有陷入"真伪不明"的可能时,依法采取必要措施以查清基本事实,是公正司法的应有之义。学术界不少学者也已将学术关注的重心从证明责任本身转移到证明手段的利用等证明行为场域上来,试图通过增强当事人举证能力、法院主动取证等角度,助力案件事实的还原。[③] 从实在法的角度来看,《民事诉讼法》第 67 条第 2 款[④]、第 75 条第 1 款[⑤],《民事诉讼法解

---

① 参见胡学军:《四十不惑:我国证明责任理论与规范的协同演进史综述》,载《河北法学》2022年第 4 期;欧元捷:《论"事实真伪不明"命题的抛弃》,载《政治与法律》2016 年第 11 期。

② 张骐:《简论新时代人民法院能动司法》,载《中国应用法学》2023 年第 4 期。

③ 参见李浩:《论民事诉讼当事人的申请调查取证权》,载《法学家》2010 年第 3 期;李浩:《民事诉讼当事人的自我责任》,载《法学研究》2010 年第 3 期;李浩:《回归民事诉讼法——法院依职权调查取证的再改革》,载《法学家》2011 年第 3 期。

④ 即法院在认为有必要的情形下,可依职权行使主动调查权。

⑤ 即知情证人的强制作证义务规则,亦是包含法院主动查明事实之意蕴。

释》第 110 条[1]、第 112 条[2]、第 113 条等条文,均为裁判者主动查清事实提供了依据。这是一种对案件负责、对诉讼两造负责的司法态度,并非对具体某一方的偏袒,并不违背司法中立的基本立场。

司法的中立性要求裁判者对诉讼当事人不能有偏见,应保持不偏不倚的态度,然而这并不意味着裁判者不能对案件审理过程中的在案证据作出评价、开示心证,并进一步根据内心确信作合理合法的求证调查,更不意味着裁判者在面临案件事实陷入真伪不明状态时,不能积极主动地采取某种方式以查明事实。一方面,诚如学者所指出的,法官的中立性与判决的公正性并非必然关系,司法中立性兼具保护法官和维护正义双重功能,前者阻碍了后者的实现,且实践中司法中立性已经出现异化,应废除不合理证明力规则,充分运用自由心证,让法官依良心裁判。[3] 另一方面,还需要动态辩证看待诉讼两造的绝对公平与相对公平,"这是因为,在相当多的情形下,当事人双方由于地位、财产、知识、能力、背景等方面的差异,在诉讼中并不处于绝对的对等地位,而弱势群体和普通群众在诉讼中往往处于不利地位"[4]。因此,裁判者对案件真实情况的探求,不应被理解为对司法中立性的违反。

(三) 主动查明之具体方法

当案件要件事实处于真伪不明状态时,裁判者除了径直采用证明责任规则对案件作出裁判之外,还应采用更为能动的姿态对案件事实予以必要查明,利用诸如证据提出命令、调查令、司法鉴定乃至测谎等工具性制度,进一步对案情进行查明。有时,前述手段本身未必会对在案证据数量造成实质性的增加,但当事人面对责令和询问时,其态度本身也会说明一些问题,尤其是当在案证据的强度就在高度盖然性标准上下临界浮动之时,这些表态对心证和最终结果的影响可能是决定性的。

---

① 即法院责令本人到庭接受询问。
② 即书证提出命令制度。
③ 参见余韵洁:《司法中立的异化、司法官僚及其克服》,载《湘潭大学学报(哲学社会科学版)》2020 年第 9 期。
④ 江必新:《司法理念的辩证思考》,载《法学》2011 年第 1 期。

例如,笔者曾审理一起买卖合同纠纷,原告主张尚有款项未结清,并提供一份对账单,被告则对该对账单上的公司印章真实性不持异议,但认为该印章系被他人控制期间所盖,不反映公司真实意思表示。此时,如双方都没有其他在案证据补充,原告的这一证据应已达到高度盖然性标准。然而,诉讼中被告先后提供多组证据,不断削弱该对账单的可信度,结合其他诸多事实,合议庭对"双方是否尚有对账单所载之货款尚未结清"这一待证事实的内心确信陷入动摇。此时,原告作为负有证明责任的一方,已经处于高度盖然性似已不达的危险边缘。在此情况下,合议庭在庭审中主动开示心证,并指出双方关于对账单的形成之说法明显存在矛盾,希望原告对经办人申请测谎。[①] 此时,原告一方消极应对,而被告则主动表示同意测谎并愿意预缴相关成本费用。这对合议庭的最终判断产生了重要作用,最终认为案件事实进入真伪不明状态,而原告拒绝测谎的行为使得其失去了让案件摆脱真伪不明状态的机会,最终合议庭驳回了原告诉请。[②]

再如,在公司人格否认之诉中,作为原告的债权人如果确实提供了一些初步证明,表明被告公司与控股经营股东之间存在着混同的可能,但这些证据的综合证明力强度距离高度盖然性标准还有些微差距。此时,若径直以原告负有证明责任,而其举证强度不足为由,驳回其诉请,似乎并无不妥。但如果裁判者考虑到原告作为外部债权人,对被告公司内部治理情况的取证能力有限,其能够达到现有举证情况已属不易,而被告公司与控股经营股东则是掌握公司财务资料的一方,进而能够主动采用书证提出命令,责令被告提交相应账簿、银行流水等财务资料,或许会取得更好的裁判效果。如被告予以提交,经审查,不存在财务混同,则原告诉请被驳回,自是心服口服;如被告拒绝提交,则结合原告已经提供的初步证据,这就为裁判者解释在案证据的综合证明力提供了增益空间——被告

---

① 根据最高人民法院 2020 年 8 月发布的《关于人民法院民事诉讼中委托鉴定审查工作若干问题的规定》第 1 条第(8)项,测谎已成为人民法院不予委托鉴定的事项之一,合议庭对此并非没有认知,但当事人对是否愿意测谎的表态本身,亦是对在案证据证明力的影响方式,遑论对法官心证的影响,故合议庭仍然作为一个问题在庭审中提出,并作为裁判的参考因素。

② 参见上海市第二中级人民法院(2021)沪 02 民终 4210 号民事判决书。

对书证提出命令的拒绝本身就是对原告证据的一种补强,使得原本稍有不足的在案证据证明力可能达至高度盖然性标准——进而引导裁判者作出不同的裁判。

第二节　一人公司形态变更对人格否认证明规则的影响

在公司人格否认之诉中,债权人应当对要件事实承担证明责任,但由于 2023 年《公司法》第 23 条第 3 款作为实体法规范,在一人公司人格否认之诉中,明确将证明责任分配给了一人公司及其股东而非债权人,即形成了"证明责任倒置"。[①] 然而,实践中存在一人公司形态变更的情况,此时应如何适用证明责任规则,并非不可追问的问题,笔者结合承办的案件作简要探讨。[②]

一、案件基本情况

蜂网公司原系一人公司,股东为梁某。2018 年 11 月,霍某与蜂网公司签署认购协议,主要约定:由霍某以 96 000 元认购蜂网公司股权,完成款项支付后,蜂网公司创始人梁某将会与霍某共同签署合伙协议或入伙协议,霍某将通过持股平台间接持有蜂网公司股权。认购协议签订后,霍某向蜂网公司支付了 96 000 元,但蜂网公司和霍某未按约与霍某签署合伙协议或入伙协议。2019 年 3 月,梁某分别向两案外人转让其持有的蜂

---

① "举证责任倒置"是一个在理论界存有争议的概念,部分学者认为,如果实体法对证明责任进行了配置,就不能称之为倒置而是正置,这是一个迷惑的概念。而如果将"举证责任倒置"理解为,实体法未按一般证明责任规则,将证明责任配置给了非主张要件事实成立或拟援引法条应当适用的一方,即对一般规则的例外,亦无不可,故本书中仍作此表述。相关探讨参见安晨曦:《举证责任倒置:一个迷思概念的省思——以知识产权侵权诉讼的举证责任分配为中心》,载《湖北社会科学》2015 年第 11 期;胡学军:《证明责任倒置理论批判》,载《法制与社会发展》2013 年第 1 期。

② 参见上海市嘉定区人民法院(2020)沪 0114 民初 10581 号一审民事判决书、上海市第二中级人民法院(2020)沪 02 民终 11708 号二审民事裁定书。

网公司1%股权,从而使得蜂网公司股东变为三人。2019年8月,蜂网公司与霍某签订解除协议,约定蜂网公司应返还前述申购金96 000元。2019年12月底,蜂网公司的法定代表人由梁某变更为时年70多岁的老人张某。霍某遂诉至上海市嘉定区人民法院,请求:(1)蜂网公司返还股权申购金96 000元及逾期利息。(2)梁某对蜂网公司的还款义务承担连带责任。

上海市嘉定区人民法院认为,霍某与蜂网公司间签订的认购协议与解除协议均合法有效。霍某已按约支付申购金,蜂网公司没有按解除协议还款,显属违约,霍某有权向蜂网公司主张逾期还款产生的利息。此外,虽然解除协议生效时,蜂网公司不再是一人公司,但解除协议本质上是对认购协议中所有权利义务的凝结,其中关于蜂网公司的还款义务均系基于认购协议而产生,又因认购协议生效时,蜂网公司是一人公司,由此衍生的所有债务,在梁某没有提供证据证明其个人财产独立于公司时,梁某应当对蜂网公司的债务承担连带清偿责任。霍某的诉请合法有据,应予以支持。遂判决:(1)蜂网公司向霍某返还申购金96 000元以及相应利息;(2)梁某应当对蜂网公司上述付款义务承担连带清偿责任。一审判决后,蜂网公司、梁某不服一审判决,认为梁某作为公司股东不应当对蜂网公司对外负有的债务承担连带责任,遂上诉至上海市第二中级人民法院。

上海市第二中级人民法院审理后认为,尽管蜂网公司在2019年8月签订解除协议时已经不是一人公司,但蜂网公司在2018年11月与霍某签订认购协议至2019年3月梁某将部分股权对外转让之前,蜂网公司在性质上仍属于一人公司。而引发涉案债务的主要交易行为正是发生在前述时间。故梁某至少应当对蜂网公司尚属一人公司期间的财产独立性进行必要举证,以证明蜂网公司的财产独立于梁某的财产。故二审法院责令梁某提供相关证据,嗣后蜂网公司和梁某申请撤回上诉。二审法院裁定:准许蜂网公司、梁某撤回上诉,一审判决生效。

二、人格否认之诉中的一般证明规则与例外

霍某在与蜂网公司签订认购协议并向蜂网公司付款时,蜂网公司尚

为一人公司,然而当双方签署解除协议,从而使得霍某取得对蜂网公司的债权请求权时,蜂网公司已经不再是一人公司。此时能否适用 2018 年《公司法》第 63 条(2023 年修订的《公司法》第 23 条第 3 款),在认定是否否认公司人格时采用证明责任倒置的举证规则,将是影响本案裁判的重点。由于立法的清晰,在一人公司人格否认之诉中,应当由公司对自身的独立人格予以举证早已是理论界和实务界的一致意见,但一人公司形态的变更对证明规则的影响则仍是悬而未决的问题。故有必要结合公司法基本理论,对一人公司,人格否认之诉的证明规则问题作简要梳理,方可进一步结合本案之案情,展开关于一人公司形态变更对证明规则影响的讨论。

(一) 公司人格否认的通常举证规则

公司人格否认亦被称为"刺破公司面纱"(piercing the corporate veil),该制度源起于英美判例,已为我国公司法吸纳。[①] 该制度的主要目的是防范股东滥用公司的有限责任,损害债权人利益。在符合一定条件的前提下,准许债权人请求股东对公司债务承担连带责任。

众所周知,有限责任制度是现代公司法的理论基石,它将股东可能的损失有效限制在其认缴出资范围之内,这对吸引投资、规整社会闲散资金、提高社会资源配置效率、发展社会经济起到巨大作用。[②] 而否认公司人格则意味着债权人得以突破有限责任制度,径直向股东主张债权。因此,公司人格否认制度的适用应当极为慎重,否则会对公司法有限责任这一基石制度存在冲击。波斯纳就曾指出,滥用刺破公司面纱制度可能导致惩罚高效率,保护低效率,还可能增加交易对手的调查成本。[③] 也正是

---

① 鉴于现阶段的司法实践及《九民纪要》载明的司法政策均表明,人格否认制度的适用应当是审慎的,由司法机关在个案中根据具体情况予以判断,一次否认不意味着公司人格的彻底否认,可谓"一案一刺破"。故从文义考量,"刺破"的表述实更贴切,但由于"人格否认"的表述在当下的实践中更为广泛且占据主流,为便于探讨,本书统一采"人格否认"之表述。

② 朱锦清:《公司法学》(修订本),清华大学出版社 2019 年版,第 162 页。

③ R. Posner, *An Economic Analysis of Law*, 3rd ed. 1986, 14.5 Piecing the corporate Veil; Solomon, Schwartz and Bauman, *Corporations, Law and Policy, Materials and Problems*, 2nded., at 266 - 268, West Publishing Co., 1988.

基于这个原因,如果债权人意图刺破公司面纱,要求股东对公司债务承担连带责任,债权人应当举证证明案件情况符合公司人格否认的条件。如果最终事实处于真伪不明状态,则应由债权人承担不利后果,即不能否认公司人格。尽管这样的证明责任分配方式极大增加了债权人主张公司人格否认的难度,但是这样的证明责任分配既与我国《民事诉讼法》所确立的证明规则相符[①],也与《公司法》所确立的有限责任制度的严肃性相契合,更是司法的谦抑性使然。

(二) 关于一人公司的特殊举证规则

当债权人主张公司人格否认的对象为一人公司时,我国《公司法》对证明责任作出了特别规定。霍某在与蜂网公司签订认购协议并向蜂网公司付款时,蜂网公司是一人公司,故霍某援引了我国 2018 年《公司法》第63 条,以期转移证明责任。该条规定:"一人有限责任公司的股东不能证明公司财产独立于股东自己的财产的,应当对公司债务承担连带责任。"质言之,在债权人主张否认一人公司人格之诉中,关于公司独立性的证明责任在股东一方,而非债权人。有学者认为,这一特别规则可谓"21 世纪公司法富有创新性的制度设计"。[②] 这样的特别规则考虑到了一人公司的特殊性,即唯一股东通常对公司具有压倒性的掌控权而缺乏制衡和监督机制,更容易造成公司的形骸化。其根本立法目的在于"强化要求一人有限责任公司的股东必须将公司财产与个人财产严格分离",以更好地保护债权人利益。[③]

证明责任的倒置无疑将债权人从艰难的举证沼泽中解脱出来,因为外部债权人通常无从掌握公司账簿、经营资料等直接证据。而一人公司的股东则不得不提供相关证据,证明其在经营公司的过程中遵守了法定的程序,从而避免公司被刺破面纱的风险。然而,本案的特殊性在于,蜂网公司在交易发生时和交易初期属于一人公司,若此时发生诉讼,股东承担证明责任自不待言,但交易关系解除、债权债务固化,乃至霍某提起诉

---

① 相关规则参见《民事诉讼法》第 64 条,以及《民事诉讼法解释》第 90 条、第 91 条第 2 项。

② 赵旭东:《公司法学》,高等教育出版社 2015 年版,第 71 页。

③ 安建主编:《中华人民共和国公司法释义》,法律出版社 2013 年版,第 109 页。

讼时,蜂网公司已变更为非一人公司,此时证明规则如何分配,成为本案的关键所在。

三、一人公司的形态变更及其影响

(一) 一人公司的形态变更

现代公司法最重要的特征之一就是公司控制权与所有权的分离促进了股权的流动性和可交易性[①],这可能导致公司形态的变更。一人公司在经营过程中完全有可能发生股权结构的变化,从而使其失去一人公司的属性;同理,多人公司也有可能变更为一人公司。一人公司形态变更的原因通常有股权转让、赠与、继承等。

从一人公司形态变更的法效果来看,可分为实质变更和形式变更。前者不仅意味着股权形态的外观即商事登记情况发生变化,同时也意味着所有权的实际分离,如增资扩股、引入战略投资者、员工股权激励等。而后者可能涉及一人股东对法律的规避行为,即一人股东仅是在形式上对外转让部分甚至全部股权,但其仍然实际掌握公司100%的股权。变更完成后,实践中出现较多的形态有夫妻持股、家族持股、他人代持等。这可能构成虚伪意思表示,实践中需要司法机关通过穿透性的审查方式予以综合认定。[②]

(二) 人格否认证明规则适用之分歧

本案中,法院能否援引2018年《公司法》第63条的规定,责令梁某提供证据证明其与蜂网公司的财产是互相独立的,进而在其举证不能的情况下否认公司人格,涉及判断公司形态的时间节点问题,对此存在三种不同的解读。

---

① 施天涛:《公司法论》(第三版),法律出版社2014年版,第13页。

② 事实上,本案中,梁某在蜂网公司已经对外负有或然性债务的前提下,转让极少的股权,且在此后变更法定代表人,是否存在以公司形态变更恶意规避法律的可能性,不无疑问。鉴于本案更多聚焦于一人公司形态变更对举证规则的影响,下文的讨论暂且以梁某并无规避法律的主观意图为前提。

（1）债权发生说。有观点认为，应当以债权的初始发生时间的公司形态来判断是否能够在诉讼中援用《公司法》关于一人公司的特别规定。理由是涉案的债权源起于最初的行为或意思表示，本案中即为认购协议的签订。当交易的最初意思表示达成一致，就意味着蜂网公司已经不可避免地负有债务，只不过债务的具体表现形式可能因未来实际履约情况而呈现出多样性的特点，既可能是为或不为一定行为的义务（如签订进一步合同、办理股权登记手续等），也可能是金钱给付义务（如退还价款、支付违约金、赔偿损失等）。既然此时公司已经对外负有债务，债权人自然有理由对一人公司的独立性提出合理怀疑，法院就有权以 2018 年《公司法》第 63 条所确立的规则责令一人公司的股东承担证明责任而不论公司此后是否发生了形态变化，证明公司的独立性。本案的原告霍某即持此观点，一审法院也基本予以采纳。

（2）债权凝固说。有观点指出，应当以原告起诉的请求权形成，也就是债权的最终形态固化为时间节点，判断证明责任。如果此时公司为一人公司，则适用 2018 年《公司法》第 63 条，反之则应由债权人承担证明责任。理由是对于一些具有持续性的交易，债权人的债权形态始终处于不确定的状态，其请求权的主张条件可能尚未成就，也就没有分析债务人此时公司形态的必要性，只有待债权凝固，债权人的请求权确定形成，才需要考量债务人的公司形态。本案中，解除协议的签订即意味着霍某确定性地取得本案的价款返还请求权，而此时蜂网公司的股东已经变更为三人，梁某和蜂网公司不应当为公司的独立性承担任何证明责任。本案中，梁某和蜂网公司即以此观点在二审中展开其上诉意见。

（3）提起诉讼说。另有观点认为，应当以原告起诉的时间点为判断依据，理由与债权凝固说较为接近，认为债权人的债权不仅需要固定，且应当已经向司法机关提出。该观点同时提出了更进一步的理由：按照 2018 年《公司法》第 63 条的文义解释，该法条的适用对象就是一人公司，而法院在对案件开展审查时，蜂网公司已经不是一人公司，当然不再适用 2018 年《公司法》第 63 条。

四、证明责任倒置的证成

本案中,一、二审法院均认为应当按照 2018 年《公司法》第 63 条,由梁某对蜂网公司的独立性进行举证。至于是否妥当,宜从两个角度判断。

(一) 从法律解释论的角度展开

(1) 语言学解释规则。从文义分析,2018 年《公司法》第 63 条仅明确了一人公司股东的举证义务,但未给"一人有限公司"进一步附加关于时间等状态的定语。对于过去曾是一人公司的,能否为 2018 年《公司法》第 63 条所涵盖,"一人有限公司"是否局限于"当下的"一人有限公司,值得推敲。在公司形态发生变化的情况下,如何分配证明责任,该条文未置可否。法律不重诵读,而重理解。① 恐需要进一步结合其他解释方法予以明确。

从体系分析,结合《公司法》的立法体例的前后文,可以看出一人公司系有限责任公司的特殊形态,相关规范均罗列于 2018 年《公司法》第 2 章第 3 节,该节的标题即为"一人有限公司的特别规定"。② 从该标题的措辞即可看出,该节包括 2018 年《公司法》第 63 条在内的全部规定均是与其他一般规定不同的"特别规定",故该条的"一人有限责任公司"更应理解为区别于其他公司形态的提法。法条重点是在强调同等条件下,一人公司和其他形态公司的权利义务区别,而与一人公司的时间状态无涉。前文提及的"提起诉讼说",忽略了对法条结合前后文的体系化理解,似有断章取义、刻舟求剑之嫌。

(2) 实质性解释规则。为进一步探知法律规范的适用边界,当语言学解释不能得出有效结论时,可以将实质性解释规则作为语言学解释规则的有益补充。③

---

① 郑玉波:《法谚(一)》,法律出版社 2007 年版,第 17 页。
② 根据 2023 年修订的《公司法》,一人公司有关规定不再专节进行明确,鉴于本案发生时《公司法》尚未修订,故仍应以原《公司法》文本展开文义与体系解释。
③ 参见杨铜铜:《论法律解释规则》,载《法律科学(西北政法大学学报)》2019 年第 3 期。

从立法目的角度来看,有限责任制的设计本意是更好地鼓励社会资本投入生产和经营,哪怕这样的投入可能具有风险。所以,有限责任制度是为了平衡资本对风险的厌弃和对收益的热衷而应运而生的产物,其理论基础就在于公司的人格与其成员的人格发生分离。[①] 当公司与股东人格混同,有限责任制度就失去了存在的基础,公司人格否认制度的实质正是防止上述情况造成的有限责任被不正当滥用的情况。一人公司不同于一般公司,股东对公司的掌控力过高且缺乏有效监督,这可谓一人公司的先天缺陷,导致极易发生混同。一人公司的股东利用公司形式赋予其的便利,对公司全盘掌控,使公司成为自己的化身,在公司经营中获取收益时由自己穿透公司外在形式直接受益,而在公司因经营不善对外负债时则以有限责任为规避债务的借口,从而严重侵蚀公司的责任财产,减损公司偿债能力。所以,需要在立法上以证明责任倒置的手段平衡债权人和公司的利益,这也与立法者的立法理由相得印证。"一人公司财产有限,股东直接控制着公司经营,容易将公司财产与股东个人财产相混同,而股东只以出资额为限对公司债务承担责任,对债权人利益保护十分不利,因而有必要严加防范和约束。"[②]

既然 2018 年《公司法》第 63 条规制的是一人公司股东滥用掌控权而导致人格混同的问题,难道因为此后公司形态变更为多人公司,就能当然地弥合公司曾为一人公司时的先天缺陷?答案显然是否定的。本案中,主要交易期间与蜂网公司呈现一人公司状态期间存在重合,交易对手霍某完全有理由担心该期间蜂网公司的人格独立性。因此,2018 年《公司法》第 63 条所指的"一人有限责任公司",应当理解为对其形态的描述,而不应当仅以蜂网公司当前的公司形态决定该条文可否被援引。

(二) 从裁判价值角度考量

法谚有云:"法乃善与衡平的艺术。""法律是一种理性、客观、公正而合乎目的的规范,如为维护法律的安定,而将法律的理想加以牺牲,亦必

---

① 施天涛:《公司法论》(第三版),法律出版社 2014 年版,第 10 页。
② 安建主编:《中华人民共和国公司法释义》,法律出版社 2013 年版,第 101—102 页。

然使法律的解释沦为形式的逻辑化,自难促成正义的实现。"①司法机关的裁判必须符合社会基本的价值观和理性逻辑,如果对法律条文予以机械片面地套用,最终得出与良善价值观相左的裁判结果,显然有违法律的公平属性。

梁某是蜂网公司事实上的实际控制人、创始人,并长期为蜂网公司的唯一股东,如果仅仅因为此后梁某对外转让了小部分股权,就排除 2018 年《公司法》第 63 条的适用空间,势必会对商业实践造成一种极为不好的指引作用。一人公司的股东在公司可能即将陷入困境之时,仅需对外转让部分股权——哪怕仅仅是 1‰ 的股权,就能将公司形态变更为非一人公司,从而规避 2018 年《公司法》第 63 条的适用,极大减轻自身的举证负担。这显然与该法律条文的立法宗旨背道而驰,甚至有架空一人公司人格否认制度的风险。换言之,如果本案的裁判最终采纳了"债权凝固说"或"提起诉讼说"的观点,将会产生甚为严重的负面效果,既减损了司法机关的权威和可信度,也伤及市场主体的互信,增加了交易成本和风险,不利于构建良好的法治化营商环境。

综上,无论是从法律解释论的角度还是从裁判最终价值导向的考量,本案的情形应被涵盖于 2018 年《公司法》第 63 条的射程范围之内,由梁某作为股东来证明蜂网公司和梁某之间的独立性。二审法院亦是基于上述原因责令梁某举证,最终促成梁某和蜂网公司自愿撤回上诉,债权人的权益得到必要的保护,取得了良好的法律效果。

五、相关裁判规则的构建

一人公司是公司的特殊形态,由于在公司人格否认制度中存在关于一人公司的特别规定,一人公司形态变更所引发的关于 2018 年《公司法》第 63 条的适用问题(包括 2023 年《公司法》施行后,第 20 条第 3 款的运用问题)难免引发分歧。笔者认为,不妨进一步构建明确的裁判规则,以适应司法实践中遇到的类似争议问题。相关规则可以呈现为:条件 A+

---

① 杨仁寿:《法学方法论》,中国政法大学出版社 1999 年版,第 97 页。

条件 B+……＝结果 R。

　　结果应当设定为一个确定的事实，不妨以法条得以适用为结果，即"股东应对公司独立性承担证明责任"。鉴于规则主要适用于一人公司形态变更的情形，故第一个条件宜设定为"公司曾为一人公司"。如果仅仅因公司曾为一人公司，就要求股东对该公司全部时间段的独立性承担证明责任，显然有违公平，故应明确债权与一人公司形态的关联性，第二个条件可设定为"债权时间段与一人公司形态时间段存在重合"。由于债权可能包含合同之债、侵权之债、不当得利之债、无因管理之债等多种形式，既可能是持续之债，也可能是瞬定之债，这里的"债权时间段"包含债权的形成、变化、固定时间，在特殊情况下甚至可能包括债权发生之前的磋商阶段，以防止一人公司人格否认的证明责任倒置规则的立法目的之落空。

　　综上，可将相关裁判规则概括为：公司曾为一人公司的事实＋债权时间段与一人公司形态时间存在重合＝股东应对该重合时间段的独立性承担证明责任。如下图所示：

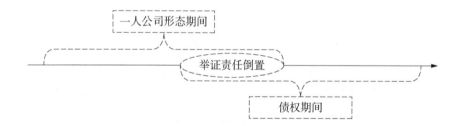

　　总体而言，司法实践在面临公司人格否认时相对谨慎，即使是一人公司，也仅仅引发证明责任倒置这一诉讼法上的效果，而非一种实体上的判断。在一人公司能够提供证据反映其经营遵守程式的情况下，司法机关应当充分保护其独立人格和股东的有限责任。前述的证据包括经第三方机构审计的完整财务会计报告等。[①] 当一人公司发生形态上的变化时，从法律解释和裁判价值指引角度出发，不能当然免除股东在一人公司期间的证明责任，但该期间应当限于与涉案债权有关的期间，以避免公司人

① 参见曹明哲：《一人公司人格否认、财务会计报告与举证责任》，载《人民司法》2017 年第 16 期。

格否认制度的滥用。

第三节　增值税专用发票证据效力之再审视

审判实践中,应当客观、全面、审慎地看待一些具有公文性质的文件。以增值税专用发票为例,司法实践对其证明效力的认知随着司法政策与解释的调整而出现过极大反复,以至于出现实践中对增值税专用发票同时存在着"盲目采信"和"全盘否定"两种截然不同的认定思路。本节结合笔者承办的具体案件作简要探讨。①

一、案件基本情况

2017 年 2 月 25 日,上海里德公司与江苏韩森公司签订销售合同,由上海里德公司向江苏韩森公司供应电泳涂料及调整剂,含税单价均为 14 元/千克。嗣后,上海里德公司委托汽运公司将涉案货物送至江苏韩森公司。2017 年 6 月 5 日及 8 月 23 日,上海里德公司分别向江苏韩森公司开具金额为 102 970 元与 52 150 元的增值税专用发票,金额共计 155 120 元,汉森公司收到上述两张增值税专用发票后进行认证抵扣。

由于江苏韩森公司拒付货款,上海里德公司诉至一审法院,要求判令江苏韩森公司支付价款 155 120 元及相应利息。江苏韩森公司则辩称仅收到过少量样品,未收到过增值税专用发票所记载的货物。

一审审理中,上海里德公司为佐证供货情况,提供三张提货单,总金额恰为 155 120 元,江苏韩森公司则否认三张提货单的真实性及签收人员的身份。上海里德公司遂向一审法院申请调查令,申请调取江苏韩森公司社保缴纳情况。后经调查取证,上海里德公司提供了社会保险缴费明细表,证明其中一张提货单上签收人许某系江苏韩森公司的员工,但未见另两张提货单签收人的缴费记录。江苏韩森公司又否认提货单上许某签

---

① 参见上海市第二中级人民法院(2019)沪 02 民终 1668 号民事判决书。

字的真实性,并申请笔迹鉴定。取样过程中,上海里德公司对进行笔迹取样的是否是许某本人提出异议,江苏韩森公司诉讼代理人则要求许某尽快离开,不配合法院调查。后一审法院要求许某到庭接受询问,江苏韩森公司与许某未到庭。

另外,上海里德公司又提供照片、现场录音,证明另两张提货单签收人朱某、陈某亦为江苏韩森公司员工,还提供上海友乐物流有限公司发货证明、催款函等证据,以证明交付货物情况。

一审法院认为,许某确系江苏韩森公司的员工,确认由许某签字的提货单的真实性,认定江苏韩森公司已经收到了上海里德公司价值 102970元的货物。至于另外两张提货单,因证据不足以证明签收人员系江苏韩森公司员工,故一审法院对真实性不予认定。故一审法院对上海里德公司诉请中 102970 元货款予以支持,而对于 52150 元货款的主张,根据相关司法解释,出卖人仅提供增值税专用发票证明其已经履行了交付标的物义务,买受人不认可的,其应当提供其他证据证明交付标的物的事实。现上海里德公司未能提供证据证明其诉讼请求所依据的事实,理应承担不利的法律后果,故一审法院对其该部分诉讼请求依法不予支持。遂判决:江苏韩森公司支付上海里德公司货款 102970 元及相应利息,驳回上海里德公司的其余诉讼请求。一审判决后,上海里德公司不服,提起上诉。

二审法院认为,上海里德公司已就其供货金额提供了销售合同、增值税专用发票、提货单、催款函、社保缴纳情况记录、录音、物流公司证明等证据予以佐证。增值税专用发票能够与提货单及销售合同相对应,江苏韩森公司亦收取并抵扣了增值税专用发票,故增值税专用发票对供货金额具有一定的证明力。催款函、物流公司证明等证据进一步印证上海里德公司向江苏韩森公司供货金额为 155120 元的事实。社保缴纳情况记录和录音可以在一定程度上证明提货单签收人员的身份,增强提货单的可信度。综合考量上海里德公司的举证内容和证明力,其向江苏韩森公司交付价值 155120 元货物这一待证事实已具备高度可能性。与此相反,江苏韩森公司对其仅收取少量样品的主张未进行任何举证,对己方收取并抵扣增值税专用发票未作出较为合理的解释。江苏韩森公司更在一审中否认许某员工身份,后经上海里德公司举证证明许某至今仍系江苏韩森公司员工,转而否认提货单许某签字的真实性,此后不予配合笔迹鉴定取样,经一审法院传唤拒不到庭。一系列诉讼不诚信行为进一步削弱其就案件事实所作陈述的可信度。综上,在案证据足以证明上海里德公司向江苏韩森公司的供货金额应为 155 120 元。二审判决:撤销一审判决,改判江苏韩森公司支付货款 155 120 元及相应利息。

二、关于增值税专用发票的基本认知

本案的争议焦点在于,上海里德公司开具的增值税专用发票在买卖合同中的证明力应如何认定,即该增值税专用发票能否作为认定交付金额的依据。当前司法实践中,对于增值税专用发票的开具、认证、抵扣情况能否证明买卖合同中出卖人已经履行标的物交付义务、具体案件中增值税专用发票证明效力如何把握,尚存争议。本案一、二审秉持不同思路,从而产生不同的裁判结果。探讨增值税专用发票的证明力问题,需先对增值税专用发票的性质进行理解与认知。

增值税专用发票是我国为推行增值税制度而使用的发票,已成为征收流转环节税收的重要组成部分。增值税专用发票是增值税一般纳税人销售货物或提供应税劳务后开具的发票,是购买方支付增值税额并可按照增值税的有关规定据以抵扣增值税进项税额的依据。[①]

现行财政税制下,发票可分为普通发票和增值税专用发票两种。增值税专用发票是我国进行 1994 年税制改革时设计出来的一种新型发票,由国务院税务主管部门指定的企业印制,无特殊情况只能由增值税一般纳税人领购使用。在商业活动中,随着商品的流转,其价值在不断地增加,如果每次征税都以商品的总价值来计算税额,会造成税收的重复征收。增值税仅仅对商品在每一次流转环节中增加的价值进行税费的征收。[②] 增值税专用发票与普通发票不同,其不仅具有商事凭证的作用,由

---

① 最高人民法院编写组编:《最高人民法院关于买卖合同司法解释理解与适用》,北京人民法院出版社 2012 年版,第 141 页。

② 张守文:《税法原理》(第五版),北京大学出版社 2010 年版,第 203 页。

于凭票扣税,买受人要向出卖人支付相应的增值税款,它还兼具完税凭证功能。增值税专用发票比普通发票记载内容更为全面,其不仅具备购买单位、销售单位、商品或者服务的名称、商品或者劳务的数量和计量单位、单价和价款、开票单位、收款人、开票日期等普通发票具备的内容,还包括纳税人税务登记号、不含增值税金额、适用税率、应纳增值税额等内容。

增值税专用发票的作用体现在两个方面:第一,增值税专用发票不仅是商事凭证,同时还是完税凭证,可作为销货方纳税义务和购货方进项税额的合法证明。第二,一种货物从最初生产到最终消费之间的各个环节可以用增值税专用发票连接起来。依据专用发票上注明的税额,每个环节征税,每个环节扣税,让税款从上一个经营环节传递到下一个经营环节,一直到把商品或劳务供应给最终消费者。这样,各环节开具的增值税专用发票上注明的应纳税额之和,就是该商品或劳务的整体税负。

营业税制度在我国实施了多年,直至 2012 年我国在上海率先实施了交通运输业和部分现代服务业"营改增"试点。① 2016 年 5 月 1 日,我国全面推开"营改增"试点,即对原来缴纳营业税的各类主体,都改征增值税,从而实现了我国对货物与服务的商品税制的统一。② 实行增值税是其中重要步骤,因增值税只对产品或服务的增值部分纳税,即可避免营业税重复征税、不能抵扣、不能退税的弊端,实现了增值税"道道征税,层层抵扣"的目的。"营改增"制度让利于民,不仅有效降低企业税负,更是对产业结构的调整及企业的内部架构影响深远。不难预见的是,随着我国经济模式改革进程的不断深化,增值税专用发票将越来越多地作为证据出现在审判实践中。

三、当前审判实践中对增值税专用发票证明效力之争鸣

关于增值税专用发票的证明效力认定问题,审判实践中存在两种截然不同的态度,这也是随着时间和立法的演进而微妙地发生的。笔者对

---

① 参见财政部、国家税务局 2012 年 1 月 1 日发布的《营业税改征增值税试点方案》。
② 张守文主编:《经济法学》(第七版),北京大学出版社 2018 年版,第 144 页。

此两种意见先分别予以简要叙述。

(一) 将增值税专用发票直接予以采信并可单独据之定案

我国发票管理的有关条例指出,在购买或销售商品、有偿提供或者通过等价交换接受服务以及参与其他形式的经营活动中,发票是收付款的开具、收取与否的直接凭证。[①] 诚如前文所述,增值税专用发票作为发票的一种,其所载内容全面,不仅包括了买卖合同双方交易的主要信息,还存在认证、抵扣等环节。国家税务总局于 1995 年 1 月发布的《国家税务总局关于加强增值税征收管理工作的通知》第 2 条明确规定:"工业生产企业购进货物(包括外购货物所支付的运输费用),必须在购进的货物已经验收入库后,才能申报抵扣进项税额,对货物尚未到达企业或尚未验收入库的,其进项税额不得作为纳税人当期进项税额予以抵扣。"由上述规定可知,增值税专用发票抵扣应以货物购入完成为前提。在此逻辑背景下,当买受人收取增值税专用发票并予以申报抵扣后,当然意味着其已确认收到了发票上载明的货物。因此,只要买受人收取并认证或抵扣了出卖人开具的增值税专用发票,势必可以推导出出卖人已经实际履行交付货物义务这一结论。司法实践中亦有观点认为:"增值税专用发票抵扣与认证的效力等同,只要具备其一,就能推定买受人已经实际收取了发票载明的货物,并依据发票认定欠款的数额。"[②] 当买受人将收到的发票在有关税务管理机关进行了认证或者税额的抵扣,对此又没有相反证据可以证明对方未交货时,法院就可以认定出卖人已经履行了买卖合同关系中的交付货物的义务。[③]

因此,在 2012 年《最高人民法院关于审理买卖合同纠纷案件适用法律问题的解释》(以下简称《买卖合同司法解释》)出台前,司法实践中,增值税专用发票可谓诉讼中的"王牌证据"。只要买受人收取或抵扣、认证出卖人开具的增值税专用发票,若买受人否认其已经收到货物,则需承担沉重的证明责任;若买受人举证不能,出卖人甚至无须再进行任何证据补

---

① 张庆龙:《发票管理指南》,北京中国时代经济出版社 2005 年版,第 1 页。
② 陈艳:《增值税发票能否作为认定收货事实的依据》,载《人民司法》2008 第 24 期。
③ 谭勇:《增值税发票作为关键证据使用的证明标准》,载《人民法院报》2009 第 8 期。

强,即足可完成其关于交货情况的举证义务。诚如最高人民法院在中国航油集团宁夏石油有限公司与宁夏兰星石油销售(集团)公司买卖合同纠纷案中所言:"本案所涉增值税专用发票直接关系国家税收利益,且对查明本案案情具有关键作用,原审法院依职权向税收征管机关调取有关增值税专用发票认证情况的行为符合证据规则要求,该证据可以作为认定本案事实的根据。"[1]

(二) 全盘否定增值税专用发票的可采性

随着我国市场经济日趋繁荣,代开、买卖、涂改增值税专用发票等违规行为日益增多,交易中亦存在票货不一的情况;更有甚者,部分市场主体以虚开发票方式骗取进出口退税、偷逃税款,凡此种种,屡禁不止。在各类民商事案件中,不乏前述情况,进而逐步引起实务界对增值税专用发票证据效力的反思。虽然开具增值税专用发票是《增值税暂行条例》赋予出卖人的义务,但当事人是否基于真实交易依法开具和抵扣与是否交付标的物是两个不同的法律关系,前者受税法规制,后者受合同法调整。[2] 开具增值税专用发票系出卖人单方行为,开票与标的物是否实际交付并无直接联系,仅因买受人收取或抵扣、认证增值税专用发票就将增值税专用发票单独作为定案依据的做法相对片面。在此背景下,为有效解决纷繁复杂的民商事纠纷,2012 年 7 月 1 日,最高人民法院颁布了《买卖合同司法解释》,其中第 8 条规定:"出卖人仅以增值税专用发票及税款抵扣资料证明其已履行交付标的物义务,买受人不认可的,出卖人应当提供其他证据证明交付标的物的事实。合同约定或者当事人之间习惯以普通发票作为付款凭证,买受人以普通发票证明已经履行付款义务的,人民法院应予支持,但有相反证据足以推翻的除外。"

上述规定为司法实践中涉及增值税专用发票证明效力的民商事纠纷提供了统一的法律基础。也正是在此项解释出台后,审判实践中出现了另一种现象——全盘否定增值税专用发票的证明效力,即增值税专用发

---

[1] 参见最高人民法院(2010)民二终字第 130 号民事判决书。
[2] 戴秋汉:《增值税发票能否作为单一证据认定合同关系》,载《江苏法制报》2014 年第 10 期。

票不再具有可采性,当事人必须重新构建完整证据链,对交付货物的情况进行证明,且举证程度应达到高度可能性的证明标准。[①] 本案中,一审法院即基于该观点,仅对上海里德公司的部分诉请予以支持,驳回了其余诉请。

四、增值税专用发票证明效力的客观认定

(一) 两种裁判观点的检讨

纵观实务界对前述两种关于增值税专用发票的两种态度,可谓大相径庭,从一个极端走向另一个极端。笔者以为,两种观点皆有其片面之处。

第一种观点过于偏重增值税专用发票形式上的可信赖度,未能全面客观地正视我国交易市场的客观实际情况。如果在审判实践中不作区分地盲目对增值税专用发票予以认定,在某些情况下极易产生对事实的错误认定,诸如货票不一、代开虚开发票等情形,进而使得市场交易安全受到冲击,故该审判理念显然有失偏颇。

第二种观点则完全忽视了增值税专用发票在商事交易中的客观作用以及其作为税务凭证的严肃性。虽然弥补了货票不一、代开虚开发票等情形下容易错误认定事实的弊端,但大大降低了增值税专用发票的可信赖度,反而似乎对部分违反税务法规行为秉持了较为怀柔和姑息的态度。如此的处理方式,相较于第一种观点,似有矫枉过正之嫌,亦系对《买卖合同司法解释》的误读。长此以往,将不利于构建诚实守信的交易环境,对交易效率、司法效率均有所减损,有违当下营造良好法治化营商环境之要求。

综上所述,笔者以为,以上两种观点虽然均有一定的逻辑和客观情况作为基础,但均过于绝对,需要予以扬弃。

[①] 参见最高人民法院(2018)最高法民申 5044 号民事裁定书、(2019)最高法民申 351 号民事裁定书。

(二) 认定增值税专用发票的逻辑和规则

从增值税专用发票本身来看,其较为完整地记载了买卖合同双方的具体交易情况,即便在《买卖合同司法解释》施行后的背景下,其仍不失为一种颇具价值的证据。那么,针对增值税专用发票的证明效力究竟如何认定,笔者从以下两方面进行逐一分析:

1. 增值税专用发票具备可采性

首先应当澄清的是,无论是在《买卖合同司法解释》颁布前还是后,增值税专用发票作为一种证据,均具备被采纳的基础。部分实务从业人员认为,《买卖合同司法解释》的施行剥夺了该种证据的可采性,即该证据应当遭到无视。对此,笔者以为值得商榷,从该司法解释第 8 条文义解读,无法得出前述结论。

从证据形式上来看,增值税专用发票属于书证。书证是指用文字、符号或图画所表达的思想内容来证明案件事实的证据。[1] 增值税专用发票由国家税务机关统一发行,带有一定的公文性质,记载了买卖双方具体交易信息,其开具、抵扣等环节相当严格,同时还有税务机关及相关法律法规进行控制,因此具有较强的证明效力。从证据类型上来看,增值税专用发票属于间接证据。所谓间接证据,是指依靠该证据本身不能直接证明案件的主要事实,需要同其他在案证据结合,方可证明案件主要事实的证据。[2] 增值税专用发票虽然记载了价款、数量、交易双方名称等信息,但毕竟并非合同,在认定合同事实过程中存在买卖合同、收款收据、发货单等直接证据时,增值税专用发票只能作为带有一定公文性质的间接证据与之配合,在证明效力上发挥辅助作用。[3] 换言之,增值税专用发票不具有直接的证明效力,这很好地解释了《买卖合同司法解释》第 8 条为何规定出卖人应当提供其他证据证明交付标的物的事实。总体来说,尽管增值税专用发票不具有直接的证明效力,但仍具有可采性。

---

[1] 常怡主编:《民事诉讼法学》,中国政法大学出版社 2013 年版,第 184 页。

[2] 樊崇义:《证据法学》,北京法律出版社 2008 年版,第 232 页。

[3] 高颖佳:《从证据法角度看发票的证明力问题》,载《理论前沿》2014 年第 9 期。

2. 增值税专用发票需要印证和补充

增值税专用发票具备较强证明效力,但其需要与其他证明强度适当的证据印证,形成证据链,达到高度盖然性的证明标准,方可证明相关待证事实。[①] 根据《买卖合同司法解释》及前述规定,在对合同履行情况进行认定时,应当根据商业惯例、交易习惯、双方举证情况等综合分析判断。除出卖方提供增值税专用发票外,双方当事人亦需尽力举证。出卖方可提交与增值税专用发票相互印证的间接证据,或者可直接证明案件事实的直接证据;买受方可提供对方违约拒不供货的证据等。但需注意,此时的增值税专用发票并不是作为孤立的证据单独证明合同关系的存在,而是与其他证据相结合,依高度可能性标准予以认定。[②] 换言之,囿于《买卖合同司法解释》的规定,增值税专用发票本身的证明效力尚未覆盖高度可能性的标准,审判实践中不可将其单独作为认定案件事实的依据,但不意味着该证据将被排除,当事人无须另起炉灶重新举证,并达到形成完整的证据链的程度。

举例来说,买卖合同中,如果在双方当事人订立书面或口头的买卖合同后,买受人已经将出卖人出具给其的增值税专用发票进行认证或抵扣进项税额,出卖方已经提供了增值税专用发票、合同、部分货款的支付凭证等证据,那么买受人否认收到出卖人所供货物,在其不能作出合理解释或者举证不能的情况下,裁判者得推定出卖人履行了供货义务。

结合本案案情,江苏韩森公司对其仅收取少量样品的主张未进行任何举证,对己方收取并抵扣增值税专用发票未作出较为合理的解释,更是在诉讼中前后说法不一,拒绝配合法庭调查。反观上海里德公司,对待证事实已进行了较为充分的举证,提交的证据之间亦可相互印证,形成较为完整的证据链。一审法院在审理时,基本否定了增值税专用发票的证明效力,仅凭其他证据进行判断,致使上海里德公司的货款请求未得到全部支持;二审法院综合考量案件情况,肯定了增值税专用发票的证明效力,作出支持上海里德公司全部货款请求的判决。从一、二审法院的处理来

---

① 关于高度盖然性的证明标准以及其他标准的探讨,可详见本章第一节。
② 周凯、张志刚:《增值税专用发票的证明力》,载《人民司法》2010年第14期。

看,二审法院对增值税专用发票证据效力的认定秉持更为客观全面的态度,可作参考。

第四节　诉讼财产保全错误主观过错的证明

诉讼财产保全关乎权利人在诉讼中取得的利益能否兑现,在商事纠纷中的重要性不言而喻。但实践中,不乏商事主体滥用诉讼财产保全这一制度侵害被保全方合法权益的情形。《民事诉讼法》第108条规定了财产保全申请错误的损失赔偿责任,但对"申请错误"的归责原则和判断标准未作明确。申请人的主观过错是否应纳入归责要件?证明责任应由谁来承担?如何判断主观过错要件的成立?基础案件的裁判结果与主观过错的认定是否存在某种关联?前述问题均存在较大的争议。本节拟结合笔者承办的一起案件,略作探讨。①

一、案件基本情况

原告(上诉人)增叙公司诉称:在增叙公司前员工杨某诈骗罪已向公安机关报案的情况下,赵某某仍向法院提起民间借贷诉讼,并申请财产保全,冻结增叙公司、杨某银行存款140万元,该行为系赵某某滥用诉讼权利。民间借贷纠纷终审裁定驳回起诉,但赵某某未向法院申请撤销保全,导致存款被查封至一年保全期届满,严重危害了增叙公司合法权益。赵某某错误保全行为导致增叙公司遭利息损失,请求法院判令:赵某某赔偿错误保全利息损失;中国平安财产保险股份有限公司太仓支公司(以下简称平安财保太仓支公司)、中国平安财产保险股份有限公司(以下简称平安财保公司)承担连带清偿责任。

被告(被上诉人)赵某某辩称:其向法院提起民间借贷诉讼并申请保

---

① 参见上海市普陀区人民法院(2022)沪0107民初1805号一审民事判决书、上海市第二中级人民法院(2023)沪02民终5356号二审民事判决书。
① 参见上海市普陀区人民法院(2022)沪0107民初1805号一审民事判决书、上海市第二中级人民法院(2023)沪02民终5356号二审民事判决书。

全后公安机关才刑事立案,申请保全并无恶意,故请求驳回增叙公司的诉请。

被告(被上诉人)平安财保太仓支公司辩称:赵某某提起诉讼不存在恶意,申请保全尽到谨慎义务,不存在过错,且保全金额合理。民间借贷纠纷被裁定驳回是基于案件事实涉及刑事案件,属于正常的裁判结果。增叙公司可以自行申请解除保全。故请求驳回增叙公司的诉请。

法院经审理查明:2020年2月21日,赵某某向一审法院起诉增叙公司、杨某民间借贷纠纷一案(以下简称前案诉讼)。同年3月,赵某某向一审法院提出财产保全申请,被申请人为增叙公司、杨某,申请冻结存款140万元。平安财保公司出具保函。3月31日,一审法院作出保全裁定书,裁定冻结增叙公司、杨某名下银行存款140万元,保全期限一年。

4月27日,一审法院就前案诉讼作出民事裁定,载明赵某某向一审法院诉讼请求为增叙公司支付其借款本金共计116万元及利息,杨某承担连带责任。事实与理由如下:增叙公司向赵某某借款,并出具借条,杨某对借款提供连带保证。赵某某于借款当日按照增叙公司指示将借款打入杨某账户。现还款期限已过,尚有借款未还。赵某某多次催讨无果,故提起诉讼。一审审理过程中,上海市公安局宝山分局经济犯罪侦查支队告知一审法院,2020年1月22日,增叙公司法定代表人卢某某向该队报案。该队于同年3月11日对杨某以职务侵占罪立案侦查。对于杨某对外利用增叙公司名义,向赵某某等近二十人借款2 000余万元,该队以合同诈骗罪一并侦查。一审法院认为,公安机关已经对本案所涉借款行为以合同诈骗罪进行侦查,故裁定驳回赵某某起诉。赵某某不服,提起上诉,上海市第二中级人民法院于同年10月27日作出二审裁定,驳回上诉,维持原裁定。后因存在超额保全,一审法院裁定解除对增叙公司某一银行账号的查封措施。

上海市普陀区人民法院对本案作出判决:驳回增叙公司的全部诉讼请求。宣判后,增叙公司提出上诉。上海市第二中级人民法院认为,本案的争议焦点是赵某某在前案诉讼中申请财产保全是否存在过错。财产保全损害赔偿性质上属于侵权损害赔偿。对于归责原则,应当采用一般过错归责原则,因无过错原则需在法律明确规定的情形下适用,且不考量主观过错会加重财产保全申请人的负担,对善意申请人依法通过保全维护合法权益造成妨碍,导致保全制度失去应有之义。故应从行为违法性、损害后果、主观过错、因果关系四要件角度分析赵某某是否需承担赔偿责任。本案的关键在于,判断赵某某申请保全是否存在主观过错,应综合考量赵某某在前案诉讼中起诉是否合理、保全方式是否适当、诉讼请求是否得到支持等因素。

第一,前案起诉合理性。赵某某提起前案诉讼时,杨某所涉刑事案件尚未立案侦查,赵某某在提起民事诉讼时无法判断刑事案件是否达到立案标准,更无法确认其受损权益是否可以通过刑事案件得以弥补。此外,赵某某掌握民间借贷案件关键证据。故无证据证明赵某某提起前案诉讼无可诉之必要或者有恶意诉讼之嫌,其起诉具备合理性,不存在滥用诉权。

第二,保全方式适当性。赵某某申请保全金额并未明显高于诉请金额,保全对象和方式不存在直接造成被申请人财产毁损或流失的风险。对于超额保全部分,赵某某主动向一审法院申请解除部分保全措施。故从保全方式角度来看,赵某某不存在主观恶意。

第三,前案裁判结果的影响。由于当事人的预判与法院裁判结果之间不可能保证高度一致,申请人的诉讼请求是否得到支持仅是保全是否存在过错的参考标准之一。因涉及合同诈骗,赵某某的诉请并未在前案诉讼中进行实质审查和认定,故裁定驳回起诉的结果不可直接认定赵某某存在恶意申请保全。

综上,赵某某在前案诉讼中申请财产保全系合理行使其法定权利,不存在主观过错,其无须承担赔偿责任。遂判决:驳回上诉,维持原判。

二、作为侵权的保全错误和作为要件的主观过错

本案的争议焦点在于,保全错误赔偿责任是否成立。这就需要先对保全错误赔偿责任的性质进行法理上的分析,并在此前提下进一步解析责任的构成要件,此后才涉及证明责任、证明标准、证明方式等实践性问题。

财产保全申请权是诉讼权利的一种,派生于诉权。[①] 行使该权利是否符合规定以及是否可实现预期目的,均受诉讼法调整。然而,当该权利的行使造成被申请人损失时,诉讼法并未详细规定责任形态和归责原则,需要对由诉讼行为造成的损害赔偿进行本质分析。

(一)诉讼行为产生的侵权责任

行使财产保全申请权造成损失赔偿,本质上与一般的侵权行为并无明显差异。[②]

第一,从错误行为的违法性角度。一般而言,造成被申请人损失是因为申请人滥用保全申请权。[③] 该行为从违反法律规定的申请人义务和违反保护被申请人的法律的双重角度,均与侵权行为的违法性特征相符。首先,财产保全申请权的行使需要遵循诚实信用原则,不得滥用该权利损害他人利益是申请人的应尽义务。其次,错误财产保全措施,限制或损害了被申请人使用、处分被保全财产的财产权,而财产自由是宪法赋予被申请人的权利。[④] 错误的保全行为,尽管外在表现为诉权的行使,但其本质上是装裱于"合法行使诉权"外观下的不当侵权行为。

第二,从赔偿责任的实体性角度。财产保全申请权只有在行权符合诉讼法规定,且未造成被申请人损失的情况下,单纯地产生诉讼法层面的效果,仅受诉讼法规范。一旦申请错误,造成被申请人损失,申请人承担的是实体法上的赔偿责任,该责任属于平等主体之间的责任形态。[⑤] 故赔偿责任受实体法的调整。

综上,财产保全错误损害赔偿本质上属于实施诉讼行为造成的侵权后果,在诉讼法并未对归责原则和判断标准进行特别规定的情况下,可以适用我国民法关于侵权责任制度的相关规定。侵权责任的一般构成要件为侵

[①] 参见王亚明:《财产保全申请错误再探——从司法统计的视角》,载《法治研究》2014 年第 12 期。

[②] 参见潘牧天:《滥用民事诉权的侵权责任研究》,上海社会科学院出版社 2011 年版,第 108 页。

[③] 参见吴英姿:《论保全错误的程序法解释》,载《现代法学》2023 年第 3 期。

[④] 参见梁迎修:《权利冲突的司法化解》,载《法学研究》2014 年第 2 期。

[⑤] 参见江必新主编:《新民事诉讼法条文理解与适用》,人民法院出版社 2022 年版,第 492 页。

权行为、损害后果、因果关系、主观过错①，亦有学者归纳为归责性之意识形态、违法性之行为、因果律之损害②。因果律之损害实为包含了因果关系和损害后果，故前述两种观点实质上是相同的。就财产保全错误损害赔偿责任而言，侵权行为（即诉讼财产保全）、损害后果通常均较为明确，而两者间的因果关系更是不言自明，问题的关键在于主观过错的判断。

（二）主观过错纳入归责要件的必要性

侵权责任中，各归责原则本质的区别在于对主观过错的考量。侵权法重视主观上的过错，来源于"一个人就自己过失行为所肇致之损害，应负赔偿责任"的基本逻辑。③ 根据保全制度风险的根源性特征以及主观过错要件缺失与现有制度之间的冲突，财产保全错误的认定要件需包含主观过错。

1. 部分损失源于保全制度的风险性

当事人申请财产保全的行为仅为取效行为，该行为的形式不必然产生保全的法律效果，必须由法院审查并决断。④ 不论是诉前还是诉中财产保全，均是在基础案件未作出终局裁决的情况下，法院依据申请人权益保护的紧急性和必要性，作出推断性的裁判和执行。申请人陈述保全必要性，并为诉前保全提供担保，法院仅作形式审查。⑤ 因利益最大化的驱动和对法律认知的个体差异，保全申请和最终的裁判结果间可能存在差距。故部分被申请人遭受损失源于保全程序固有的制度风险。

即便是在保全申请合法、基础案件胜诉、保全金额和判决金额完全一致的情况下，被申请人仍需承受保全财产在保全期间出现的自然损耗和市场波动造成贬值的风险。故对于保全制度在合理范围内产生的风险，被申请人具有一定的容忍义务。⑥

---

① 参见谭启平主编：《中国民法学》（第二版），法理出版社 2018 年版，第 660 页。
② 史尚宽：《债法总论》，中国政法大学出版社 2000 年版，第 111 页。
③ 王泽鉴：《民法学说与判例研究》，北京大学出版社 2015 年版，第 481 页。
④ 参见［德］罗森贝克等：《德国民事诉讼法（上）》，李大雪译，中国法制出版社 2007 年版，第 431 页。
⑤ 参见李喜莲：《财产保全"申请有错误"的司法考量因素》，载《法律科学》2018 年第 2 期。
⑥ 参见曹忠明、陆炜炜：《财产保全错误的损害赔偿》，载《人民司法》2020 年第 17 期。

只有在申请人恶意利用保全申请权利的情况下,不合理的行权导致被申请人源自制度风险而需承受的容忍义务被突破,申请人才需承担赔偿责任。若申请人不存在主观恶意,其申请财产保全属于诉讼法赋予其的公法性质权利,且行使该权利与保全制度为了申请人合法权益免受损失、保障未来生效判决得以顺利执行的立法初衷相符合。

2. 忽视主观过错要件缺失的影响

对于财产保全赔偿责任的承担条件,1982 年《民事诉讼法(试行)》曾规定"申请人败诉的,应当赔偿"。采用申请人基础案件败诉唯一标准确定其是否需要对损失进行赔偿,体现的是无过错归责原则。自 1991 年《民事诉讼法》将上述条文修改为"申请有错误的"申请人承担赔偿责任后,《民事诉讼法》几经修改,均未改变表述。以上修法折射了对归责要件的转变,也可以从体系解释与历史解释的角度印证现行法律规范采用的应当是一般过错归责原则,应当考量申请人的主观过错。

虽然不考量申请人主观过错可以在一定程度上督促申请人谨慎行使其诉讼权利,减少对被申请人的损害[1],但是在现有规范体系下,若财产保全错误赔偿责任的认定不考量申请人主观状态,则将造成一系列的负面影响。首先,在认定错误保全的赔偿责任时,如忽略申请人的主观过错,可能导致保全制度的落空。根据前述分析,保全制度自带损失造就的风险根源,如果申请人在履行了行权的注意义务后,仍需承担非因自身原因造成的损失,则会加重申请人申请财产保全的负担,阻碍申请人通过保全实现对合法权益的维护,保全制度会面临被架空的风险,并且不利于执行的顺利进行。其次,这也与现行的归责原则适用规定相悖。《民法典》规定,采用非过错归责原则需要经法律明确规定。[2] 然而,法律并未规定财产保全错误赔偿不采用过错归责原则。

综上,判断财产保全是否存在错误、申请人是否需赔偿时,应当考量申请人的主观过错。

---

[1] 参见周翠:《中外民事临时救济制度比较研究》,清华大学出版社 2014 年版,第 77 页。

[2] 从文义和体系的角度分析《民法典》第 1165 条及第 1166 条不难看出,过错责任是缺省性规则,而无过错责任则需要法律明确规定。

三、财产保全错误主观过错的证明责任与实质性判断标准

(一) 过错的证明责任

过错是指侵权人在实施侵权行为时对损害后果的主观心理状态[①]，包括故意和过失。故意是指侵权人预见侵权行为的损害后果，仍希望或者放任结果发生的主观心态。过失则是指侵权人对损害后果应当预见或者能够预见却由于疏忽而未预见，或者虽然预见，但是过于自信可以避免而不加规避的主观心态。过失实质上是一种不注意的心理状态，该不注意是对注意义务的违反。[②] 从诉讼的角度来说，任何实体法上的要件都需要在具体诉讼案件中被证明，才能达到拟援引之法律规范得以被适用的结果。由于我国立法上对证明责任或举证责任的表述采用了实质上的"双重含义说"，即同时承认行为意义上的积极举证责任（义务）和结果意义上的证明责任[③]，故可以从两个角度来看待关于财产保全错误主观过错的证明（举证）责任。

作为一种行为意义上的举证责任，双方都有义务向法院积极提供证据。原告一方固然应举证证明被告方可能存在过错，但被告一方同样有必要尽力举证证明己方没有过错，从而使得居中裁判者兼听则明，有利于相关事实的查明。而作为结果意义上的证明责任，主要是用于当诉讼参与方穷尽其举证能力且裁判者也尽力主动调查后，待证事实处于真伪不明状态时，由谁来承担不利后果的判断。按通说之观点，一般应当由主张侵权责任成立一方的当事人承担证明责任，除非法律特别对证明责任的承担问题另作特别规定，如"证明责任倒置"等。但从《民事诉讼法》第108条的规范设置来看，无法得出有别于一般证明责任分配规则之处，应由主张财产保全错误赔偿责任成立的原告方承担此责任。

[①] 参见最高人民法院民法典贯彻实施工作小组主编：《中华人民共和国民法典侵权责任编理解与适用》，人民出版社 2020 年版，第 27 页。

[②] 参见杨立新：《侵权责任法》，法律出版社 2010 年版，第 87 页。

[③] 相关讨论见本章第一节，此处不再展开，可对照阅读。

（二）过错的实质性判断标准

如何认定过错的存在,取决于在案证据的综合证明力是否达至相应证明标准。依现行法律规范和学说共识,应当以高度盖然性为证明标准。在案证据的综合证明力超过该标准,则意味着待证事实即过错的存在摆脱了真伪不明状态而得以证立,否则意味着证明责任的承担方即原告承担不利后果。[①] 而更重要的问题是,主观过错是一种心理状态,并非一种显著可见的外在现象,那么在认定事实、审查证据时,应当以怎样的具体标准和思路来考察主观过错的存在呢?

主观过错只有外化为客观行为才具有可归责性,行为人的行为在一定程度上可以反映出主观状态。故对于主观过错中的过失的判断,应当引入客观化的标准。[②] 该标准的内容是判断保全申请人是否履行了合理的注意义务。该义务的主要内容包括诉讼目的正当、诉讼请求与实际权利期待强度合比例、保全申请合理且适当。

首先,诉讼目的的正当是指申请人在基础案件中不存在滥用诉权。滥用诉权存在作为和不作为。作为是指基础诉讼中缺乏正当性的权利基础,即当事人提起诉讼和请求缺少一定的事实和法律基础。不作为指诉前保全中,申请人未在法定期限内提起诉讼。不起诉意味着不可通过裁判确定双方权利义务关系,导致财产流转被无端限制。[③] 其次,诉讼请求与实际权利期待强度合比例是申请人提起的诉讼请求内容与事实相符,不过分高于事实和现有证据,避免保全金额过分高于实际需要。同时,诉讼请求的提出与法律相符,即诉请存在一定的法律上的期待利益,如诉讼时效未经过。最后,保全申请合理且适当是指保全申请具有必要性,不存在保全手段错配等情形,且保全的程序、措施、对象不存在恶意差错,即使存在错误,申请人予以及时更正或解除。

[①] 关于证明责任的分配和证明标准的认定问题,本章第一节亦有所探讨,可对照阅读。
[②] 参见杨立新:《侵权责任法》,法律出版社2010年版,第85—86页。
[③] 参见万发文:《财产保全申请错误的构成及赔偿》,载《人民司法》2012年第6期。

四、财产保全错误主观过错的判断路径

一般司法实践会根据上述实质化标准判断主观过错，而不是片面以基础案件裁判结果为绝对参照标准。[①] 问题在于，基础案件的裁判结果是否对财产保全错误的主观过错判断就毫无意义，或者说，基础案件的裁判结果可以在多大程度上完成对主观过错的证明，是一个极具探讨价值的问题。因为仅采用纯粹实质化标准而完全放弃外在客观事实作为参照，将裁判结果彻底交由裁判者根据个案具体情形进行自由裁量，欠缺司法的稳定性和裁判的可预期性。从务实的角度来说，当事人对内心形态的举证能力毕竟是有限的，更为高效的判断路径是先根据基础案件裁判结果初步判断主观过错，再根据实质性标准进行深度判断。

（一）基础案件裁判结果与主观过错的关联

保全裁定本质上是临时性的程序性强制措施，法院裁定保全并不意味着实体裁判更加倾向于申请人，而是为了防止胜诉结果无法执行。基础案件的裁判结果一定程度上决定了保全的合理性，尽管这两者之间并不完全同步，但这两者之间存在一定关联是无可置喙的事实，那么通过对基础案件裁判结果与原因进行识别，对认定保全申请人的主观过错显然是有所裨益的。一个基本前提是，只有在申请人的诉讼请求得到支持的情况下，被保全财产才具有可执行性。若诉讼请求未得支持，则保全失去一定的必要性基础。

然而，不能仅根据基础案件裁判结果判断保全申请是否存在主观过错。从申请人角度，保全申请权是其享有的诉讼权利，为了实现自身利益最大化，行使该权利很可能具有合理性基础。此外，个体对法律适用的预期与法院裁判结果未必能达到高度一致，不能因为诉讼请求与裁判结果之间存在差距就认定申请人必然存在主观过错，需要赔偿损失。

[①] 参见江苏中江泓盛房地产开发有限公司诉陈跃石损害责任纠纷案，（2015）甬余商初字第 23 号民事判决书，载《最高人民法院公报》2016 年第 6 期。

由此可见,基础案件裁判结果与保全的合理性存在一定的关联,且具有直观的优点,故需要合理利用基础案件裁判结果这一要素,先行筛查主观过错。

(二) 基础案件裁判消极结果的类型化区分和对应主观过错形态

基础案件裁判结果如果是申请人的诉讼请求得到支持,则保全错误无从谈起,而基础案件的消极裁判结果,如撤诉或者败诉,则意味着申请人的诉讼请求未得到全部支持,该情形下存在保全申请错误的可能,应当予以区别探讨。

1. 撤诉情形下的主观过错认定

(1) 非因达成和解而撤诉,可认定申请人存在主观过错。该情形下,申请人所谓的诉讼请求尚未进行实体处理,则申请人极有可能存在利用保全申请权的恶意,除非另有证明表明申请确无过错,否则应认定过错的存在。

(2) 达成和解撤诉,初步认定申请人不存在主观过错,需根据实质标准进行进一步判断和审视。和解撤诉意味着申请人的权利得以救济,保全的目的得以实现,可以初步认定申请人不存在利用保全制度的主观恶意。

2. 败诉情形下的主观过错认定

败诉并非一个严谨的学理概念,若不进行类型化分析,是难以准确进行探讨的。笔者区分案件被裁定驳回和被判决驳回的情形,并在此基础上进一步分层展开分析。

(1) 基础案件未成功进入实体审理

当事人的诉权行使存在错误时,法院不作实体审理,裁定驳回起诉。需根据裁定驳回的不同情形初步判断保全主观过错。

① 起诉要件缺失。因起诉要件缺失而被法院驳回起诉,意味着申请人无诉权却提起诉讼并申请保全,很可能意味着存在主观过错。需要对缺失的要件内容进行法律层面的认知难易区分,初步作保全主观过错有无的判断。例如,针对有明确的被告这一起诉要件,一般较易辨别,申请人主观过错存在的可能性较大。但是,当因重复起诉而被裁驳,需要专业的法律素养进行判断。对于一般的诉讼主体,不可提出过高的要求,需要

根据实质标准进行主观过错判断。

② 因涉刑事案件而被裁定驳回。该情形为刑民交叉问题,涉及多重部门法,且对"同一法律关系"进行判断需要具备一定的专业度。[①] 需要根据申请人提起民事诉讼时间与刑事案件立案侦查时间的先后,判断主观过错。一般情形下,申请人无法预期自身受损权益能否通过刑事案件得以救济,也无法识别民商事案件与经济犯罪的准确分野,故其提起民事诉讼和申请保全系其行使公力救济的合理行为,难以据此认定其申请保全存在主观过错。

(2)基础案件经实体审理

基础案件经过实体审理后,判决驳回全部诉讼请求或者部分诉讼请求,意味着申请人的主张并未按照预期得以支持,保全的必要性减损。需要对败诉原因进行分类,分别考量保全主观过错。

① 因请求权不成立而败诉。不成立的原因具体有:第一,诉讼请求不符合权利保护要件,即诉讼请求缺乏事实依据和正当理由。例如,申请人提起侵权诉讼,但其并未实际遭受损失。此种情形下,当事人理应预期诉请无法得以支持,除非另有证明表明申请人的善意,否则可以认定其申请保全存在主观过错。第二,存在阻却事由。如不可抗力发生,由于对不可抗力的处理具有一定的酌情性,申请保全时申请人无法客观预计诉讼请求可被阻却的程度,一般不可通过败诉的结果直接推出其具有主观过错,需要根据实质标准进行综合判断。第三,法律漏洞填补尝试失败。在新类型案件中,因法律存在天然的滞后性,无专门规范予以适用,此时申请人对裁判结果的预期能力更弱,不宜对其保全申请施加过高的谨慎注意义务,而需采用实质标准判断主观过错。[②]

② 因证据不足而败诉。核心证据缺少的情形下,申请人可以合理预见诉讼请求不会得到支持,保全无申请的必要,此时除非另有证据表明申请人的善意,否则可以认定申请人存在保全错误的主观过错。但是,应注意的是,仅因自身持有证据在盖然性竞争中落败而败诉,申请人难以预期

---

① 参见田宏杰:《刑民交叉研究:理论范式与实践路径》,载《交大法学》2023 年第 1 期。

② 关于法律漏洞的填补问题的探讨,可参见本书第四章第一节。

该结果,应通过实质标准判断主观过错。[1]

③ 因利益衡量而败诉。[2] 首先,诉讼请求可能因为利益失衡而遭到酌情调整。如调整约定的违约金计算标准,法院会综合各种因素和合同的实际履行情况,将明确约定的违约金适当调低或者调高。其次,权利让位于更高层次的法益保护。为了保障宪法保护的根本权利或者针对特殊对象的权利内容,法院会根据实际情况牺牲申请人一定程度的权利。以上情形,申请人均无法在申请保全时进行合理预测。故一般情形下,除非另有证据印证申请人的主观过错,否则可认定保全申请无主观过错,并可结合案情,以实质性判断标准进行回溯式审查。

④ 因司法政策变化而败诉。例如,《九民纪要》为法定代表人越权代表公司为他人提供担保情形下担保合同效力的认定设定了新标准。若当事人起诉时《九民纪要》尚未发布,其根据司法实践习惯认定诉讼请求的可获支持概率和保全的必要程度必然会因为《九民纪要》的出台而产生偏差。故诉讼中司法政策变化为起诉时不可预期内容,不可根据败诉结果径行认定申请人具有主观过错,而应当结合其他在案证据,根据实质标准进行判断。

根据上述判断方法,可以有效将基础案件裁判结果这一客观事实纳入主观过错的判断之中,当事人和裁判者可以按图索骥,开展举证、查明和最终的判定。以本节所举案件为例,基础案件因为涉及刑事案件而被裁定驳回起诉,申请人提起民事诉讼的时间早于同一法律事实的刑事案件立案侦查时间,出于充分利用救济机会的驱动,申请人提起民事诉讼并申请保全初步认定无主观过错。根据实质标准,申请人提起民间借贷纠纷时掌握该类案件的核心证据,诉讼目的正当,且诉讼请求合比例。在保全金额高于诉讼请求时,申请人主动对超额保全部分予以解除,保全措施适当。故法院在没有其他证据的情况下,认定申请人无主观过错,进而无须承担损失赔偿责任。

---

[1] 实践中的一个难点是,如何判断是证据明显不足还是在盖然性竞争中惜败,这涉及对基础案件证据证明力的理解,确实存在主观性和边界的模糊性,这考验着裁判者的司法智慧和权衡能力。

[2] 关于利益衡量的探讨,可参见本书第六章第一节。

第八章

要素式审判方法在商事案件中的应用

第一节　要素式审判的意义与问题

　　审判,是法律的重要落实方式。审判的技术与方法,亦是很有探讨意义的话题。随着法院在实践中的不断探索和信息技术的进步,要素式审判作为一种新型方法逐步受到实务界的重视,继而引发了理论界的关注与探讨。作为本书关注的重点,商事诉讼中,要素式审判方式运行现状如何,是否有运用的空间,如果有,则如何进一步优化其运用效果,是一个需要认真对待的问题。

一、具有积极价值的要素式审判方法

　　要素式审判是指对固定案情的事实和法律要素进行提炼,就各要素是否存在争议进行归纳,重点围绕争议要素进行审理并撰写裁判文书的一种审判方法,一般而言包括要素表生成、要素式庭审和要素式文书制作三个阶段。纠纷全要素呈递、争点庭前归纳、裁判规则精准参考的核心机制,从审判方法层面提高了审判质效。要素的提取和整理、规范与类案的储存和分析、庭审提纲和裁判文书的自动生成等关键环节,充分将人工智能技术融合应用于司法。因兼顾创新升级裁判方法和充分运用人工智能的优势,最高人民法院陆续出台《关于进一步推进案件繁简分流司法资源配置的若干意见》《关于组织开展全链条要素式审判技术攻关和创新应用

试点申报工作的通知》等文件，为要素式审判方法的运用和系统的构建提供了制度基础。全国各地法院自2012年起陆续开展要素式审判的试点。

认定案件事实为审，适用法律裁判为判。民事审判是将查明的事实向特定法律规范涵摄，通过逻辑推理得出裁判的过程。无论是审还是判，只有在技术理性和方法理性的指引下，才能保证公正。科学的民事审判方法即采用规范严谨的方法分析案件，以达到准确认定案件事实，正确适用法律，得出公正结论的效果。[①] 审判方法随着司法活动和法律思维的发展逐渐演化。注重类比推理的英美法系，多采用遵循先例的审判方法。大陆法系采用演绎推理，典型的审判方法有德国的以请求权基础为核心的审判方法和日本的要件式审判方法。

在以提高审判质效为目标的司法改革背景下，我国法院采用的主流民事审判方法由传统的法律关系分析审判方法改革到以要件审判九步法为代表的请求权基础检索审判方法。然而，以上两种审判方法仍有各自的局限，要素式审判方法以人工智能技术为基础，通过具象化类型案件的审判思路，快速抓取争议焦点，实现集中庭审和文书智能生成，对提高审判方法的科学性或有裨益。

(一) 对审判质效的提升

民事审判方法的直接使用主体为法官，审判方法是否有助于提升审判质效，应当主要站在法官的视角进行评判。从法律关系分析审判方法到请求权基础检索审判方法，一定层面上实现了个案法律适用准确度的提高和审判时长的缩减。但是，从个案出发的本质使得裁判效能的提升仍取决于法官个人能力。要素式审判方法从以下方面对此作出改良：

1. 提升审判质量：从个案到类案

法律关系分析审判方法首先查明案件事实，再对照查找相应法律，进行法律适用后裁判。采用此种审判方法，裁判在质量上取决于法官个体对相关法律的熟悉程度和研究深度。在效率上，全面铺开式地先行审查案件事实，可能将庭审时间花费在与法律要件无关的事实查明上，还可能

---

① 参见杨凯：《寻找从现实生活出发的民商事审判方法》，载《法律适用》2012年第1期。

需要重复开庭以补充事实查明和深入辩论,从而导致庭审不集中和审限浪费。

针对传统审判方法的不足,请求权基础检索审判方法将审判从事实出发型革新为规则出发型,将审判方法从经验型审判升级为要件式审判。以请求权基础检索审判方法本土化的要件审判九步法为例,法官先行审查和固定请求权基础和抗辩权基础。通过当事人的诉辩内容,首先审查和固定双方主张所依据的法律规范内容,分析该法律关系下的规范构成要件,从而明确要件事实内容,据此有针对性地进行举证、质证和辩论。[①] 请求权基础检索审判方法将规范确定置于事实查明之前,法官在审判过程中只需把握与规范相关的法律事实即可。[②] 过滤非要件事实可以简化审判思维,准确适用法律,提高审判的质量和效率。

然而,请求权基础和抗辩权基础的正确固定考验法官个体的专业素养,若对相关法律规范欠缺了解,可能产生因规范固定偏差而浪费后续审判的情况。此外,两种审判方法均未解决法律如何适用的问题,即使法官按图索骥也仍无法保证类案适法统一。产生以上问题的原因在于,两种审判方法均将案件审理起步于个案内容。要素式审判选择从类案出发,排除法官个体差异对审判质量的决定性影响,运用人工智能技术在法律规范和类案裁判中提取并生成要素表和知识图谱。法官在简单判断案由后,即可获取该类案件的法律规范和裁判思路。

2. 提高审判效率:争点归纳的提前

争议焦点是个案中当事人存在争议的具体内容,为事实查明、举证质证以及法律适用指明方向,对审判效率的提高起到关键作用。法律关系分析审判方法在经验主义的作用下,并未强调争点的功能。请求权基础检索审判方法意识到争点的重要性,因为初始需明确规范基础的方法特色,争点整理只能置于规范固定之后,且争议焦点归纳的主要目的是双方当事人有针对性地进行举证质证。

要素式审判方法最大化地发挥了争点归纳对提高审判效率的作用。

---

① 参见张娜:《民商事审判方法:从经验到自觉》,载《人民法院报》2010 年 12 月 8 日。
② 参见王泽鉴:《法律思维与民法实例——请求权基础理论体系》,中国政法大学出版社 2001 年版,第 45 页。

争点的初步归纳形成于立案阶段。双方当事人填写的要素表通过交换和对照,即可明确有争议要素和无争议要素。有争议的要素对应的就是争点。后续的审判活动在无特殊情况下围绕争点开展。此外,争议焦点的审前归纳可以帮助当事人明晰矛盾点所在,从而促进调解等多元解纷机制的运用。

(二) 对司法公信力的增益

1. 以当事人的深度参与提高司法透明度

法律关系分析审判方法和请求权基础检索审判方法将审理进程推进的主动权交由法官行使。即使是在辩论主义原则下形成的请求权检索审判方法,当事人对要件事实内容、举证质证方向以及辩论重点的认知亦有赖于法官的主动释明。要件审判九步法中,法官的主动释明出现在当事人的诉讼行为不能达到特定步骤的预期效果之时。比如,在识别抗辩权基础时,若被告答辩意见含糊,无法识别抗辩权基础,法官应当引导被告针对原告的诉讼请求、法律关系性质、事实等重要主张作出针对性的答辩。[①]

法官心证的披露取决于法官个体主动性削弱了两造对抗度。对于实际经历案件事实的当事人,在认知了审判思路和内容的基础上,可以更为有力地准备证据、进行辩论。当事人能动激发的两造对抗,使法官更为有效地获得案件事实。法官和当事人三方共同推进审判进行是辩论主义下的理想审判。[②] 然而,法律关系分析审判方法和请求权基础检索审判方法均未能给予当事人以足够的能动空间,也减损了司法裁判的透明度,进而可能减弱当事人对裁判的可预期度。

要素式审判以对固定案情的事实和法律要素进行提炼为基本前提,而且这一过程是由当事人深度参与的,整个过程相对较为透明,有助于增强当事人的诉讼参与感和对司法程序的信任度。不仅如此,法官在就各

---

① 参见邹碧华、王建平、陈婷婷:《审视与探索——要件审判九步法的提出和运用》,载《全国法院系统第二十二届学术讨论会论文集》。
② 参见徐艳阳:《在法的确定性与法的正当运用间"往返顾盼"——民事审判方法的解构与定位》,载《法律适用》2012 年第 3 期。

要素是否存在争议进行归纳时，可以通过心证的披露进一步提升当事人的参与度，这能帮助当事人对诉讼可能的走向作出判断，从而调整诉讼策略。可见，要素式审判为当事人深度参与审判，充分了解法官心证提供了途径。不仅如此，要素表汇集了类型案件的事实要素和法律要素，要素的排布体现了审理思路，填写的过程揭示了法律适用的方向。故要素表本身即法官心证的充分释明，双方当事人在填写要素表时可以了解法律规范内容，指导举证方向，更为透明清晰地看清审判过程的脉络，从而合理预计裁判结果。

2. 智能化技术对裁判可预测性的提升

人工智能拥有数据储存能力、记忆能力和深度学习能力，与司法领域呈现的技术性和重复性高度适配。技术理性约束司法任意性，海量分析归纳克服司法不确定性，算法构建模型提高司法效率性等优势，使得人工智能可为司法赋能，一定程度上提高司法信任、提升司法能力、促进司法公正。[1] 法学和人工智能的不断融合促进了计算法学这一交叉学科的产生和发展。[2] 智慧法院建设将人工智能技术运用于审判全流程，构建新型现代化法院，以技术支持审判质效的提升。

然而，当前智慧法院建设中，人工智能多运用于诉讼服务、审判执行、司法管理等智能化集成平台建设。个案裁判中的人工智能应用场景有限，绝大多数运用于取代技术含量低且重复率高的工作，如文书校对、排版、公开等。[3] 人工智能深度学习能力只在有限的法律检索和类案检索中发挥。当下仍处于弱人工智能时代，机器计算和人脑思考存在本质差异，人工智能体现的形式理性无法完全取代个案裁判中必须由人脑完成的实质理性。[4] 个案裁判中的价值判断、利益衡量并不能通过计算已有数据得出符合当下社会价值体系的裁判结论。人工智能虽当下无法取代法官作出个案裁判，但可以起到辅助作用。[5]

① 参见赵杨：《人工智能时代的司法信任及其构建》，载《华东政法大学学报》2021年第4期。
② 参见张妮、徐静村：《计算法学：法律与人工智能的交叉研究》，载《现代法学》2019年第6期。
③ 参见魏斌：《论法律人工智能的法理逻辑》，载《政法论丛》2021年第1期。
④ 参见魏斌：《论法律人工智能的法理逻辑》，载《政法论丛》2021年第1期。
⑤ 参见赵杨：《人工智能时代的司法信任及其构建》，载《华东政法大学学报》2021年第4期。

当下人工智能技术已经发展到可进行一定程度的法律推理,要素式审判为该技术提供了应用场景。机器的学习能力改变了传统的编程逻辑,程序的系数不再是人为输入而是由机器对海量数据进行学习自动产生,通过自主学习搭建的多层神经网络使人工智能具备一定的自主决策能力。[①] 该技术能力可以实现法律语言的机器学习、从法规和裁判中提取法律信息,从而进行一定程度的逻辑分析和裁判预测,监督司法裁判。[②] 要素式审判系统中的要素抓取功能,依托机器储存、记忆并学习类型案件的法律规范和类案裁判,全面提取特定类型案件的已存在的要素内容。[③] 运用自然语言处理技术,挖掘、提炼、分析当事人提交的文本材料和表达的自然语言,将其中有法律意义的内容与要素表进行配对,从而实现要素表的系统主动填写。此外,信息抓取、分析分类的学习技术支持要素式庭审提纲和文书的生成,预测司法裁判可通过规则图谱的推送和运用得以实现。

要素式审判方法相较于以经验为基础的法律关系分析审判方法和以固定要件为先的请求权基础检索审判方法,从类案出发和争点整理再提前的角度实现了审判质效的内部再提升,并且为当事人主动参与司法裁判、人工智能技术拓宽司法运用场景提供了外部升级,提高了司法公正。故要素式审判在审判方法内容和人工智能技术运用于司法方面均作出了本质性的革新,对于审判实践而言有极高的存在必要性和运行可行性。

二、要素式审判试点工作的局限及原因分析

要素式审判是优化司法资源配置,提高审判质效的司法改革的举措之一。最高人民法院出台的《关于进一步推进案件繁简分流司法资源配置的若干意见》《民事诉讼文书样本》《人民法院第五个五年改革纲要(2019—2023)》《民事诉讼程序繁简分流改革试点实施办法》等为要素式审判的系统构建提供了制度基础。

---

① 参见杨延超:《算法裁判的理论构建及路径选择》,载《治理研究》2022 年第 4 期。
② 参见杨延超:《算法裁判的理论构建及路径选择》,载《治理研究》2022 年第 4 期。
③ 参见魏斌:《论法律人工智能的法理逻辑》,载《政法论丛》2021 年第 1 期。

2012年,深圳市中级人民法院率先试点要素式审判,出台了《深圳市中级人民法院关于适用小额诉讼程序审理民商事案件的实施意见(试行)》《关于一审民事裁判文书简化改革的若干规定(试行)》。随后,全国各地法院就要素式审判中某一具体环节或者选择某一具体案由试点推进要素式审判的运用。① 分析全国试点现状可以发现,要素式审判目前运行中尚存在一些需要改进和完善之处。

(一) 要素式审判运用范围的狭窄化

1. 商事案件被排除之现状

当下,全国法院对要素式审判试点的目标案件类型多集中于特定的民事案件,其中以机动车交通事故责任纠纷、民间借贷纠纷、劳动争议纠纷最为典型。

在要素式审判理论相对成熟后,少数法院将适用范围扩张到部分刑事和行政案件。② 要素式审判当前应用的案件类型,普遍排除了典型且受理量较大的全部商事组织法规范的商事案件类型以及绝大部分商事主体契约关系案件③,陷入适用于范围固定的简单民事案件的应用瓶颈。具体而言,试点案件类型存在以下显著特征:首先,案件多发,在法院审理案件中占比较大。其次,事实和法律争议焦点近似且不易出现新情况。以民间借贷纠纷为例,债权人作为原告的诉讼请求集中于请求借款人还款或者担保人承担担保责任,涉及的案件事实和争议焦点大多围绕借款金额、借款期限、实际支付情况、还款情况、利息等内容。该类案件的要素种类较少且要素间逻辑较为单一,设计要素表、提炼个案要素、确定争议

---

① 广东省高级人民法院于2013年颁布《关于推进民事裁判文书改革促进办案标准化和庭审规范化的实施意见》;浙江省高级人民法院于2014年颁布《关于民商事案件简式裁判文书制作指引》;江苏省高级人民法院于2018年颁布《金融借款合同纠纷案件要素式审判工作指引》;北京市高级人民法院于2018年颁布《北京法院速裁案件要素式审判若干规定(试行)》;山东省高级人民法院于2019年颁布《山东省高级人民法院要素式审判方式指引(试行)》。

② 李鑫、王世坤:《要素式审判的理论分析与智能化系统研发》,载《武汉科技大学学报(社会科学版)》2020年第3期。

③ 当前,全国法院试点目标案件虽然包含了一部分商事案件,如金融借款合同纠纷、诉讼标的额在50万元以下的买卖合同纠纷,但是该类纠纷在法律关系认定、法律规范构成以及争议焦点方面均较为单一,可较为快速处理。

焦点都较为容易。

2. 商事案件被排除之疑惑

因可迅速锁定争议焦点,实现集中审理和文书简化,要素式审判在试点中呈现的最直观的功能是提高审判效率,实现简案快审。加之全国法院的固化应用场景和纠纷类型,要素式审判逐渐形成只能同法律关系清晰、法律事实明确、双方争议不大的民事简易纠纷解决挂钩的应用僵局。[①] 对于商事案件,由于涉及的主体繁多、交易类型迭代快速、组织结构复杂、利益和法律效果多元化[②],因此形成法律事实认定困难、法律关系处理复杂的表征。要素式审判对传统审判程序和裁判文书的精简似使其无法驾驭商事案件的审理,以至于普遍认为商事案件仍应该通过传统的审理方法抽丝剥茧来认定事实与解决争议。[③]

然而,如前所述,要素式审判相较于其他审判方法在审判质效的提升上更进一步。要素式审判将类案检索、知识图谱以及裁判规则系统地生成于审前,要素表的填写帮助法官快速聚焦争议焦点。效率的提高是要素式审判运用的应然结果,而非该审判方法追求的唯一目标。理论上,要素式审判可以适用于包括普通程序、简易程序、小额诉讼程序在内的各种民事诉讼程序以及可以提炼出要素的任何类型纠纷。当前试点普遍规避商事案件的现象不符合要素式审判的设计理念,申言之,前述现象的存在恰表明要素式审判在实践中似乎尚未发挥其全部功能。

(二) 要素提取方式的单层化

要素式审判的试点案件类型在要素分布和提取上存在单层化的特征。以机动车交通事故责任纠纷案件为例,因受害人的诉讼请求集中于损害赔偿,事实和法律要素无外乎事故概况、相关部门的责任认定和赔偿内容。通过对要素的逐一确定即可得出个案结论,要素间并不存在嵌套

---

① 参见滕威、刘龙:《要素式审判法:庭审方式与裁判文书的创新》,人民法院出版社 2016 年版,第 31 页。

② 参见施天涛:《商事法律行为初论》,载《法律科学》2021 年第 1 期。

③ 参见滕威、刘龙:《要素式审判法:庭审方式与裁判文书的创新》,人民法院出版社 2016 年版,第 31—32 页。

关联。故该类型案件要素的提取可依据审判经验和相关法律规范构成要件进行,要素的归纳亦可以采取平行罗列的方式进行,即只要在要素表中提出一级要素名称,当事人就可直接填写,无须进一步识别二级要素。依据此种方式形成的要素表从外观上来看虽然是各要素的平行罗列,但是不影响快速明确案件争议点。

但是,只有有限的类型案件呈现要素逻辑单一的特点,此系当前要素式审判试点选择的目标案件范围有限且趋同的原因所在。有限的商事案件类型,如金融借款纠纷和未涉消费者的买卖合同纠纷,因要素分布亦呈现出逻辑单一的特点,从而被部分要素式审判试点所归入。然而,除却要素式审判试点的目标案件类型外,其他的案件尤其是商事案件的要素与要素间多呈现递进的逻辑关系。例如,股东知情权纠纷会根据股东主张的查阅对象的不同而呈现不同的审判思路和要素内容。若为一般公司材料,如公司章程,则具备行权资格的股东可径直查阅、复制,此类纠纷要素逻辑单一;但是,若股东请求查阅会计账簿,则会涉及要素间的递进关系。就查阅理由这个一级要素而言,需要继续确定二级要素才可得出查阅理由符合法律规范的结论。具体而言,首先需审查股东前置程序的履行情况,若出现公司拒绝提供查阅的情形,还需进一步审查股东行权是否具备正当理由。

非简单民事案件普遍存在要素繁多且要素间逻辑复杂的特征,若按照当下全国法院普遍采取的依靠经验提取要素、平行罗列形成要素表,则要素表的设计、填写以及后续审理会出现导致审理缺乏深度的问题。首先,要素表的设计困难。由于要素间的逻辑存在递进,在要素表的设计中难免出现要素点挂一漏万、表述模糊的情况,过多的要素收集需求导致要素表繁冗,缺乏逻辑连贯性,从而难以通过要素表来确定争议焦点。其次,要素表的填写困难。填写繁杂的要素表需要一定的法律素养,在当事人未聘请律师代理的情况下,可能出现无法完成提取个案要素的情形,遑论通过要素表的填写来明确法官审判思路,从而对案件审理产生合理预期。最后,后续审理争议焦点不明确。如果当事人无法有效利用要素表明确争议焦点,其势必难以有针对性地提出证据,集中审理的目标无法实现。综上可见,如果要素表的生成与设计缺乏层次与逻辑,不仅将导致要素表形同虚设,还会虚化要素表归纳争议焦点的功能,在徒增当事人诉讼压力的同时,架空了要素式审判的制度目的之实现。

以传统提炼、归纳要素的方式进行要素式审判只有在法律关系清晰的类型案件中才能发挥出提高审判效率的功效,故当前法院多选择要素分布单一的案件为试点对象。对于要素分布相对复杂的案件,尤其是商事案件,采取同样的要素提取和归纳方法会削弱要素式审判对审判质效提高的功能,从而导致在当前全国法院试点中被普遍排除。

(三) 法律适用的机械化

要素是要素式审判的根基。司法要素是指涉诉法律关系的基本构成部分。[①] 当下要素式审判试点提炼的要素一般为事实要素和法律要素。[②] 法律规范分解出法律要素,类案审判中根据当事人主张的请求权或抗辩权法律内容或者事实内容提取出事实或法律要素。将事实要素和法律要素有规律地进行汇总和排列即形成要素表。然而,将要素范围限定为事实和法律要素可能会导致个案中当事人以及法官对要素的认知被框定在要素表中。

要素表中的要素内容是依据已发生的纠纷和已生效的法规的穷尽式列举。然而,法律本身存在一定的局限性和滞后性,且新情况与新事实的发生无可避免。[③] 在个案纠纷中,若出现不能够归入现有要素的新情况,或者案件事实的起因和背景存在个案特殊性,则只进行事实层面的前案对照和法规层面的套用,很有可能陷入机械司法的法律确定主义泥潭,导致要素式审判鸡肋僵化,个案纠纷不能得到解决,还可能产生非正向的社会效果,从而影响裁判的公正。当前普遍试点的简单民事案件,以机动车交通事故责任纠纷为例,在相关部门出具归责明确的文件后,法官一般无须考量法外因素即可得出正确裁判。然而,并非所有类型案件只进行法律适用即可得出符合社会预期的正确结论。能动司法要求司法有担当、

---

① 参见黄振东:《要素式审判:类型化案件审判方式的改革路径和模式选择》,载《法律适用》2020年第 9 期。

② 参见滕威:《要素式审判方法之改进及其运用——提高民事庭审与文书制作效率的新思路》,载《人民司法》2019 年第 10 期。

③ 参见祖鹏、李冬冬:《社会主义核心价值观融入司法裁判的机制研究》,载《法律适用》2021 年第 2 期。

负责任地以法律为依据裁判争议及维护公正,个案的审理往往需要综合多因素进行利益衡量。[①] 此系当下要素式审判试点局限于简单民事案件的原因之一。

　　虽然全国法院积极试点要素式审判,但试点现状却与要素式审判机制理想化的运行存在一定的差异。为清除制约要素式审判运用于实践的阻碍,有必要优化要素式审判系统的架构,根据现在的不足,依循一定的进路展开校正。

第二节　要素式审判的优化进路

　　针对上一节提出的不足之处,至少应从三个路径进行调整和探索:其一,要素式审判与商事案件在理论和实践层面的适配可以打破要素式审判在适用案件类型范围方面的固化,应将要素式审判应用于商事审判;其二,可充分利用人工智能的深度学习功能,按照法律逻辑,多层次提取归纳要素,加大要素式审判的深度;其三,将与价值判断相关的现实要素用于裁判结果回溯回查,可以为要素式审判适用增添温度。以上路径可以从广度、深度、温度三个角度对要素式审判进行优化。其中,将商事审判全面纳入要素式审判的运用可谓重中之重。

一、案件类型范围之拓宽

　　将要素式审判嵌入商事案件审理的可行性可以从理论和实践角度进行分析。

(一) 理论证成:商事案件与要素式审判的适配度

1. 要素式审判在可提取要素案件中的可适用性
要素式审判的运行逻辑内核等同于三段论推理论证过程。个案纠

---

① 参见张骐:《简论新时代人民法院能动司法》,载《中国应用法学》2023 年第 4 期。

纷中适用要素式审判必须完成对要素表的填写，填写要素表是将各方当事人具体的主张与要素表中抽象的要素进行配对的过程。对比各方填写的要素表，可以抓取个案争议的事实认定，从而识别案件争议焦点。后续的审理和裁判则是审查争议法律事实，并依据相应法律规范得出裁判结果。故要素式审判运行的逻辑是通过填写预先设计的要素表，抽象出个案争议要素，最终向相应法律规范所包含的法律要素涵摄的过程。

传统的"审判程序中的当事人陈述、举证质证、询问调查、辩论等行为，实质上是为个案裁判'提取'法律要素的过程"[①]。裁判运用三段论的逻辑演绎方法进行推理论证。"大前提—小前提—结论"反映的法律适用逻辑是将个案中通过审理提取出的要素与法律中的抽象规范进行匹配并最终得出结论。不论是大前提——法律构成要件，还是小前提——事实要件，均可以不断拆分解构为最细节的要素，经由要素式审理归纳与整合，进而得出裁判结论。因此，要素式审判的运行逻辑与任何一般的审判逻辑契合，只不过通过要素式审判方法的外观表达，将原本抽象的、模糊的、任意的传统裁判方法与审理思路以一种具象的、清晰的、规律的要素式审判方式呈现出来。对于某一类型的纠纷，要素表的内容可以体现具体化的该类案件审判思路，即公开法官心证过程。

所有案件的处理均反映具体的审判思维，要素式审判的特别之处在于，需要在个案纠纷处理之前，通过法律规范和类案裁判提炼出该类型案件的审判思维，形成要素表。故从理论角度分析，一些案件类型存在对应法律规范以及大量前案裁判，更有利于生成要素表，进而将之运用于要素式审判。由此可见，在广泛的商事案件中，除却少量无具体法律规范或者无前案参考的新类型纠纷外，大部分纠纷类型均满足要素表生成的客观条件，故而可以适用要素式审判。

2. 商法起源自带的要素属性

商法的产生和发展"是在古埃及、巴比伦、亚述、希伯来等众多民族相

---

① 胡发胜:《要素模式引领审判权运行改革研究》，载《山东审判》2015 年第 5 期。

互吸收、相互继承和彼此促进的基础上,最终形成的一定法律规定"①。最早的商事规范因商主体自发创造了宣誓交易、见证交易等多种交易方法而以商事习惯的形式出现。② 商事习惯经过不断地适用、推广,才逐渐随着立法能力的提升而整合成成文法律。以地中海地区的海商法的起源为例,11 世纪晚期,为了维护交易稳定,公平解决纠纷,地中海各城市吸纳长期形成的交易习惯并据此制定海商法,如意大利威尼斯制定的《威尼斯航海条例》。③ 该条例内容几乎涵盖了现代海商法的重要规则。④ 商法的历史发展正如恩格斯所说:"在社会发展某个很早的阶段,产生了这样一种需求:把每天重复着的生产、分配和交换行为用一个共同规则概括起来,设法使个人服从生产和交换的一般条件。这个规则首先表现为习惯,后来变成法律。"⑤故商法本身是对商主体长期积累、反复使用的交易习惯的转化,相关规则内容本身就可轻松解构成已被商主体熟知的具体构成,即法律与事实要素。商法中要素的提取可与交易习惯相契合,且这样的提取易被富有交易经验的商主体所理解。

3. 商事交易事实要素提取的直观性

基础的商事行为有商主体对外的契约行为和对内的组织行为。⑥ 其中,对外的契约行为秉持外观主义原则。商主体的法律行为能力只存在全有或全无的两种状态,不同于自然人主体或因个体的年龄、智力和精神状况而存在限制性民事行为能力的情况。追求利益的本质导致商事行为的目标较为单一,即实现己方利益的最大化。⑦ 商主体的意思表示一般

---

① 何勤华、魏琼:《西方商法史》,北京大学出版社 2007 年版,第 1—2 页。
② 参见赵万一:《后民法典时代商法独立性的理论证成及其在中国的实现》,载《法律科学》2021 年第 2 期。
③ 参见赵万一:《后民法典时代商法独立性的理论证成及其在中国的实现》,载《法律科学》2021 年第 2 期。
④ 何勤华、魏琼:《西方商法史》,北京大学出版社 2007 年版,第 238—239 页。
⑤《马克思恩格斯全集(第 2 卷)》,人民出版社 1972 年版,第 538—539 页。
⑥ 参见王延川:《商事行为类型化及多元立法模式——兼论商事行为的司法适用》,载《当代法学》2011 年第 4 期。
⑦ 参见叶林、石旭雯:《外观主义的商法意义——从内在体系的视角出发》,载《河南大学学报(社会科学版)》2008 年第 3 期。

根据客观的商业逻辑即可进行解释。[①] 理智的主体类型和客观的行为方式,导致商事行为规范注重外在客观形态的维护,从而保障契约交易的稳定和安全。例如,针对商事登记的对抗效力,在名义股东存在的情况下,对外法律关系的认定均以登记为依据。2018 年《公司法》第 32 条明确规定,公司股东未经登记或变更登记的不得对抗善意第三人;《最高人民法院关于适用〈中华人民共和国公司法〉若干问题的规定(三)》第 26 条规定,股东不得以其为名义股东为由,对在未出资范围内承担公司对外债务的补充责任进行抗辩。

针对民事主体的契约行为,因自然人个体存在差异性,在意思表示解释、重大误解、欺诈等涉及主观要素的判断中,均需参照个体差异进行特殊考量,以实现个案公正。相比较而言,商主体的对外契约纠纷中,要素的提取因外观主义而更加直观,个案要素的认定也更为直接。

针对商主体的对内组织行为,为了实现稳定的内部管理和高效的资本配置,组织行为通过《公司法》《合伙企业法》等组织法或章程进行细化的程序规范。此类行为产生法律效力,必然满足明确且清晰的要件构成。以股东提起解散公司为例,必须同时满足股东适格、公司经营管理发生严重困难、公司继续存续会使股东利益受到重大损失、不能通过其他途径解决。[②] 再如公司担保的内部表决,公司为他人担保需依照章程由董事会或者股东会、股东大会决议,公司为股东或者实际控制人提供担保必须经股东会或者股东大会决议且需满足其他股东表决权过半数同意。[③] 故涉及组织行为的纠纷,往往可以通过法律规范或章程快速提取较为固定的要素。

因此,商主体的契约行为和组织行为纠纷均可以较为直观地提取要素,从而商事案件在要素表的设计和填写方面可以更好地适应要素式审判。

4. 商事效率原则与要素式审判的耦合

商事行为受提高交易效率获取最大利益的指导,故当事人在交易时

[①] 参见崔建远:《民事合同与商事合同之辩》,载《政法论坛》2022 年第 1 期。

[②] 参见 2018 年《公司法》第 182 条和《最高人民法院关于适用〈中华人民共和国公司法〉若干问题的规定(二)》第 1 条之相关规定。

[③] 相关规则见 2018 年《公司法》第 16 条。

倾向于采用国际通行的、便利的、可反复适用的通用交易方式开展商事活动。经过反复实践而一直沿用的交易往往会被类型化，从而形成具有明显流程性的指引，便于后续交易中统一规范各方权利义务以及新商主体的快速融入。例如，国际贸易中的买卖双方在合同中常选择国际商会根据长期交易习惯总结的国际贸易术语（Incoterms）中适合交易的一种模式，从而无须在合同中就交货地点、风险转移、订立运输合同、清关等再进行具体约定。货物流转全过程所涉各主体对己方义务内容和救济途径均了然于胸。此外，商主体在处理商事纠纷时，亦会追求以最小的时间成本和经济成本平息矛盾、恢复交易。例如，作为一种纠纷解决机制，仲裁于商事纠纷中得以快速发展和广泛使用的原因之一就是一裁终局可以节约时间以及临时仲裁在程序设计上对争议各方更为自由。要素式审判对交易规则的具象化、类型化的处理方式，与商事效率原则高度适配。不仅如此，通过前文分析，要素式审判通过争议焦点的庭前形成和集中审理方式的运用，大大缩减了审理时长。故商事纠纷就其追求高效解决的角度与要素式审判可提高审理效率的功效相契合。

综上，商事案件在规制其法律行为的规范起源、稳定直观的事实要素提取以及纠纷解决对效率的追求方面均与要素式审判的内核相符，除却新类型商事纠纷，一般的商事案件具有适用要素式审判的天然优势。

（二）实践证成：股东知情权纠纷要素式审判的试点考察

上海市第二中级人民法院积极探索要素式审判应用于商事案件的现实可行性，其以股东知情权纠纷为试点，于2021年发布了《股东知情权纠纷案件要素式审判指引（试行）》。该指引通过整理常见审理要素及审查途径，从要素表设计到文书制作，为股东知情权纠纷案件的要素式审判提供了全流程审理指导。其中，针对审查要素的提取，根据相关法律适用的逻辑，提取出行权主体、行权事由、行权范围、行权方式、阻却条件等一级法律要素。再根据司法实践常态，针对各一级要素，分别归纳出二级事实要素。如下表所示：

一级要素	二级要素
行权主体	股东资格、入股时间及方式、退股时间及方式、出资认缴、实缴情况、股权登记情况、股权代持情况、是否冒名登记、是否委托他人辅助行权、受托人资质
行权事由	查阅理由、股东权利受损情况
行权范围	章程、股东会会议记录、董事会会议决议、监事会会议决议、财务会计报告、会计账簿、会计凭证等知情权载体的客观存续情况,材料生成的时间范围
行权方式	行权的具体时间、地点、公司经常经营地、行权具体方式(查阅、复制、摘录)
阻却条件	行权通知时间、通知对象、通知形式、是否具有不正当目的(竞业投资等)、章程关于股东知情权的具体规定

关于各要素的审查路径,指引将各二级要素个案审查的事实和相关法律要求一一对应,细化各情形下的法律适用结果。例如,针对一级要素行权主体下二级要素原告股东资格的审查,若个案中呈现的情形是请求行使股东知情权的原告股东是已经转让所持股份的旧股东,法院需根据《公司法解释(四)》第7条第2款,在原告提出初步证据证明其持股期间合法权益受损的情况下,判决其针对与其持股期间权利受损相关的公司文件行使股东知情权。上海市第二中级人民法院下属辖区法院根据指引,展开了要素式审判试点工作。

根据试点辖区法院反馈,于股东知情权纠纷中适用要素式审判呈现出以下特点:首先,庭前要素表的填写提高了当事人调解和撤诉的概率。其中,宝山区法院试点的全部案件在要素表填写后均以调解或撤诉结案。① 此种结果说明要素表的填写可以使当事人及时对案件审理结果产生合理预期,从而转为采取更为务实的诉讼策略。其次,要素式审判的运用缩减了审理周期。以判决结案的案件在运用要素式审判后可以实现一个月左右结案。② 最后,庭前争议焦点的归纳使得庭审重点明确。在所

① 参见上海市宝山区人民法院(2021)沪0113民初17192号民事裁定书。
② 参见上海市普陀区人民法院(2021)沪0107民初19869号民事判决书。

有试点案件中,庭审前争议焦点均得以明确,庭审在确定无争议内容后集中于争议要素的举证质证以及辩论,裁判文书说理部分直接就争议焦点进行论述。[①] 从实践角度的观察可以进一步验证,要素式审判运用于要素可提取的商事案件可以实现提高审判质效,保障个案公正的设计目标。

综上可见,商事案件自身属性与要素式审判间存在天然的适配度,要素式审判适用案件类型的广度拓宽至商事案件符合要素式审判的特质和需求。

二、多层要素的提取方法

针对当前要素式审判适用于简单民事案件的试点现状,可从要素的提取和填写等角度,利用人工智能技术实现要素式审判于要素结构非单一化的案件中的深度适用。要素表的设计在全面提取要素的前提下,采用逻辑分层的理念进行设计。

要素表是要素式审判中的重点。从诉讼当事人的角度而言,首先,要素表的填写可以指引当事人有针对性地进行举证和质证,从而引导当事人更全面地主张权利,维护自身利益。[②] 其次,要素表展示的是裁判审理思路,填写要素表可以使得当事人对诉讼结果产生合理预期,当事人或可因之改变纠纷解决思路,从而促进调解的达成。从法院审理角度,要素表可以实质性地提高审判质效。除却前文提及的庭前确定争议焦点实现集中审理之外,要素表还可以促进适法统一,起到监督和约束裁判权的作用。法官在对案件审理中争议焦点的总结和裁判标准的把握上存在个体差异。要素表是基于大量类案审判和法律规范而形成的审判思路之具体体现。要素表的使用既可以帮助法官实现高质量审判,也可以防止滥用司法权行为的出现。

---

① 参见上海市嘉定区人民法院(2021)沪 0114 民初 18337 号民事判决书、(2021)沪 0114 民初 24661 号民事判决书。

② 参见黄振东:《要素式审判:类型化案件审判方式的改革路径和模式选择》,载《法律适用》2020 年第 9 期。

针对要素表发挥的功能,要素表的设计应当满足以下标准:首先,法律和事实要素全面提炼。[1] 其次,有效突出争议点,对容易引发当事人争议的要素进行细化列举。[2] 最后,语义设计明了,便于当事人理解内涵。为了要素式审判能够运用于要素分布较为复杂的商事案件,要素表的设计和填写不应采用只适用于要素单层化的类型案件的做法,而应当从以下方面进行优化升级,从而实现要素式审判的深度运用:

(一) 要素提取的全面智能化

要素分布单一的案件或可根据审判经验提取要素,但商事案件因商事交易内容的不断翻新而出现新类型的事实要素,故要素的提取应以类型案件的相关法律规范与裁判规则、已生效类案中的请求权和证据内容等为基础,形成对要素的全面抓取。

在裁判规则方面,上海市高级人民法院自 2021 年起开始针对不同的案由以大量裁判为基础编纂《类案办案要件指南》,按照审查要点、注意事项、规范指引、典型案例的思路对类型案件的裁判规则进行归纳总结。然而,并非全部案由都有现存的类案裁判规则的总结。故针对要素的全面提取,需要人工智能捕捉技术的辅助。

人工智能技术针对数据已经发展到涵盖收集、整合、运用等多种科技手段。[3] 对于法律语言,当前的人工智能技术可以实现识别、分析和表达。[4] 故针对类型案件,人工智能技术先识别最为抽象的法律规范,分析并解构规范的构成要件,再投入以大数据为基础支撑的海量类案文书库,捕捉类案中的相关事实和法律部分,从而实现较为全面的要素提取,为要素表的设计提供基础。此外,对于同一类型的案件,从法律规范和裁判文书中进行智能化要素提取后进行一定的归纳总结,可以生成该类案件的

---

[1] 参见王潇:《法治中国建设背景下要素式审判新路径——以人工智能为辅助》,载《上海法院研究》2021 年第 5 卷。

[2] 林遥、陈超群:《C 市法院推进民事案件要素式审判运行机制的调研报告》,载《东南司法评论》(2018 年卷)。

[3] 参见郑戈:《人工智能与法律的未来》,载《探索与争鸣》2017 年第 10 期。

[4] 参见王潇:《法治中国建设背景下要素式审判新路径——以人工智能为辅助》,载《上海法院研究》2021 年第 5 卷。

知识图谱。以股东知情权要素式审判为例,针对个案系瑕疵出资股东请求行使股东知情权,可设计如下知识图谱,为后续类案提供裁判规则指引和裁判结果预测:

请求查阅、复制公司股东会会议记录	要素1:股东资格	要素2:股权是否出让	要素3:是否召开股东会决议解除股东资格	裁判依据	裁判结果
认定事实	瑕疵出资股东	否	否	2018 年《公司法》第 33 条第 1 款、第 97 条,《公司法解释(三)》第 17 条	支持
			是		不支持

(二) 要素表设计的分层逻辑化

针对要素分布复杂、要素间存在关联关系的案件,要素间存在层级关系。以股东知情权纠纷案件为例,根据相关法律规范和类案中出现较多的请求内容,可提取出的较为宏观的要素为一级要素,包括行权主体资格、行权内容和阻却条件。各一级要素分别按照对应的审判思路展开项下的各二级要素。就其中的行权主体资格而言,根据类案实践可以总结出瑕疵出资股东、隐名股东等二级要素。为直观体现完整审判思路,便于当事人理解,要素表的设计应当明确显示要素的层级递增关系。当事人可以选择性地针对其认为有争议的或者自身的主张、抗辩部分进行详细填写,如被告可只针对其抗辩指向的阻却条件进行填写。对于双方不会存有争议的一级要素,则不必再展开进一步的进阶要素填写,从而减少不必要的填写负担,降低要素分布复杂案件的要素表的填写难度,提高效率。以股东知情权阻却条件为例,设计分层要素表如下:

		通知时间：
	前置程序□	通知对象：
		通知形式：
阻却条件		股东自营或者为他人经营与公司主营业务有实质性竞争关系业务□
	股东不正当目的□	股东为了向他人通报有关信息,查阅公司会计账簿,可能损害公司合法利益□
		股东在向公司提出查询请求之日前的三年内,曾通过查阅公司会计账簿,向他人通报有关信息损害公司合法利益□
		其他情形：
	章程限制□	章程内容：

(三) 要素表填写的抓取主动化

要素表生成后,于个案中只有完成个案要素同要素表的对照和填入,才能发挥要素表在个案中起到的核心作用,即发现争议焦点。[1]

当事人于庭前填写要素表,性质上属于当事人陈述,经当事人填写并确认的要素表是诉讼材料的一种,受民事诉讼自认制度的规范。[2] 根据《最高人民法院关于民事诉讼证据的若干规定》(以下简称《证据规定》)第3条第1款,自认系在诉讼过程中,当事人陈述的于己不利的事实,或者对于己不利的事实明确表示承认的。根据《民事诉讼法解释》第92条第1款以及《证据规定》第3条第2款,当事人在法庭审理中,证据交换、询问、调查过程中,或者起诉状、答辩状、代理词等书面材料中明确承认于己不利的事实的也为自认。所以,当事人主动填写并确认的要素表适用自认制度,除非自认的内容系"涉及身份关系、国家利益、社会公共利益等应当由人民法院依职权调查的事实"。对于要素表中的自认事实,对方当事

---

[1] 参见滕威:《要素式审判方法之改进及其运用——提高民事庭审与文书制作效率的新思路》,载《人民司法》2019年第10期。

[2] 参见胡胜发:《积极推进要素模式引领审判权运行机制改革》,载《人民法院报》2016年5月18日。

人无须举证,可在法院查明事实后直接确认。

然而,当前却常因为当事人于庭前不主动配合填写要素表而直接叫停要素式审判方法于个案中的适用。[①] 产生上述现象的原因或为当事人存在现实的填写困难,或出于诉讼策略的考量。为了避免要素式审判的适用受限于当事人主动填写要素表,应当充分运用人工智能技术实现要素的抓取和回填。

在当事人不主动填写要素表的情况下,利用人工智能技术填写要素表的步骤如下:首先,根据当事人提交的起诉状和证据材料,在确定案由后,匹配到类型案件的要素知识库,通过识别和抓取技术,实现对诉讼请求、事实和理由以及证据内容中体现的要素项的提取,并实现同要素表的配对。其次,将要素表送达至原告进行确认,原告可以对要素表填写内容进行修改和补充,且可以完善或调整诉讼请求和证据提交。提示原告签名即视为确认要素的自认效力。[②] 最后,若原告签字确认要素表,则可以将原告填写的要素表同供被告填写的空白要素表、起诉状、证据材料等一并送达至被告。若原告并未对通过人工智能生成的要素表进行签字确认,则该要素表自然不产生自认的法律效果,但是仍然可以发挥帮助法官梳理案情、归纳争议焦点、明确庭审方向、预判裁判结果的多重功效。相同的逻辑适用于被告填写后提交的要素表。

三、现实要素的补充性回查

为避免要素式审判沦为纯粹的法技术适用的工具,保障通过要素式审判审理的案件裁判结果公正,在适用要素式审判方法进行裁判时,应当引入体现当下社会正向价值的现实要素进行裁判结果价值层面的回溯。

解决个案纠纷仅是司法的基础功能,通过个案处理带来缓解社会矛

---

① 参见李琳:《智能化要素式审判:类型化案件审判方法新路径》,载《法制与社会》2016 年第 6 期(下)。

② 参见王潇:《法治中国建设背景下要素式审判新路径——以人工智能为辅助》,载《上海法院研究》2021 年第 5 卷。

盾、树立价值共识的长期功效是现代司法的重要使命。[①] 虽然法律本身就体现了立法者的价值取向,但是对于个案纠纷主体之间的价值冲突,采取何种标准进行价值衡量以及取舍的理由是裁判正确性的重要内容。[②] 价值衡量中,最典型的是对已知利益进行衡量,是司法的应有过程。[③] 尤其是在法律的安定性和一般正义原则存在冲突的情况下,对各方主张体现的实质性原则进行利益衡量对公正的实现尤为关键。[④] 在对法律进行一阶适用后,引入法外因素如公共政策、道德伦理、习惯等对裁判结果进行二阶判断,可以实现多维度价值衡量,为法官检验裁判结果正确性提供渠道。[⑤]

在要素式审判中,需要引入除事实要素和法律要素以外的其他要素,对初步裁判结果进行回查,以保证裁判符合价值导向。这些法外元素被称为现实要素,是融合了法社会学、法经济学、政策制度、道德风俗、行业标准等的综合要素。现实要素可以通过如下方法融入要素式审判:第一,面向法官开放。现实要素庞杂且在个案中运用的范围和尺度均由法官自由裁量进行把控,不便体现在要素表中向当事人披露。现实要素的功能是监督裁判结果公正,故需求的主体是裁判者。第二,运用人工智能技术,根据类案裁判整理归纳类型案件现实要素内容和裁判文书说理,纳入知识图谱。以大量已生效判决为基础,运用人工智能的筛选、学习、归纳能力整理出该类案件已经出现的现实要素类型和相应的个案事实与裁判理由。以上内容嵌入知识图谱,以供法官在个案审理中参考。第三,审判系统中嵌入现实要素回查和现实要素预警系统功能设置。在要素式审判系统中,个案文书的本院认为部分和裁判主文生成之后,系统推出现实要素回查功能。该功能通过人工智能技术,对本案现实要素进行预测,与该

① 参见孙笑侠:《论司法多元功能的逻辑关系——兼论司法功能有限主义》,载《清华法学》2016年第6期。
② 参见祖鹏、李冬冬:《社会主义核心价值观融入司法裁判的机制研究》,载《法律适用》2021年第2期。
③ 参见陈绍松:《司法裁判中法官价值选择的证成》,载《南京社会科学》2019年第2期。
④ 参见孙海波:《越法裁判的可能、形式与根据》,载《东方法学》2019年第5期。
⑤ 参见杨铜铜:《论不确定法律概念的体系解释——以"北雁云依案"为素材》,载《法学》2018年第6期。

类型案件知识图谱中现实要素进行匹配,提示法官对可能遗漏的现实要素进行考量,并同步推送考量相关现实要素的裁判文书。此外,系统可以通过设置现实要素预警功能,在文书生成但未进行回查时,自动生成回查报告,提示现实要素考量风险和需回查内容。第四,由于机器形式理性存在局限性,无法替代人脑进行关于价值层面的复杂决策,因此人工智能在现实要素回溯方面只能起到监督的辅助作用。真正通过利益平衡做到裁判结果符合社会主义核心价值观,还需要人脑的思考,需要人性来矫正机器在价值层面决策的不足。所以,现实要素对裁判结果进行价值回查应当遵循"人脑为主,机器为辅"的原则,在个案审理中充分考量现实要素,以保证裁判符合核心价值观导向,提高要素式审判的温度。

四、结语

在提高审判质效的司法改革以及运用新技术建设智慧法院的背景下,要素式审判一方面创新审判方法,通过类案裁判规则的集合分析提高审判质量,通过争点的审前归纳提高裁判效率,当事人主动填写要素表了解裁判思路,提高裁判可预期性;另一方面将人工智能与司法深度融合,为人工智能深度学习功能的应用提供司法场景,加大人工智能对司法的赋能度。

虽然要素式审判具有理论上鲜明的创新性和实践上的可操作性,但历经十年有余,要素式审判仍然仅在局部试点运用,并未被普遍采用。原因在于:第一,局限了要素式审判的适用案件范围,仅发挥要素式审判提高审判效率的功能,将案件类型简单固定为要素简单的民事纠纷。第二,要素凭经验进行有限提取,且并未按照裁判思路进行逻辑递进式归纳。第三,要素范围局限于事实和法律要素,未考量可能影响裁判公正的法外因素。

针对制约要素式审判发展的问题,可以从以下几个方面进行完善:首先,将要素式审判的适用案件类型扩展至商事案件。要素式审判可以适用于任何可提取要素的案件类型。商事案件因自带要素属性、要素内容客观以及追求效率而与要素式审判的内核不谋而合。上海市第二中级人民法院关于股东知情权要素式审判的成功尝试,已很好地证明了这一点,由此可知要素式审判的适用案件类型扩大至商事案件具备理论和实践基础。其次,针对要素分布呈现逻辑递进的案件,应通过人工智能技术的运用,实现要素全面抓取、要素表分层设计以及主动填写,辅助要素式审判的深度运用。最后,现实要素回查系统功能与法官的主动价值回溯审视相结合,对通过要素式审判进行裁判的结果开展价值层面的回查,确保裁判符合社会主义核心价值观取向,提高司法公正。

后　记

　　本书的撰写和校对接近尾声，犹豫再三，还是提笔絮叨几句。无须讳言，本书包含了笔者承办、参与的诸多真实存在的案件。从某种意义上，将本书理解为笔者的一部案例分析集，并不为过。部分案例是多年以前的案子，为了撰写本书，回头看之前的裁判与案例分析文章，又有新的认识与思考，有时甚至因当初的懵懂而哑然失笑，不得不修改、调整，不少案例分析相当于重写一遍。所幸多数只是路径考虑或论证方式的缺失，尚不致成为错案。庆幸的同时，更感后怕与惶恐，以至于想到在办的数十件案件和每年要办结的两百余件案件，不免有如履薄冰之感。

　　笔者由此想到了司法的一条客观规律：裁判者——其实也包括绝大部分的法律实务从业人员，甚至也包括学者——对法律的认知，必然是随着实践的反复验证、运用、探索而不断加深和完善。所以，从这个意义来说，本书似乎也会随着实践和时间的不断推进而显得越来越不周延，观点也会逐渐落伍。但是，这些案件的处理中所蕴含的裁判思维和法律方法并不会随着时间而被遗弃。相反，随着法律的不断更新、商业市场的持续发展、科学技术的加速进步，越来越多的问题将会在实践中被抛出来。此时，以什么思维来处理这些问题，如何运用解释、续造、权衡的方法来克服法律与实践的裂隙，将显得更为重要。所以，尽管写书的过程充满艰辛，但总觉充满意义。前述问题与思考，是串起本书的核心主线，笔者将所思所想，集中在每章的第一节进行阐述。一年多来，写写停停，终究没有放弃，主要也是基于这个考量。由于笔者学识有限，书中所涉内容的讨论深度可能不足，一些观点可能也值得商榷，请阅读本书的师友们及时批评指正。另外，很多老师、同事、好友为笔者提供了多方面的帮助和支持，为本书的完成贡献良多，在此一并感谢，他们是张新、朱川、刘子娴、张献之、李曼柳、余奇蔓、李淑雅、陈宇祯。另有很多师友家人对本书的撰写与出版提供了指导、帮助，感激之情铭记在心，虑及篇幅所限，未免挂一漏万，不再一一致谢。

行文至此时，笔者正在北京培训，对新《公司法》和《民法典》合同编通则的司法解释进行了再度集中学习，全国各地同仁汇聚一堂切磋讨论，发现在司法实践中，我们面临的问题千变万化，哪怕是看似确定的规则，在适用上有时也会产生巨大分歧，遑论一些一直以来存在争议的话题。如何更准确地理解和适用法律，如何进行利益平衡，从而使法律的价值得以实现，进而让法治理念在我们的社会充分彰显，确实值得我们花很多时间去思考，并且将这种思考用一个个具体的裁判体现出来。从这个意义上来说，本书讨论的命题，还需要不断被深入研究和学习。这条路并非封闭且有终点，吾将与所有法律共同体成员共勉，继续求索。

2024 年 8 月 22 日

于国家法官学院

图书在版编目(CIP)数据

商事案件中的裁判思维与法律方法:基于案例与审判实践的近距离观察/李非易著.—上海:上海三联书店,2024.12.—ISBN 978-7-5426-8661-9

Ⅰ.D923.994

中国国家版本馆 CIP 数据核字第 2024626WL5 号

商事案件中的裁判思维与法律方法
——基于案例与审判实践的近距离观察

著　者 / 李非易

责任编辑 / 宋寅悦
装帧设计 / 一本好书
监　制 / 姚　军
责任校对 / 王凌霄

出版发行 / 上海三联书店
　　　　　(200041)中国上海市静安区威海路 755 号 30 楼
邮　箱 / sdxsanlian@sina.com
联系电话 / 编辑部:021-22895517
　　　　　发行部:021-22895559
印　刷 / 上海颛辉印刷厂有限公司

版　次 / 2024 年 12 月第 1 版
印　次 / 2024 年 12 月第 1 次印刷
开　本 / 655 mm×960 mm　1/16
字　数 / 270 千字
印　张 / 17.75
书　号 / ISBN 978-7-5426-8661-9/D·655
定　价 / 88.00 元

敬启读者,如发现本书有印装质量问题,请与印刷厂联系 021-56152633